人力资源法务咨询师教材
上海人才服务行业协会推荐教材

企业劳动关系管理实务

中国劳动社会保障出版社

图书在版编目(CIP)数据

企业劳动关系管理实务 / 刘郑恒主编. —北京：中国劳动社会保障出版社，2015
ISBN 978-7-5167-2163-6

Ⅰ.①企…　Ⅱ.①刘…　Ⅲ.①企业-劳动关系-管理　Ⅳ.①F272.92

中国版本图书馆CIP数据核字(2015)第239282号

中国劳动社会保障出版社出版发行

(北京市惠新东街1号　邮政编码：100029)

*

中国标准出版社秦皇岛印刷厂印刷装订　　新华书店经销
787毫米×1092毫米　16开本　14印张　267千字
2015年10月第1版　2022年7月第8次印刷
定价：42.00元

读者服务部电话：(010)64929211/84209101/64921644
营销中心电话：(010)64962347
出版社网址：http://www.class.com.cn

版权专有　　侵权必究

如有印装差错，请与本社联系调换：(010)81211666
我社将与版权执法机关配合，大力打击盗印、销售和使用盗版
图书活动，敬请广大读者协助举报，经查实将给予举报者奖励。
举报电话：(010)64954652

编审委员会

主　　编：刘郑恒　三才培训创始人

副 主 编：周　斌　《上海人力资源社会保障》杂志主编、
　　　　　　　　　著名劳动法专栏作家

编　　委：王　冰　许中伟　汤建敏　江　晨　陈　艳
　　　　　何永强　苗其巍　胡　泉　洪桂彬　张　佶
　　　　　黄志峰　韩　琰

本书撰稿：王　冰　上海江三角律师事务所律师
　　　　　江　晨　香港上市公司资深员工关系经理
　　　　　陈　艳　上海市崇明县劳动人事争议仲裁院
　　　　　何永强　上海原韵企业管理咨询有限公司合伙人
　　　　　苗其巍　携程旅行网事业部法务总监、工会副主席
　　　　　周　斌　《上海人力资源社会保障》杂志主编
　　　　　胡　泉　上海众华律师事务所合伙人、律师
　　　　　洪桂彬　上海汇业律师事务所合伙人、律师
　　　　　张　佶　上海启恒律师事务所劳动法顾问
　　　　　黄志峰　上海市宝山区劳动人事争议仲裁院庭长

审　　稿：韩　琰　上海市劳动人事争议仲裁院庭长
　　　　　许中伟　上海市人力资源和社会保障局

内容简介

本书是全国人力资源法务咨询师参考教材，由全国人力资源岗位培训项目办公室组织编写。

本书以企业用工顺序为主线，以企业人力资源管理各环节中易发生的劳动纠纷为案例，解析实例，说明法理，注重实操，全面、系统地解析了劳动合同法在企业中的运用，帮助人力资源从业者提高劳动关系管理水平，构建和谐的劳动关系，有利于企业经营目标的实现。

本书作者都是活跃在劳动法实务教学中的一线专家讲师。本书凝聚了作者多年的研究和教学心得，极具理论前瞻性。本书既保证了劳动法基本原理的完整性，又注重对用人单位的操作指引，适合企业管理者、人力资源从业者、工会工作人员、在企业中协调劳动关系的专业人员使用。本书顺利出版，得到上海人才服务行业协会秘书长朱庆阳先生的支持和指导，由于时间仓促，尽管付出很大的努力，但难免有不足之处，敬请广大读者批评指正！

前言

《劳动合同法》的实行，标志着人力资源管理进入法制化时代。为了给用人单位和人力资源从业者提供权威的劳动法律法规的解释，指导企业进行科学的人力资源管理，三才培训联合著名的劳动法专家讲师，编写本书，为和谐企业劳动关系，提高企业人力资源从业者劳动关系管理水平提供直接的帮助和指导。

本书具有如下特点：

第一，定位明确。本书以企业人力资源部门、企业法律部门、企业工会人员为读者对象，以新的《劳动合同法》《劳动争议调解仲裁法》等中国现有的劳动法律制度为参考依据，深刻地解读了在新的劳动合同法时代，用人单位应该采取哪些措施避免企业用工危机的出现。

第二，内容简洁。本书力争以简洁的语言明确表述问题，解析实例，说明法理。每个章节设学习目标、案例描述、分析要点、思考和练习题等板块，能够让读者一目了然。

第三，紧扣法条。本书紧扣现行法律的规定，并通过实例帮助读者理解法律的规定，以增强他们在企业中灵活运用法律的能力。

第四，突出实务。本书以企业用工顺序作为线索，详细地阐释在每一个阶段，企业应该注意的问题，最大限度地帮企业规避劳动法律风险。在分析法条的同时，更加充分地体现了劳动法管理实务技能技巧。

第五，启发思考。本书在每个重要知识点的讲解设计上都包括自测案例，其目的就是给读者以充分的思考空间，启发读者运用理论与法律知识分析和解决实际问题。

本书凝聚了作者多年的研究和教学心得，极具理论前瞻性。

周　斌

《上海人力资源社会保障》杂志主编

著名劳动法专栏作家

目录

第一章 招聘的法律风险和应对策略
第一节 招聘条件的确定和公示……………………… 1
第二节 身份甄别和信息留存………………………… 5
第三节 录用通知书和就业协议……………………… 9
第四节 录用条件的设定与告知……………………… 11

第二章 劳动合同订立与合同条款设计
第一节 劳动合同的订立……………………………… 15
第二节 无固定期限劳动合同订立…………………… 19
第三节 劳动合同条款的设计………………………… 22

第三章 工资支付常见规定和操作实务
第一节 工资计算和支付的常见规定………………… 25
第二节 同工同酬原则与实务操作…………………… 30
第三节 工时制度和加班工资支付…………………… 32
第四节 几种特殊情况下的工资支付实务操作……… 35

第四章 社会保险法律风险和社保稽核审计
第一节 HR对社会保险经办需要掌握的基础知识…… 39
第二节 社会保险法律法规对企业缴纳的要求……… 42
第三节 不同阶段的社会保险法律风险及应对……… 44
第四节 社会保险审计与稽核的实务处理…………… 47

第五章 女职工"三期"管理实务
第一节 无效条款的表现形式及违法性……………… 52
第二节 "三期"调岗调薪的情形与要求…………… 56
第三节 女职工孕期、哺乳期的病假管理…………… 59
第四节 劳动合同的解除……………………………… 62

第六章 职工休假管理实务

- 第一节 职工休息休假概述 …… 66
- 第二节 年休假实务处理 …… 70
- 第三节 其他假期实务处理 …… 76
- 第四节 企业假期制度的规范管理 …… 81

第七章 规章制度的制定与违纪员工的处理

- 第一节 制定规章制度的内容要求 …… 86
- 第二节 制定规章制度的程序要求 …… 90
- 第三节 违纪员工的处理 …… 94

第八章 调岗调薪处理技巧及风险防范

- 第一节 调岗调薪的基本原则 …… 99
- 第二节 调岗调薪的特殊规则 …… 103
- 第三节 合理认定调岗调薪 …… 105
- 第四节 工作地点变更的基本原则 …… 109

第九章 离职管理的法律风险和经济补偿计算

- 第一节 离职管理的法律风险和操作策略 …… 113
- 第二节 经济补偿的适用和计算 …… 118

第十章 商业秘密保护与竞业限制实务

- 第一节 商业秘密、竞业限制的概念 …… 128
- 第二节 实务中应当关注的竞业限制本质特点 …… 132
- 第三节 竞业限制协议的要点综述 …… 134
- 第四节 竞业限制的实操问题概述 …… 136

第十一章 劳务派遣和劳务外包管理实务

- 第一节 劳务派遣关系及"三性"定义 …… 141
- 第二节 劳务派遣协议及其配套劳动合同 …… 145
- 第三节 退回制度 …… 149
- 第四节 劳动派遣履行过程中的劳动待遇 …… 151
- 第五节 劳务外包与劳务派遣 …… 154

第十二章 集团劳动人事管理实务及纠纷应对

第一节 集团劳动关系确认……………………………………………… 162
第二节 集团规章制度…………………………………………………… 168
第三节 集团内跨公司人员调整………………………………………… 170

第十三章 劳动争议处理

第一节 劳动争议案件的特殊性………………………………………… 176
第二节 起诉（申请仲裁）……………………………………………… 179
第三节 应诉和答辩……………………………………………………… 181
第四节 法庭上的进攻与防御…………………………………………… 184
第五节 法官如何审理案件……………………………………………… 187

附 录

中华人民共和国劳动合同法……………………………………………… 197
全国人大常委会关于修改《中华人民共和国劳动合同法》的决定……… 209
中华人民共和国劳动合同法实施条例…………………………………… 210

第一章
招聘的法律风险和应对策略

学习目标

1. 掌握招聘广告的发布要点,并在招聘中避免就业歧视。
2. 掌握招聘中身份甄别和信息留存的正确方法。
3. 掌握规避发放录用通知书和签订就业协议的法律风险。
4. 掌握录用条件的设定与告知。

第一节　招聘条件的确定和公示

一、发布招聘广告注意事项

 **案例**

2011年8月1日上午,一则"淘宝体"招聘微博由外交部官方微博平台"外交小灵通"发布,在三个多小时内被转载4 800多次,引发网友热议。

"亲,你大学本科毕业不?办公软件使用熟练不?英语交流顺溜不?驾照有木有?快来看,中日韩三国合作秘书处招人啦!这是个国际组织,马上要在裴勇俊、李英爱、宋慧乔、李俊基、金贤重、RAIN的故乡韩国建立喔,此次招聘研究与规划、公关与外宣人员6名,有意者请咨询65962175,不包邮。"

【焦点问题】以上招聘广告存在什么问题?

【分析要点】招聘广告内容设计的科学性不仅影响人才的招聘,还可能会给企业带来潜在的法律风险。企业招聘广告内容设计应注意:

1. 客观真实。真实是招聘广告内容设定的首要原则。招聘的企业必须保证招聘广告的内容客观、真实,并且要对虚假广告承担法律责任。对广告中所涉及的对录用人员的劳动合同、薪酬、福利等政策不能做虚假承诺。招聘信息应当是人才资源需求的客观反映,必须忠实地反映企业人力资源需求的基本情况,反映企业的现状和发展趋势。

2. 合法合规。招聘广告中出现的信息要符合国家及地方的法律法规和政策,杜绝发布违法信息。这个合法包括实体合法和程序合法。实体违法比如不具备境外劳务派遣资格的单位招聘员工到境外工作,或者广告招聘妓女等不符合公序良俗甚至是违法的招聘行为。程序违法包括招聘广告通过非正常途径向受众发送,比如非法挖人。

3. 内容完整。人才招聘广告要为读者提供一个获得更多信息的平台,其主要内容要简洁,但是必须完整,招聘广告的内容分为法定必备内容和非法定必备内容。根据《就业服务与就业管理规定》,招用人员简章应当包括用人单位基本情况、招用人数、工作内容、招录条件、劳动报酬、福利待遇、社会保险等内容,以及法律、法规规定的其他内容。尽管招聘广告与招用人员简章有一定区别,但在内容设置上应同样适用这一规定。

以上案例作为招聘广告显然内容不够完整,表述也不够得体。其实微博招聘也好,其他招聘渠道也罢,"淘宝体"招聘也罢,其他什么体招聘也罢,这些都只是表现形式,是为了引起受众的注意,并不是重点。在这些形式之外,用清晰的语言告诉潜在的应聘对象招聘的实质性要件才是重点。

二、招聘条件应避免就业歧视

 案例

2014年年初,90后小伙王涛在网上投简历应聘某外国法人独资的大型包装公司吹膜机长职位,不久便收到了该公司的面试通知。

王涛多次请假至该公司参加考核和面试,功夫不负有心人,最终王涛顺利通过了各项考核和多次面试,很快双方就工资待遇等入职条件达成了一致意见,王涛也果断辞去了原来的工作。随后,应该大型包装公司要求王涛至某医院接受入职体检,不想当日王涛接到公司通知,称其体检结果为乙肝"大三阳",故公司拒绝录用他。

一盆凉水彻底让王涛不知所措,多次与该公司交涉未果,自己还因此失去工作,王涛承受着极大的心理压力和精神痛苦。最终,王涛难以忍受这种赤裸裸的就业歧视,将该公司诉至当地法院。

法院经审理认为,劳动者享有平等就业的权利,用人单位招用人员应当向劳动者提供平等的就业机会和公平的就业条件,不得实施就业歧视。用人单位招用人员,不得以是传染病病原携带者为由拒绝录用。本案中,公司拒绝录用王涛,侵犯了王涛平等就业的权利,客观上对王涛实施了就业歧视。近日,法院审结了该案,判处公司向王涛公开赔礼道歉并赔偿4 000元。

【焦点问题】假设王涛到食品行业工作，用人单位是否可以拒绝录用？

【分析要点】《就业促进法》规定："用人单位招用人员，不得以是传染病病原携带者为由拒绝录用。但是，经医学鉴定传染病病原携带者在治愈前或者排除传染嫌疑前，不得从事法律、行政法规和国务院卫生行政部门规定禁止从事的易使传染病扩散的工作。"而当时尚未废止的《食品卫生法》规定："病毒性肝炎等消化道传染病者（包括病原携带者）不得参加接触直接入口食品的工作。"在我国，这条规定针对的主要群体是厨师、配菜工、服务员等餐饮业从业人员。

随着对乙肝病毒传播特点认识的逐步深入，以及接种乙肝疫苗等相关预防工作的开展，乙肝病毒主要通过经血传播、母婴传播和性传播已成为医学界的共识。卫生部有关人士明确指出，日常工作或生活接触，如同一办公室工作（包括共用计算机等办公用品）、握手、拥抱、同住一宿舍、同一餐厅用餐和使用共用厕所等无血液暴露的接触，不会传染乙肝病毒。

自2009年6月1日起《食品安全法》施行，原《食品卫生法》废止。随后公布的《食品安全法实施条例》明确将受到限制的"病毒性肝炎"界定为"甲型病毒性肝炎、戊型病毒性肝炎"，而没有把乙肝列为从事食品行业的"禁忌证"，这意味着即使王涛到食品行业工作，用人单位也不可以因乙肝"大三阳"而拒绝录用王涛。

作为一种社会现象，就业歧视由来已久，诸如户籍、性别、年龄、身高、相貌甚至婚姻状况都可能成为应聘者被歧视的由头。而今，各种各样的另类歧视也屡屡被媒体曝光，引发众多求职者的不平与抱怨。我国《就业促进法》规定，"劳动者依法享有平等就业和自主择业的权利"，"用人单位应当向劳动者提供平等的就业机会和公平的就业条件，不得实施就业歧视"，"农村劳动者进城就业享有与城镇劳动者平等的劳动权利，不得对农村劳动者进城就业设置歧视性限制"。

《就业促进法》第六十二条规定："违反本法规定，实施就业歧视的，劳动者可以向人民法院提起诉讼。"第六十八条规定："违反本法规定，侵害劳动者合法权益，造成财产损失或者其他损害的，依法承担民事责任；构成犯罪的，依法追究刑事责任。"如果用人单位侵犯了求职者的就业权，由劳动保障行政部门责令改正，并可处以1 000元以下的罚款；对当事人造成损害的，应当承担赔偿责任。

思考题

不久前，渣打银行广州分行招聘"金融体验生"，在同等条件下，VIP客户子女可被优先录取，而成为渣打银行VIP客户的条件是到该行开立50万元定期存款户头。这则消息在网上引发热议，舆论直指渣打银行涉嫌就业歧视。

但也有粉丝认为，只有"限制录用"的规定才算就业歧视，而这家银行并没有表示拒绝录用非VIP客户子女，只是"优先录用"VIP客户子女，就像有的用人单位规定有工作经验的优先录用，有相关证书的优先录用等，难道都属于就业歧视吗？你对此怎么看呢？

三、确定招聘条件操作提示

1. 用人单位应该合理确定招聘条件。就业歧视是对劳动者的平等权的侵害，如果公司想避免其招聘广告所确定的条件构成就业歧视，就应该承担证明其招聘条件具有正当性和合理性的责任，因此岗位特点和就业需求是确定招聘条件的重要因素。

当然，对于法律法规有明确规定的，用人单位在招聘时可以"限制录用"。如《公务员法》规定："受过刑事处罚的人员和曾被开除公职的人员不得录用为公务员。"另外，依据有关法律法规，受过刑事处罚的人员还不得当法官、检察官、警察，不得当证券交易所的从业人员，是律师的要被吊销执业证书，二年内不得注册执业医师，五年内不得注册会计师……

另外，《刑法》第一百条规定："依法受过刑事处罚的人，在入伍、就业的时候，应当如实向有关单位报告自己曾受过刑事处罚，不得隐瞒。"但是，犯罪的时候不满十八周岁被判处五年以下有期徒刑的人，免除前款规定的报告义务。对于没有法律依据的，用人单位不得随意"限制录用"。

2. 判断招聘是否存在就业歧视，关键是招聘条件是否有法律依据或正当理由。用人单位依法设立"优先录用"条件的，不属于就业歧视。如根据《烈士褒扬条例》第十九条规定，烈士的子女、兄弟姐妹本人自愿，且符合征兵条件的，在同等条件下优先批准其服现役。烈士的子女符合公务员考录条件的，在同等条件下优先录用为公务员。

再如《上海市见义勇为人员奖励和保护办法》第十六条规定："被授予见义勇为先进分子荣誉称号的人员报考学校或者应聘就业时，在同等条件下，学校、单位应当优先录取、录用。"《劳动合同法》也规定："用人单位依法裁减人员，在六个月内录用人员的，应当优先录用被裁减的人员。"

还有一些用人单位设立的"优先录用"条件，虽然没有法律明文规定，但是是根据岗位特点合理设定的，一般也不能随便与就业歧视挂钩。

有的用人单位招聘管理人员，规定有相关管理经验的优先录用；招聘技术专业人员，规定有相关学历的优先录用，或者懂外语的优先录用；招聘礼仪性人员，规定外貌端庄的优先录用等，都是根据岗位特征设置的招聘条件，都不能归入就业歧视之列。全国人大常委会批准的国际劳工组织《1958年消除就业和职业歧视公约》第二条指出："对一项特定职业基于其内在需要的任何区别、排斥或优惠不应视为歧视。"但是，对于既没有法律依据也无正当理由的所谓优先录用条件，就有可能侵犯求职者正当的就业权利。

3. 公司招聘广告应该内容精练、表达准确,而并非内容越多越好,尤其是在部分内容处于模糊状态的情形下,公司更应该慎重,应该选择更为柔和的语言或其他更为恰当的方式表述。

第二节 身份甄别和信息留存

一、避免求职欺诈

 案例 A

徐某于2007年3月6日到北京某网络技术公司担任人力资源总监。徐某在《应聘人员登记表》教育背景一栏中填写的是"05—今北京大学MBA硕士"。公司在徐某入职后不久即发现其虚报学历。同年5月28日,公司通知徐某与其解除劳动合同,原因是在试用期内发现其学习经历不属实,工作能力差,不符合录用条件。

徐某提起劳动仲裁,北京海淀区劳动争议仲裁委员会裁决公司支付徐某经济补偿金6 000元及额外经济补偿金3 000元。公司不服,提起诉讼,徐某提交北京大学公共经济管理研究中心入学通知书(2006年4月)一份,内容主要为徐某经审核被录取为北京大学企业管理高级研修班学员并要求徐某于2006年4月前报到。

一审法院认为,公司虽主张徐某不符合录用条件,但未提供该岗位具体的录用条件,故法院对其主张不予采信,认定该公司以此为由与徐某解除劳动关系依据不足,公司应支付徐某经济补偿金6 000元及额外经济补偿金3 000元。随后公司上诉至北京第一中级人民法院。

二审期间,徐某表示该研修班截至2007年3月,颁发了结业证书。

二审判决认为,虽然徐某并非北京大学MBA硕士,但公司并未提供证据表明其在徐某入职前曾对徐某的学历有特定的要求,而学历与能力并不能等同,公司在徐某入职前也对其进行了面试,现以徐某虚报学历为由提出解除劳动关系缺乏正当性。二审判决驳回上诉,维持原判。

 案例 B

唐某于2002年应聘进入上海一家阀门机械有限公司工作。根据招聘要求,唐某入职时向公司提交了其毕业于西安工业学院材料工程系的学历证明,并与公司签订了期限为2002年3月1日至12月31日的劳动合同。此后双方每年续签一份期限为一年的劳动合同。2007年12月,唐某签署《任职承诺书》一份,内容为:"本人作为上海××

阀门机械有限公司之员工，特作如下承诺：……本人以往提供给公司的个人材料均是真实有效的，如有作假，愿意无条件被解除合同……"

2008年8月，唐某的主管领导马某通过他人举报得知并证实唐某存在学历造假现象。2008年12月23日，双方续签劳动合同，约定合同期限至2011年12月31日。2010年7月，公司以唐某求职时学历造假存在欺诈行为为由，与唐某解除劳动关系。唐某不服，认为公司借机与其解除劳动关系，要求公司支付违法解除劳动合同赔偿金。

劳动仲裁委员会裁决公司支付唐某违法解除劳动合同赔偿金，公司不服裁决，提起诉讼。一审法院判决支持唐某，公司仍不服上诉至上海市二中院。二审法院判定唐某构成欺诈，用人单位可解除合同。

【焦点问题】判断劳动者构成欺诈，有哪些考量因素？

【分析要点】首先，用人单位对学历有无特定要求。《劳动合同法》规定："采取欺诈、威胁等手段订立的劳动合同，为无效合同。"无效的劳动合同，从订立的时候起，就没有法律约束力，用人单位可以解除劳动合同。所谓"欺诈"是指一方当事人故意告知对方当事人虚假的情况，或者故意隐瞒真实的情况，诱使对方当事人做出错误意思表示的行为。但是欺诈应具备两个构成要件：（1）故意告知对方虚假情况，或者故意隐瞒真实情况；（2）诱使对方当事人做出了错误意思表示。可见员工在订立劳动合同时未如实披露信息并不必然构成欺诈。只有当劳动者故意隐瞒自己的学历、工作经历等信息，对公司录用造成重大影响，进而做出录用该劳动者的行为时，才构成劳动者对用人单位的欺诈行为，由此签订的劳动合同应属于无效合同。

徐某的《应聘人员登记表》中确实有不真实的信息，但是这些信息会不会对公司的录用产生决定性影响呢？劳动争议仲裁庭和法院会根据具体案情做出合理判断。但是如果用人单位有证据表明对劳动者应聘岗位的学历有特定的要求，而劳动者提供了虚假信息，将有助于劳动合同无效认定。

其次，员工提供虚假信息情节是否严重。案例A中公司在法庭上，仅能提供徐某填写的《应聘人员登记表》证明其有虚假陈述，而案例B中，公司不仅提供唐某填写的《任职承诺书》，而且还证明他在入职时向公司提交了其毕业于西安工业学院材料工程系的学历证明，由此可见，唐某造假在情节上更为严重。徐某将就读北京大学MBA陈述为硕士毕业，属于故意夸大事实，确属不当行为；而唐某从来没有在西安工业学院就读，说自己毕业于西安工业学院纯属欺诈，两案中当事人造假的性质不一样。另外，案例A中公司显然未尽审核义务而相信劳动者的自我陈述，本身亦有未尽职的地方；而案例B中公司对于唐某提供的学历证明进行了初步审核以后，经人举报才知上当受骗。

案例B审理时，唐某对该《员工手册》的真实性并无异议。唐某提供虚假学历的行为是所在公司规章制度严令禁止的，公司依据企业的规章制度与唐某解除劳动合同，是其依法行使管理权的体现，并无不可。同时，唐某于2007年签署的《任职承诺书》

是唐某与公司基于诚信原则的约定，唐某对于违反约定义务的结果应是清楚的。双方的约定未违反法律规定，是合法有效的。故从任职承诺来看，公司在查知唐某伪造学历后，基于唐某之承诺而解除合同是有依据的。

最后，签约时用人单位是否知晓其造假。案例B中，唐某在入职时提供虚假学历并做虚假陈述的行为显然已经构成了欺诈。但对唐某于2008年12月底与××公司续签劳动合同时是否构成欺诈存有争议，关键在于续签劳动合同时××公司是否知晓唐某学历造假一事并做出错误的意思表示。

一审法院认为，2008年12月，在马某知晓唐某提供虚假学历的情况下，公司仍然做出与其续签劳动合同的决定，表明公司已经知晓唐某学历造假，仍继续予以聘用，即不予追究唐某提供虚假学历的行为。

但是二审法院经审理认为，公司提供的马某的书面证言、调令等证据证明，马某因工作调动未将唐某学历造假之事上报公司，亦未对此事做出处理，且公司与唐某续签劳动合同之前，马某确实已调任他处。同时，唐某在2009年填写的人事资料卡"教育程度"一栏仍填写西安工业学院材料工程系。综合以上情况，可认定唐某对其入职时提供虚假学历一事一直采取隐瞒的态度，故唐某在2008年12月续签劳动合同时仍然构成欺诈。故××公司与唐某解除劳动合同有法律依据，不应支付违法解除劳动合同赔偿金。

思考题

某公司刚招聘的女员工才上了半天班，下午就开始请孕假。这让人事部感到很意外。"在入职填表时，她在婚姻状况里明确填写了'未婚'。"这家外资企业的人事部员工小陈介绍说。双方谈妥了工资待遇等问题后，这位应聘者于9月17日办理了入职手续，第二天正式入职。"才上了半天班，她下午就请假了。"

她这假一请就请到了国庆节。"考虑到中间穿插了中秋、国庆，女员工的部门负责人也来打过招呼，所以也没多过问。没想到节后上班第一天，一张请一个月假安胎的假条就来了。"

小陈坦言，如今公司编制已满，无法再招聘更多人手，公司处于相当被动的境地。"现在公司希望可以拿出一部分补偿金，和她达成离职协议。"小陈透露，已跟该员工在电话中进行了沟通，但对方仅表示"会考虑一下"。

这位员工在入职时隐瞒了婚姻状况，公司是否可以解除劳动合同？还有，如果求职者隐瞒疾病、隐瞒真实年龄，公司应当如何处理？

二、用人单位的告知义务

《劳动合同法》第八条规定："用人单位招用劳动者时，应当如实告知劳动者工作内容、工作条件、工作地点、职业危害、安全生产状况、劳动报酬,以及劳动者要求了解的其他情况;用人单位有权了解劳动者与劳动合同直接相关的基本情况,劳动者应当如实说明。"

由于我国劳动力市场供求关系不平衡,用人单位往往处于相对强势的地位,不能平等地对待求职者。招聘单位的情况、信息对求职者的透明度往往是极低的,甚至有些单位还故意发布虚假信息,欺骗或非法招用求职者。因此,《劳动合同法》对用人单位与劳动者的如实告知义务做了规定。

这些内容是法定的并且无条件的,无论劳动者是否提出知悉要求,用人单位都应当主动将上述情况如实向劳动者说明。除此之外,对于劳动者要求了解的其他情况,如用人单位相关的规章制度,包括用人单位内部的各种劳动纪律、规定、考勤制度、休假制度、请假制度、处罚制度以及企业内已经签订的集体合同等,用人单位都应当进行详细的说明。

三、身份甄别以及信息留存操作提示

1. 用人单位在招聘广告或录用条件中,要尽量写明招聘岗位的学历要求。学历是用人单位判断劳动者是否符合特定岗位要求并决定录用员工的重要参考因素,但不是唯一的因素。用人单位对员工的学历若有特定的要求,应当在录用员工期间明确要求员工提供学历证明并做力所能及的审验。

2. 企业应避免录用与原单位尚未解除劳动合同的员工。《劳动合同法》第九十一条规定:"用人单位招用与其他用人单位尚未解除或者终止劳动合同的劳动者,给其他用人单位造成损失的,应当承担连带赔偿责任。"

企业在进行人员招聘时,应当要求应聘者据实说明其工作经历,说明其是否与其他企业签订了劳动合同。对于非初次就业的应聘者,应要求其出示有关证明材料,证明其确已与原企业解除或终止了劳动合同,并书面承诺所提供的所有材料和陈述均真实可靠。

3. 企业应避免录用负有竞业限制的员工。《反不正当竞争法》第十条第三款规定:"用人单位与竞业限制人员共同侵犯了他人的商业秘密,构成共同侵权,应对受害单位承担侵权赔偿责任。"

企业应了解应聘者是否曾经是原企业的高级技术(管理)人员或者是负有保密义务的竞业限制人员。通过查阅简历或谈话等方式,了解应聘者是否与原企业签订"竞业限制"协议,认真分析应聘者与原企业签订的"竞业限制"是否合法。与应聘者签订书面承诺书,要求其承诺所提供的个人情况全部属实,并约定情况不属实时应聘者应承担的法律责任。

4. 企业应当留存书面化员工信息

企业应建立员工劳动档案,须留存的书面材料包括:

（1）个人简历

（2）背景调查

（3）入职体检结果

（4）录取通知书或聘用函

（5）离职证明

（6）身份证复印件

（7）社保缴纳证明

（8）入职申请表（写上简历证明人、紧急情况联络人、文件送达地址等）

（9）劳动合同

（10）员工手册签收回执

（11）岗位说明书签收单

（12）其他单位规章制度签收单

（13）用人单位基本信息告知函

第三节　录用通知书和就业协议

一、发放录用通知的法律风险

 **案例**

陆小姐原先在一家装饰材料公司工作，2007年12月，她接到上海某进修中心以电子邮件形式发出的《聘用通知书》，其中详细告知报到日期、时间、地址及电话和联系人，并概括列明职位、部门、试用期及月薪。满心欢喜的陆小姐向原公司提出辞职，并办理了离职手续。

然而，就在去新单位报到的前一天，她却接到新单位要求撤销录用的电话通知。第二天，陆小姐按录取通知书的规定时间报到，进修中心拒绝为她办理录用手续。进修中心称，自己虽向陆小姐发出了聘用通知，但撤销要约的通知先于陆小姐同意的承诺，撤销行为应视为有效。

2008年9月中旬，黄浦法院做出一审判决，进修中心赔偿陆小姐经济损失2.4万元。

【焦点问题】录用通知发出后，是否可以撤销或撤回？

【分析要点】要约邀请是希望他人向自己发出要约的意思表示。要约是希望和他人订立合同的意思表示。承诺是受要约人以做出声明或以其他行为对某一要约表示同意。承诺一旦生效，合同即成立并产生法律约束力。一般来说，招聘广告的法律性质为要约邀请，录用通知（offer）的法律性质为要约。

发出的要约能不能再撤回和撤销呢？依据《合同法》的规定，要约可以撤回和撤销。撤回要约的通知应当在要约到达受要约人之前或者与要约同时到达受要约人。撤销要约的通知应当在受要约人发出承诺通知之前到达受要约人。根据《合同法》的规定，有下列情形之一的，要约不得撤销：一、要约人确定了承诺期限或者以其他形式明示要约不可撤销；二、受要约人有理由认为要约是不可撤销的，并已经为履行合同做了准备工作。

案例中进修中心虽于陆小姐做出承诺的前一天通知撤销录用，但因为通知中明确了报到日期，陆小姐也已向原公司提出辞职，并办理了离职手续，即本案情节与法律规定的要约不得撤销的两种情形相符，故进修中心不录用陆小姐的行为有违法定诚信义务，造成陆小姐一定时间的失业状态，应承担缔约过失责任并赔偿陆小姐因此蒙受的经济损失。

二、签订就业协议的法律风险

 **案例**

黄一帆是浙江工商职业技术学院工业设计专业的应届毕业生。今年1月，他通过招聘考试被一家机械磨具公司录用，月薪1 500元，并约定2 000元违约金。3月初，他又参加了一家机械制品企业的面试，并顺利过关。那家企业提供的月薪是2 200元，且职位发展前景更好。权衡之下，他决定放弃原来的工作。根据黄一帆所在学校的规定，如果应届毕业生不能和原先签订就业协议书的用人单位先行解约，学校就不能派发给学生新的就业协议书，所以黄一帆无法和新的用人单位签约。无奈之下，他找到市人才交流中心的相关部门，后经协调，黄一帆向原用人单位如数支付了2 000元的违约金，才拿到解约证明。

【焦点问题】为何求职者违约不报到，应当支付违约金？

【分析要点】就业协议是大学生和用人单位在签订劳动合同前，双方确定就业意向和权益的依据。在校毕业生就业一般分两步：双向选择成功后，由双方签订就业协议，并经学校登记、鉴证；毕业后，毕业生凭学校报到证到签订就业协议的用人单位正式报到。学生到用人单位报到后，双方应按有关法律法规规定及就业协议约定条款，及时订立劳动合同（聘用合同）并办理有关录用手续。劳动合同（聘用合同）订立后，就业协议就自动终止了。

当然，这也不是说原来的协议条款都不管用了。就业协议中的有关条款，包括合同期、服务期、试用期、福利待遇、工资、违约金等符合劳动法的内容，应当作为签订劳动合同的依据。《合同法》规定："当事人一方不履行合同义务或者履行合同义务不符合约定的，应当承担继续履行、采取补救措施或者赔偿损失等违约责任。"

所以一旦依法签订了就业协议，违约方应依法向对方支付违约金。

第一章 招聘的法律风险和应对策略

思考题

2004年4月，小程以应届毕业生的身份与比亚迪股份公司及华中科技大学共同签订了毕业研究生就业协议书。同年6月2日，小程到上海比亚迪公司工作，签订了为期3年的劳动合同。2005年11月9日，小程提出辞职。在上海比亚迪公司的要求下，小程在离职时支付了违约金等2万余元。此后，小程要求退还违约金。法院一审判决支持了小程的诉讼请求。比亚迪股份公司上诉称，小程提前离职违反了就业协议，应当支付相应的违约金。上海市第一中级人民法院终审判决支持小程讨回2万余元违约金。

为何判决支持小程讨回2万余元违约金？此案给用人单位什么启示？

三、发放录用通知和签订就业协议操作提示

1. 企业需留存证据时应采用录用通知形式。发出录用通知书，应在录用通知书中注明或者另行告知应聘者应及时回复。

2. 企业可以在录用通知中要求员工在报到或正式签订劳动合同时提供以下证明文件：（1）个人身份证明文件；（2）学历证书、职称证书原件；（3）体检合格证明；（4）离职证明；（5）社会保险转移单或者缴费证明；（6）档案存放证明。若未能提供，企业将不予录用。

企业还可在录用通知中附生效条件，如"本通知书有效的前提是个人提供的信息全部真实无讹，如发现有虚假陈述或与真实情况有出入的现象，则通知书不生效"。企业还应在录用通知或劳动合同中明确，劳动合同签订后，录用通知失效。

3. 就业协议的内容应按《上海全日制高等学校学生就业工作管理办法》的规定，对工作（劳动合同）期限、工作岗位和工作内容、劳动保护和工作条件、工资报酬和福利待遇、就业协议终止的条件、违反就业协议的责任等条款进行明确约定，以免以后签订劳动合同时产生矛盾。

4. 毕业生到用人单位报到后，要根据《上海市劳动合同条例》法律法规，及时与用人单位签订劳动合同，而不能继续依赖就业协议。当然，劳动合同的内容既要与就业协议的内容相衔接，又要更加详细和全面。

第四节 录用条件的设定与告知

一、录用条件的设定至关重要

案例

2010年4月，某保险公司招聘陈某任该公司市场营销部开发经理，双方签订了3

年期的劳动合同，约定试用期为6个月，月工资为2万元。同时，双方约定2010年5月至12月业务目标分别为：5月份保费20万元、6月份保费40万元、7月份保费70万元、8月份保费100万元、9月份保费100万元、10月份保费110万元、11月份保费140万元、12月份保费120万元。

2010年5月份陈某负责支持的团队完成保费10万元，2010年6月份陈某负责支持的团队完成保费37万元，7月份陈某负责支持的团队完成保费67万元。2010年8月9日，该公司书面通知陈某："双方在劳动合同中约定了5月至12月的业务目标，现由于你2010年5月、6月、7月连续三个月未能达成业务目标，根据《劳动合同法》第三十九条的规定，公司决定自2010年8月9日起解除与你签订的劳动合同。"陈某不服，引发劳动争议。

劳动争议仲裁委员会认为，双方虽然约定了5月份至12月份的业务目标，也约定了试用期，但未约定试用期完成多少业务目标才符合录用条件。遂裁决双方恢复劳动关系，裁决该公司按原工资标准补发陈某工资至劳动关系恢复之日。

【焦点问题】业绩目标考核可以替代录用条件吗？

【分析要点】根据《劳动合同法》的规定，劳动者在试用期内只要提前三日书面通知用人单位就可解除劳动合同，用人单位不得加以限制；但是用人单位在试用期内解除劳动合同需符合法定条件。

《劳动合同法》明确，试用期内劳动者有下列情形之一的，用人单位可以解除劳动合同：在试用期间被证明不符合录用条件的；严重违反用人单位的规章制度的；严重失职，营私舞弊，给用人单位造成重大损害的；劳动者同时与其他用人单位建立劳动关系，对完成本单位的工作任务造成严重影响，或者经用人单位提出，拒不改正的；以欺诈、胁迫的手段或者乘人之危，使对方在违背真实意思的情况下订立或者变更劳动合同的；被依法追究刑事责任的；劳动者患病或者非因公负伤，在规定的医疗期满后不能从事原工作，也不能从事由用人单位另行安排的工作的；劳动者不能胜任工作，经过培训或者调整工作岗位，仍不能胜任工作的。

对劳动者而言，录用条件是其开始工作的行为准则；对用人单位来说，录用条件是对新进人员在试用期内的表现进行考核的标准，用人单位通过试用期考核确定新进人员是否符合录用条件，对不符合录用条件的可以解除劳动关系；对裁判机关而言，录用条件则是裁判用人单位与劳动者解除劳动关系是否合法的主要依据。

招聘条件与录用条件的概念是不同的，录用条件是用人单位确定所要聘用的劳动者的最终条件。招聘条件可以相对简单，以吸引更多的求职者到用人单位面试。录用条件则应尽量严密、完善，并主要注重对能力的考核，要更具可操作性。招聘条件不应替代录用条件，但是，在发生纠纷时，如果用工双方没有明确的录用条件，裁判机关将会把招聘条件视为录用条件。

绩效考核指标一般是企业对员工的胜任工作的考核指标。《劳动合同法》第四十条第二项规定："劳动者不能胜任工作，经过培训或者调整工作岗位，仍不能胜任工作的，用人单位提前三十日以书面形式通知劳动者本人或者额外支付劳动者一个月工资后，可以解除劳动合同。"录用条件则是用人单位在试用期内对劳动者进行综合能力考核的标准。

业绩目标考核指标可以是录用条件的一部分，但不能以业绩目标考核标准代替录用条件，否则，在发生纠纷时，容易造成绩效考核标准与录用条件的混淆，使用人单位面临不利后果。

思考题

某公司是世界500强外企，最近招用一位前台小姐，要求大学毕业、英语流利、容貌气质佳。经过层层筛选，莉莉与该公司签订了劳动合同，目前处在试用期。

莉莉上岗一个多月以来，同事们觉得她人勤快，业务能力强，就是口中一股浓烈的大蒜味让人受不了。原来莉莉在农村老家时习惯了早上吃羊肉汤泡烙馍，嚼几个生蒜头，真香；中午拍个黄瓜，整个拉皮，咬口大蒜，特棒；晚上来碗羊肉面条，来几粒大蒜，来劲！这个吃大蒜的习惯难改。公司主管曾几次向她指出，但她照吃不误，只不过平时嚼上几粒口香糖。不少来公司拜访的客户都对她"敬而远之"。

公司最后决定，以"在试用期间被证明不符合录用条件"为由与她解除劳动合同。莉莉感到很委屈：录用条件中又没说不可以吃大蒜，凭什么说试用期不合格？难道吃大蒜也违法吗？你对此怎么看？

二、录用条件设定和告知操作提示

1. 企业在制订录用条件时，应当向劳动者明确所提供信息的真实性，包括身份信息、身体信息、学历信息、专业技术信息、历史背景、工作经验、求职简历与入职登记表中的信息及其他由本人提供的资料信息等。

2. 用人单位在制订试用期的录用条件时，将岗位职责的要求具体明确地量化至录用条件当中，以备在试用期解除时，直接适用"不符合录用条件"进行解除，降低成本，减少风险。

3. 用人单位还应当注意避免使用"工作能力较强、工作积极性较高"等模糊性的语言，尽量使用明确、量化的数字或指标。如果涉及无法直接评定或判断是否合格的情形，还应当规定参考标准或计算方法以及考评方式等试用期考核制度的内容，以便评定时有章可循。

4. 用人单位应做好录用条件的告知确认工作。在劳动争议纠纷裁判中，用人单位有义务证明自己已告知劳动者录用条件的内容，故用人单位要办理必要的签收手续。用人单位可在《员工手册》等规章制度中针对岗位要求规定录用条件，或在劳动合同中对某一岗位的录用条件进行明确约定,或专门就试用期录用条件单独成文与劳动者进行签字确认。

【练习题】

1. 假设你是腾讯HR,企业要招聘一名互联网软件开发工程师,请你为企业招聘员工设计入职申请表。

2. 假设你是阿里巴巴HR,企业要录用一名资深视觉设计师,请你撰写一份录用通知书。

3. 假设你是企业HRD,请你为所在企业人力资源部制定劳动关系专员的录用条件。

第二章
劳动合同订立与合同条款设计

> **学习目标**

1. 掌握劳动合同订立的条件、时间和法律责任。
2. 掌握无固定期限劳动合同的订立条件和法律责任。
3. 掌握劳动合同主要条款的设计及风险控制技巧。

第一节　劳动合同的订立

一、应否订立劳动合同的注意事项

 **案例**

　　王阿姨系某制药厂内退人员，于2008年6月1日入职某化妆品公司担任出纳工作，每月工资3 000元，双方未订立书面协议。2008年12月31日，王阿姨申请辞职并于当日办理了离职手续。后王阿姨申请劳动仲裁，要求单位支付2008年7月至12月的双倍工资差额18 000元。

　　【焦点问题】用人单位招用内退人员是否应签订书面劳动合同？
　　【分析要点】根据《劳动合同法》规定，用人单位与劳动者建立劳动关系应当订立书面劳动合同。未在用工之日起一个月内订立书面劳动合同的，应自第二个月起向劳动者每月支付二倍工资。然而本案中，王阿姨系内退人员，根据当时仍然生效的上海市《关于特殊劳动关系有关问题的通知》的有关规定，内退人员与用人单位之间建立特殊劳动关系，仅在最低工资、工作时间和劳动保护三个方面受劳动法规的保护，因此其并不适用《劳动合同法》关于应签订书面劳动合同的规定。王阿姨主张双倍工资的请求最终没有得到仲裁委员会的支持。

应当注意的是，2010年9月14日最高人民法院公布实施《关于审理劳动争议案件适用法律若干问题的解释（三）》（以下简称司法解释），该司法解释第八条规定："企业停薪留职人员、未达到法定退休年龄的内退人员、下岗待岗人员以及企业经营性停产放长假人员，因与新的用人单位发生用工争议，依法向人民法院提起诉讼的，人民法院应当按劳动关系处理。"由此可见，2010年9月14日以后，内退人员与新单位发生争议按照劳动关系处理，应当遵守《劳动合同法》关于应当订立书面劳动合同的规定。因此，如果本案争议事实发生在2010年9月14日以后，则化妆品公司将承担败诉后果。

提示：根据现行法律规定，劳动者可以主张双倍工资仅限于其与用人单位已建立标准劳动关系的情形。如劳动者与用人单位之间建立的是非全日制劳动关系、劳务关系的，其不能依照《劳动合同法》向受雇单位主张未订立书面劳动合同的双倍工资。

二、劳动合同订立时间注意事项

案例

陈某2008年7月进入某公司，双方签订了两年期劳动合同。2010年6月30日，劳动合同到期后，双方未续订新的劳动合同。2010年9月30日，陈某申请劳动仲裁，要求单位支付2010年8月至9月的双倍工资差额2万元。

【焦点问题】劳动合同未及时续订，用人单位是否应支付双倍工资？

【分析要点】《劳动合同法》第十条规定："建立劳动关系，应当订立书面劳动合同。已建立劳动关系，未同时订立书面劳动合同的，应当自用工之日起一个月内订立书面劳动合同。"因此，用人单位与劳动者建立劳动关系的，应当在用工之日起一个月内订立书面劳动合同。对于合同期满后双方继续维系劳动关系的，应当何时订立书面劳动合同，《劳动合同法》没有明确规定。

有观点认为，合同期满未及时续订，不适用《劳动合同法》第八十二条规定的双倍工资罚则。一般认为，如果合同期满后用人单位继续用工，无须支付双倍工资，但这将使得合同期满后劳动者的权利义务处于不明确状态，也完全不符合《劳动合同法》强化劳动合同书面形式的立法本意。因此，在实践当中，司法机关仍然要求合同期满后的续订合同比照初始劳动合同的订立规则。如果合同期满后一个月内仍未完成合同续订手续，则用人单位应当向劳动者支付双倍工资。

三、劳动合同订立形式注意事项

 **案例**

宋某通过猎头推荐进入某销售公司，该公司在宋某入职前即以电子邮件方式告知了双方拟订立的劳动合同的内容。宋某回邮件表示同意。6个月后由于宋某工作表现不佳被单位提前辞退。宋某随即申请仲裁，以双方未订立纸质书面劳动合同为由索要5个月的双倍工资差额。

【焦点问题】劳动合同是否应当以纸质书面形式确定？

【分析要点】《合同法》规定："书面形式是指合同书、信件和数据电文（包括电报、电传、传真、电子数据交换和电子邮件）等可以有形地表现所载内容的形式。"本案中双方虽未签订纸质的劳动合同，但在入职前已通过电子邮件方式确认了劳动合同的条款，且双方均按照电子邮件中载明的合同条款来履行相关义务。因此，应当视为双方已订立书面劳动合同。宋某的诉请没有事实依据。

虽然法律并没有禁止用人单位通过电子数据、传真等方式来签订劳动合同，但由于司法实践中电子邮件打印件与原始服务器保存数据是否一致常有争议，可能需要通过公证、鉴定加以确认。这样就提高了争议解决的成本，不建议用人单位采用此种方式。

四、特殊群体合同订立注意事项

 **案例**

潘某系留学回国人员，2010年3月进入某日资企业任人事担当，全面负责公司的人事工作。2010年4月公司部分员工反映个人公积金和社保账户未开户，后经查实系潘某怠于行使职责所致。2010年5月1日该企业提前解除了与潘某的劳动关系。后潘某申请仲裁，要求支付2010年4月的双倍工资差额9 900元。

【焦点问题】人事经理未订书面合同应否支付双倍工资？

【分析要点】根据《劳动合同法》规定，订立劳动合同，应当遵循合法、公平、平等自愿、协商一致、诚实信用的原则。本案中，潘某系公司人事，其负有督促、提醒用人单位与之订立书面劳动合同的职责，然而潘某未尽到其作为人事担当的基本职责，且明知未订劳动合同的后果，故其主张双倍工资没有事实依据。最终仲裁裁决潘某败诉。

司法实践中，在未订书面合同的情况下，仍应审查未订合同的具体原因，以确定用人单位是否应支付双倍工资。如因不可抗力、劳动者本人拒签等情况导致合同未订，由于用人单位不具有不签合同的主观恶意，无须支付双倍工资。而对于本案中具有劳动者和劳动合同管理者双重身份的职工（人事经理、总经理等），更应防范道德风险，对该类负有劳动合同管理及签署职责的职工，如其不能证明曾向单位提出要求签订书面合同的，其双倍工资请求应不予支持。

五、未订书面合同责任的承担

案例 A

吴某在某单位担任销售总监，双方未订立书面劳动合同。在工作了6个月以后，吴某自己无法适应公司文化，申请辞职。离职后吴某申请仲裁，要求支付双倍工资差额20万元。经查，吴某在职期间基本工资6 000元，公司支付销售提成17万元。庭审中，公司答辩称，双倍工资应当以基本工资为准，不包括提成。而吴某则坚称应以实际收入为准。

【焦点问题】双倍工资计算基数是否包括提成？

【分析要点】根据上海市有关规定，在用人单位应支付双倍工资的情形下，如劳动关系双方对月工资有约定的，双倍工资的计算基数应按照双方约定的正常工作时间月工资来确定。双方对月工资没有约定或约定不明的，应按《劳动合同法》第十八条规定来确定正常工作时间的月工资，并以确定的工资数额作为双倍工资的计算基数。如按《劳动合同法》第十八条规定仍无法确定正常工作时间工资数额的，可按劳动者实际获得的月收入扣除加班工资、非常规性奖金、福利性、风险性等项目后的正常工作时间月工资来确定。本案中吴某的工资收入中包含17万元的提成，其系风险性收入，不应计入双倍工资计算基数。

当然，在双倍工资计算基数的确定过程中，用人单位应就工资项目组成承担举证责任，如不能举证具体项目的，则可能面临按劳动者实际收入作为双倍工资的月工资计算基数的法律风险。

案例 B

徐某2008年11月进入某外贸公司工作，担任总经理特别助理的职务，月薪1万元，双方未订立书面劳动合同。2010年4月，徐某申请仲裁要求所在单位支付2008年12月至2010年4月的双倍工资差额17万元。该公司在庭审中答辩称，双倍工资应封顶计算，最多不超过11个月。

【焦点问题】用人单位支付未订立书面劳动合同的二倍工资有无上限？

【分析要点】根据《劳动合同法》规定，用人单位自用工之日起超过一个月不满一年未与劳动者订立书面劳动合同的，应当向劳动者每月支付二倍的工资。用人单位未与劳动者订立书面合同超过一年的，视为双方已订立无固定期限劳动合同。因此，本案

2009年12月以后视为双方已订立无固定期限劳动合同，徐某主张双倍工资应以11个月为限（即计算至2009年11月）。

六、劳动合同订立操作提示

1. 确定劳动者与用人单位的法律关系类型。

根据现行法律规定，用人单位应当与劳动者订立书面劳动合同的前提是双方建立标准劳动关系，如用人单位与劳动者建立非全日制劳动关系，则双方可以订立口头协议，无须签订书面形式的劳动合同。

如用人单位招用已经领取养老保险的退休人员、在校学生等，双方建立劳务关系，也不适用《劳动合同法》关于签订书面劳动合同的规定。

2. 准确把握劳动合同订立的截止时间

由于逾期签订书面劳动合同将产生双倍工资甚至视为订立无固定期限劳动合同的法律风险，因此，用人单位应当严格把握每一位员工的入职时间、合同期满时间，以确定合同订立或续订的截止时间。

如果遭遇员工拒绝签署劳动合同的情形，应当按照法律规定以书面形式通知劳动者签订合同，保留相关文本的送达凭证。如果未按照要求签订的，可以书面通知终止劳动关系。

3. 对特殊群体应当注意合同保管手续

用人单位与人事经理、法务总监签订的劳动合同，应一式三份，避免两份劳动合同全部由人事部门保管，发生争议后用人单位无法举证会带来巨大的法律风险。

思考题

李某于2009年2月进入某公司工作，双方未签订劳动合同。2009年5月该公司与李某补签了一份期限为2009年2月至2012年1月的劳动合同。请问李某可否向该公司主张2009年3—4月未订立劳动合同的双倍工资呢？

第二节　无固定期限劳动合同订立

一、工作满十年要求续订无固定期限劳动合同

案例

黄女士于2000年2月2日进入某公司工作。双方签订劳动合同约定："劳动合同期

限自 2000 年 2 月 2 日至 2000 年 12 月 31 日。"此后，双方逐年续签，合同起始期限均为每年的 1 月 1 日。最后一份劳动合同期限自 2009 年 1 月 1 日至 2009 年 12 月 31 日。2009 年 12 月 31 日上午，黄女士打电话向公司请病假，同时公司向黄女士发送终止劳动关系通知书，通知书称劳动合同到期，公司决定不再续签劳动合同，双方劳动关系终止。因黄女士请病假，劳动合同顺延至该情形消失时终止。2010 年 3 月 1 日，黄女士回到公司，称自己与公司劳动合同期限已满 10 年，要求续签无固定期限劳动合同。

【焦点问题】因法定事项顺延导致劳动合同超过十年，是否续签？

【分析要点】如果黄女士符合连续工作满 10 年的条件，她向公司提出订立无固定期限劳动合同，那么公司应当与其订立。但黄女士的情况是否属于《劳动合同法》规定的连续工作满 10 年的情形，在各地司法实践中存在争议。本案中，黄女士的劳动合同从 2000 年 2 月 2 日起至 2009 年 12 月 31 日止，黄女士在公司的工作年限不足 10 年，只是由于其生病才导致合同终止时间续延的。按照目前上海的裁审口径，法定合同期限的续延只是为了照顾劳动者的特殊情况，并不引发订立无固定期限劳动合同的后果。因此，在这种情形下，黄女士无权要求公司与其订立无固定期限劳动合同。

二、连续签订两次固定期限合同要求续订无固定期限劳动合同

 案例

张先生于 2009 年 1 月初进入本市一家企业工作，企业与其签订了 1 年期劳动合同，合同期满后双方又续签了 1 年期的劳动合同。2011 年 1 月劳动合同到期，张先生认为其与企业已经签订两次固定期限劳动合同，提出与企业签订无固定期限劳动合同，企业没有同意，张先生提出劳动仲裁，要求续签无固定期限劳动合同。

【焦点问题】本案的争议焦点是劳动者与用人单位连续两次订立固定期限劳动合同后，用人单位没有与其续订劳动合同时，劳动者是否可以要求用人单位签订无固定期限的劳动合同？

【分析要点】对于这个问题，目前各地区是否存在较大差异。根据上海目前的裁审口径，对于第三次订立劳动合同，只有用人单位和劳动者双方第三次都同意订立劳动合同时，劳动者提出订立无固定期限劳动合同的，用人单位就必须与其订立。这就意味着，若公司不同意续签第三次劳动合同，张先生向企业提出订立无固定期限劳动合同，企业可以不与其订立。在此提醒劳动者，已经签订两次劳动合同，第三次签订合同的主动权在于企业。一旦企业提出续签劳动合同，那么劳动者应该抓住机会，主动提出签订无固定期限劳动合同，维护自己应有的权利。

三、无固定期限合同的操作指导

1. 准确评估劳动者在本单位的工作年限

根据有关法律规定,劳动者的工作年限应当由用人单位举证,用人单位应妥善保管入职阶段的招聘登记表、入职登记表、初次劳动合同等证据,避免发生争议后无法举证导致的风险。

同时,根据《劳动合同法实施条例》等有关规定,如果劳动者系非本人原因发生工作单位调动,而原单位未支付经济补偿金的,工作年限应当连续计算至新的用人单位,因此在用人单位接收其他单位员工时应注意工龄的连续计算问题。如果累计计算的工作年限超过 10 年,则该员工同样面临无固定期限劳动合同的签订问题。

2. 准确评估劳动者的劳动合同次数

根据《劳动合同法》的规定,涉及无固定期限的合同次数从 2008 年 1 月 1 日以后开始计算"第一次"。跨 2008 年 1 月 1 日的劳动合同不能计算"第一次"。当然用人单位通过反复改变劳动合同主体的做法在司法实践中可能会被判定为"规避行为",劳动合同次数可以在不同主体之间连续计算。

3. 准确评估各方续签意向

无论是工作年限还是合同次数导致用人单位应当签订无固定期限劳动合同,根据本市规定,劳动者一方均应按照《劳动合同法实施条例》规定主动提出要求续订无固定期限劳动合同,如果劳动者没有主动提出,则该劳动合同将自然终止,用人单位支付经济补偿金后合法结束劳动关系。

如果劳动者已经连续工作满 10 年,且已经向用人单位提出了续订无固定期限劳动合同的意思表示,则此时用人单位不可以合同期满为由终止劳动合同,而只能与劳动者续订无固定期限劳动合同。如果劳动者连续订立 2 次固定期限劳动合同,且已经向用人单位提出了续订无固定期限劳动合同的意思表示,则此时用人单位应评估是否愿意续订劳动合同,如果愿意续订劳动合同,则要么与劳动者协商一致签订固定期限劳动合同,要么与劳动者签订无固定期限劳动合同。

4. 谨慎处理无固定期限劳动合同条款争议

在用人单位愿意续签无固定期限劳动合同的情况下,无固定期限劳动合同条款并非由用人单位完全自主确定,如果用人单位采取调岗、降薪或调整工作地点等方式,导致续订条件降低的,劳动者可以拒绝,此时用人单位终止原劳动合同仍构成违法终止。

思考题

王某 2010 年 1 月 1 日进入某公司工作,双方连续签订 2 次 1 年期的固定期限劳动合同,第二次合同到期前双方又续订了 1 年的固定期限劳动合同(2012 年 1 月 1 日至

2012年12月31日)。王某后申请仲裁,要求该公司支付2012年1月1日至12月31日期间应签订无固定期限劳动合同而未签订无固定期限劳动合同的双倍工资,请问能否获得支持?

第三节　劳动合同条款的设计

一、劳动合同必备条款的设计

 **案例**

陆某于2009年1月1日进入某证券公司工作,双方签订了劳动合同,但未约定劳动报酬。陆某实际每月领取工资及提成约5 000元。2012年12月陆某离职,后申请仲裁要求证券公司按照金融行业平均工资标准支付同工同酬工资差额48万元。

【焦点问题】用人单位未与劳动者约定劳动报酬,劳动者的工资标准如何确定?

【分析要点】《劳动合同法》第十八条规定:"劳动合同对劳动报酬和劳动条件等标准约定不明确,引发争议的,用人单位与劳动者可以重新协商;协商不成的,适用集体合同规定;没有集体合同或者集体合同未规定劳动报酬的,实行同工同酬;没有集体合同或者集体合同未规定劳动条件等标准的,适用国家有关规定。"本案中双方劳动合同的确未约定劳动报酬,某证券公司也未签订过集体合同,故应当按照"同工同酬"原则确定陆某的工资标准。同工同酬是指用人单位对于从事相同工作,付出等量劳动且取得相同劳动业绩的劳动者,支付同等的劳动报酬,并非指"同岗同酬"。后来法院经审理后查明该证券公司销售代表的平均工资也仅为5 000元左右,认为陆某按照金融行业平均工资标准主张同工同酬工资差额无法律依据,故驳回了陆某的诉讼请求。

二、劳动合同非必备条款的设计

 **案例**

赵某于2009年8月13日入职A公司,但公司一直未与其签订劳动合同。2011年4月1日,公司与赵某签订了期限为一年的书面劳动合同,并约定了一个月的试用期,工资为1万元。试用期工资没有另外约定,公司一直按照1万元支付赵某的工资。2012年2月29日赵某辞职。后来赵某提起劳动仲裁,要求公司支付违法约定试用期的赔偿。

庭审中,赵某认为,由于公司与其订立书面劳动合同时,双方已实际履行合同超过一年,公司在劳动合同中约定试用期违法,应支付违法约定试用期的赔偿金。A公司则辩称，公司与赵某于2011年4月1日签订书面劳动合同，在合同中约定试用期符合法律规定，且试用期间公司一直按照正常工资水平支付赵某的工资，赵某的利益没有受到任何损害，因此公司无义务支付赔偿金。

【焦点问题】试用期的约定是否合法？公司是否需要支付违法约定试用期的赔偿金？

【分析要点】本案的关键点在于用人单位可否在建立劳动关系并实际履行一段时间后，再与劳动者约定试用期。根据原劳动部颁发的《关于贯彻执行〈中华人民共和国劳动法〉若干问题的意见》第十九条的规定，试用期是用人单位和劳动者为相互了解、选择而约定的不超过六个月的考察期。从此定义来看，试用期只能在初次签订劳动合同时约定。如果没有签订劳动合同，也应当在劳动关系建立之初约定。本案中，赵某与A公司已建立劳动关系一年有余，虽然2009年8月31日至2011年4月1日双方没有订立书面劳动合同，也已经形成了事实劳动关系，A公司再与赵某约定试用期是不合法的。根据《劳动合同法》第八十三条，用人单位违反本法规定与劳动者约定试用期的，由劳动行政部门责令改正；违法约定的试用期已经履行的，由用人单位以劳动者试用期满月工资为标准，按已经履行的超过法定试用期的期间向劳动者支付赔偿金。因此在本案中，若认定A公司与赵某违法约定试用期并已实际履行，则A公司应向赵某支付1万元（正常月工资1万元×1个月履行期）的赔偿金。

三、劳动合同条款设计操作要点

1. 明确约定劳动合同必备条款

《劳动合同法》第十七条规定："劳动合同必备条款包括以下条款：（一）用人单位的名称、住所和法定代表人或者主要负责人；（二）劳动者的姓名、住址和居民身份证或者其他有效身份证件号码；（三）劳动合同期限；（四）工作内容和工作地点；（五）工作时间和休息休假；（六）劳动报酬；（七）社会保险；（八）劳动保护、劳动条件和职业危害防护。"

对于欠缺必备条款的劳动合同，不仅可能导致"同工同酬工资差额"的争议，甚至可能导致劳动合同不成立（如缺失劳动合同期限条款），用人单位还可能存在支付双倍工资的风险。对此，用人单位不应抱有侥幸心理。除工资报酬、劳动合同期限条款外，用人单位还应积极主动地与劳动者约定工作地点、工作内容等必备条款，降低管理风险。在司法实践中，如对劳动合同内容条款约定不明双方理解发生歧义，司法机关一般按照有利于劳动者的原则进行判断。所以模糊的条款不仅不会给用人单位带来方便，反而会制造风险。

2. 慎重选择劳动合同的非必备条款

根据《劳动合同法》的规定，常见非必备条款主要包括试用期、培训服务期、保密与竞业限制三种。

（1）试用期条款约定注意事项。根据现行法律规定，试用期条款并非能随意设置，而应该在法律框架下严格执行，具体注意事项包括三项。第一，用人单位不得单独与劳动者约定试用期合同，单独约定的"试用期合同"将被视为固定期限劳动合同，"试用期合同"不成立；第二，用人单位约定的试用期限不得超过法律规定的上限，比如1年期劳动合同不得超过2个月的试用期；第三，同一用人单位只能与劳动者约定1次试用期，且不得重复约定。

（2）培训服务期条款约定注意事项。根据法律规定，用人单位为劳动者提供专项技术培训的，可以与劳动者约定培训服务期条款，其内容主要包括服务期、培训费和违约金三大事项。其中服务期限可以超出劳动合同期限；培训费用一般按照实际支付的费用确定支出标准；而违约金则不能超过用人单位实际支付的总的培训费用。

（3）保密与竞业限制条款约定注意事项。用人单位与劳动者可以在劳动合同中约定保守用人单位的商业秘密和与知识产权相关的保密事项，包括约定商业秘密范围、知识产权归属、违反保密义务应承担的赔偿责任等（但不得约定违约金）。同时，用人单位可与高级管理人员、高级技术人员和其他负有保密义务的人员约定竞业限制义务（离职以后不得从事与原单位存在竞争关系的工作），约定竞业限制期限、违反竞业限制义务的违约金等。应当注意的是，用人单位与劳动者约定的竞业限制期限不得超过2年。

【练习题】

某公司拟招聘一名销售总监，拟定年薪为30万元。公司希望在劳动合同中约定最长6个月试用期，并设置保密义务、竞业限制义务等事项，请为该公司起草一份针对销售总监的劳动合同。

第三章
工资支付常见规定和操作实务

> **学习目标**
>
> 1. 掌握工资计算和支付的常见规定。
> 2. 掌握同工同酬的实务把握原则。
> 3. 掌握工时制度审批和加班工资支付的实务操作。
> 4. 掌握特殊情况下的工资支付实务操作。

第一节 工资计算和支付的常见规定

一、工资的法律定义

 案例

2013年6月陈飞被招进一家知名电商公司的物流分公司,从事商品派送员的工作。由于该公司招用本批次的派送员只是为了应对"双11"购物节带来的季节性商品派送突击任务,所以双方只签订了为期6个月的劳动合同。劳动合同约定基础工资每月2 500元,每月6日发放上一个月的工资。劳动合同还约定派送员的业务提成根据公司的《岗位业务提成办法》计算。根据公司的《岗位业务提成办法》,陈飞的业务提成按派送件的数量计算,每配送一件商品可以获得劳动报酬2元。由于2013年7月6日是双休日,公司财务休息,陈飞于2013年7月8日通过银行卡收到了上月的劳动报酬。公司交给陈飞的工资单显示:基础工资2 500元,业务提成980元,高温费200元,餐费补贴200元,独生子女费20元,应发数额共计3 900元。如此,陈飞之后五个月收到的工资单显示他的应发工资分别为3 950元、3 864元、3 818元、4 102元和4 522

元。每个月工资的差额来自于6月至9月的200元的高温费,而且每个月的业务提成不完全一样。2013年12月初,公司告知陈飞,由于劳动合同期即满,公司不再续聘他,因此公司会支付他一笔经济补偿金。由于陈飞在公司工作时间为6个月,因此公司决定补偿他一个月的工资。这一个月的工资是他在公司工作期间的平均工资。因此陈飞计算下来,公司应当补偿他(3 900+3 950+3 864+3 818+4 102+4 522)÷6=4 026元。而公司认为,所有发放金额中"业务提成""餐费补贴""高温费"和"独生子女费"都不是工资,所以补偿金应该是2 500元。双方就此发生了争议。

【焦点问题】哪些属于法律意义上的"工资"?

【分析要点】工资性收入与工资外收入的发放,企业要管理得当,HR们必须心中有底,了解工资的法律性质。

1. 工资的法定概念

原劳动部《工资支付暂行规定》第三条规定:"工资是指用人单位依据劳动合同的规定,以各种形式支付给劳动者的工资报酬。"原劳动部关于印发的《关于贯彻执行〈中华人民共和国劳动法〉若干问题的意见》的通知(劳部发〔1995〕309号)第五十三条指出:"《劳动法》中的'工资'是指用人单位依据国家有关规定或劳动合同的约定,以货币形式直接支付给本单位劳动者的劳动报酬,一般包括计时工资、计件工资、奖金、津贴和补贴、延长工作时间的工资报酬以及特殊情况下支付的工资等。'工资'是劳动者劳动收入的主要组成部分。"

2. 工资总额的法定概念

国家统计局《关于工资总额组成的规定》(1990年1月1日国家统计局1号令)第三条指出:"工资总额是指各单位在一定时期内直接支付给本单位全部职工的劳动报酬总额。工资总额的计算应以直接支付给职工的全部劳动报酬为根据。"第四条指出:"工资总额由下列六个部分组成:(一)计时工资;(二)计件工资;(三)奖金;(四)津贴和补贴;(五)加班加点工资;(六)特殊情况下支付的工资。"

3. 工资外收入的常见形式

工资外收入有很多种形式,但许多形式在日常工作中较少遇到,在日常人力资源管理中工资外收入的常见形式有集体性福利费(需在法定总额和法定科目内);离休、退休、退职人员的劳务报酬;劳动保护费用;稿费、讲课费;经济补偿金,医疗补助金;计划生育独生子女补贴等。

此外还有不常见的形式:省部级发明创造奖、自然科学奖、科学技术进步奖;出差伙食补助费、误餐补助、调动工作的旅费和安家费;自带工具工作的补偿费;租赁经营单位的承租人的风险性补偿收入;购买本企业股票和债券的职工所支付的股息(包括股金分红)和利息等。

二、工资的计算与支付

1. 常见的工资计算方法

（1）计时工资，通常是指按计时工资标准（包括地区生活费补贴）和工作时间支付给个人的劳动报酬。它包括1）对已做工作按计时工资标准支付的工资；2）实行结构工资制的单位支付给职工的基础工资和职务（岗位）工资；3）新参加工作职工的见习工资（学徒的生活费）；4）运动员体育津贴。

实行计时工资制的单位，应付职工的计时工资根据工资标准、考勤记录等因素计算，具体计算过程又因采用月薪制或采用日薪制而有所不同。

A. 采用月薪制计时工资，计算公式为：

应付计时工资 = 月标准工资 − 月标准工资 ÷ 21.75 × 缺勤天数

月标准工资应当根据用人单位的薪酬福利制度，集体劳动合同或个人合同来确定，缺勤记录可以根据考勤记录取得，日工资额则应当等于月标准工资除以 21.75。

B. 采用日薪制计时工资，计算公式为：

应付计时工资 = 月标准工资 ÷ 21.75 × 出勤天数

C. 采用时薪制计时工资（常见于非全日制小时工），计算公式为：

应付计时工资 = 时薪 × 工作小时数

（2）计件工资，通常是指对已做工作按计件单价支付的劳动报酬。它包括1）实行超额累进计件、直接无限计件、限额计件、超定额计件等工资制的单位，按劳动部门或主管部门批准的定额和计件单价支付给个人的工资；2）按工作任务包干方法支付给个人的工资；3）按营业额提成或利润提成支付给个人的工资。

实行计件工资制的企业，应付工人的计件工资是按产量工时记录的个人完成的合格完工产品产量乘以计件单价计算的。此外，生产中产生的废品，如果是材料缺陷原因造成的，则按相应的计件单价照付工资；如果是加工失误造成的，则不付计件工资。一般计算公式为：

应付计件工资 =（合格品数量 + 料废品数量）× 计件单价

上述公式中的计件单价，应该由某种产品的定额工时数乘以制造该种产品所需要的某种等级工人的小时工资率求得。实际工作中，计件工资还可以按完成定额工时乘以工时单价（经测算确定的小时工资率）计算，此时计算公式为：

应付计件工资 = 完成定额工时数 × 工时单价

完成定额工时数 = ∑（每种产品完成数量 × 该种产品单位定额工时），其中产品完成数包括合格产品数量和料废品数量。

 思考题

在实务计算中，21.75 与 20.83 这两个数字分别在何时运用？

2. 常见的工资支付规定

对于工资支付，原劳动部发布的《工资支付暂行规定》在全国适用，各个地方也有不同的细致规定，其中需要重点掌握的有以下几点：

（1）工资应当以法定货币支付，不得以实物及有价证券支付。

（2）用人单位应将工资支付给劳动者本人。劳动者本人因故不能领取工资时，可由其亲属或委托他人代领。用人单位可委托银行代发工资。

（3）用人单位必须书面记录支付劳动者工资的数额、时间、领取者的姓名以及签字，并保存两年以上备查。用人单位在支付工资时应向劳动者提供一份个人的工资清单。

（4）工资必须在用人单位与劳动者约定的日期支付。如遇节假日或休息日，则应提前到最近的工作日支付。工资至少每月支付一次，实行周、日、小时工资制的可按周、日、小时支付工资。

（5）对完成一次性临时工作或某项具体工作的劳动者，用人单位应按有关协议或合同规定在其完成劳动任务后即支付工资。

（6）劳动关系双方依法解除或终止劳动合同时，用人单位应在解除或终止劳动合同时一次性付清劳动者工资。

3. 最低工资标准

最低工资标准，是指劳动者在法定工作时间或依法签订的劳动合同约定的工作时间内提供了正常劳动，用人单位依法应支付的最低劳动报酬。

正常劳动，是指劳动者按依法签订的劳动合同约定，在法定工作时间或劳动合同约定的工作时间内从事的劳动。劳动者依法享受带薪年休假、探亲假、婚丧假、生育（产）假、节育手术假等国家规定的假期间，以及法定工作时间内依法参加社会活动期间，视为提供了正常劳动。

关于最低工资标准，各地在其包含哪些项目上有不同的政策。但一般来说，需要掌握以下几点：

（1）在劳动者提供正常劳动的情况下，用人单位应支付给劳动者的工资在剔除下列各项以后，不得低于当地最低工资标准：

1）延长工作时间工资；

2）中班、夜班、高温、低温、井下、有毒有害等特殊工作环境、条件下的津贴；

3）法律、法规和国家规定的劳动者福利待遇等。

实行计件工资或提成工资等工资形式的用人单位，在科学合理的劳动定额基础上，其支付劳动者的工资不得低于相应的最低工资标准。

2015年度全国最低工资标准

月最低工资标准		小时最低工资标准	
省区市	工资（元）	省区市	工资（元）
上海	2 020	上海	18
深圳	2 030	北京	18.7
广州	1 895	广州	18.3
天津	1 850	天津	16.8
浙江	1 650	深圳	18.5
江苏	1 630	山西	16
北京	1 720	新疆	15.2
新疆	1 520	山东	15
山东	1 500	四川	14.6
云南	1 420	江苏	14.5
四川	1 400	福建	14
江西	1 390	湖北	14
甘肃	1 350	江西	13.9
内蒙古	1 350	浙江	13.5
福建	1 320	甘肃	13.3
河北	1 320	河北	13
吉林	1 320	安徽	13
湖北	1 300	辽宁	13
辽宁	1 300	贵州	13
宁夏	1 300	青海	12.9
山西	1 290	陕西	12.8
陕西	1 280	湖南	13.5
青海	1 270	重庆	12.5
湖南	1 390	宁夏	12.5
安徽	1 260	云南	12
重庆	1 250	河南	11.7
贵州	1 250	吉林	11.5
河南	1 400	内蒙古	11.4
广西	1 400	黑龙江	11
西藏	1 400	西藏	13
黑龙江	1 160	广西	10.5
海南	1 390	海南	11.2

（2）劳部发〔1995〕309号《劳动部关于贯彻执行〈中华人民共和国劳动法〉若干问题的意见》第五十九条规定："职工患病或非因工负伤治疗期间，在规定的医疗期内由企业按有关规定支付其病假工资或疾病救济费，病假工资或疾病救济费可以低于当地最低工资标准支付，但不能低于最低工资标准的80%。"

（3）在劳动合同中，双方当事人约定的劳动者在未完成劳动定额或承包任务的情况下，用人单位可低于最低工资标准支付劳动者工资的条款不具有法律效力。

（4）劳动者与用人单位形成或建立劳动关系后，试用、熟练、见习期间，在法定工作时间内提供了正常劳动，其所在的用人单位也应当支付其不低于最低工资标准的工资。

4. 特殊情况下的工资支付

经济困难的企业执行劳动部《工资支付暂行规定》（劳部发〔1994〕489号）确有困难，应根据以下规定执行：

（1）《关于做好国有企业职工和离退休人员基本生活保障工作的通知》（国发〔1993〕76号）规定："企业发放工资确有困难时，应发给职工基本生活费，具体标准由各地区、各部门根据实际情况确定。"

（2）《关于国有企业流动资金贷款的紧急通知》（银传〔1994〕34号）规定："地方政府通过财政补贴，企业主管部门有可能也要拿出一部分资金，银行要拿出一部分贷款，共同保证职工基本生活和社会的稳定。"

（3）《国有企业富余职工安置规定》（国务院令第111号，1993年发布）规定："企业可以对职工实行有限期的放假。职工放假期间，由企业发给生活费。"

第二节 同工同酬原则与实务操作

同工同酬原则作为《宪法》中赋予的劳动权利保障的基本制度之一，在劳动用工的工资支付领域尤其值得关注。而用人单位对劳动者的劳动报酬实行差异化的管理，这里的原则应当在实践中把握得当。

一、同工同酬对劳动用工的法律要求

1. 国际公约

《同酬公约》（国际劳工组织第100号公约，EQUAL REMUNE RATION CONVENTION）。中国于1990年9月7日批准《男女工人同工同酬公约》，同年11月2日该公约在中国生效。公约对"男女工人同工同酬"做了界定，男女工人同工同酬是指报酬率的订立不得有性别上的歧视。工人间报酬率的差异，如果是基于

客观评价所确定的实际工作的差异,而与性别无关,则不应视为违反男女工人同工同酬的原则。

2. 国内法律法规要求

同工同酬旨在排除收入分配中的歧视现象,不能因为性别、年龄、编制等因素给予歧视性待遇。在现行法律法规框架中,多层次地指出了这个原则:

(1)《宪法》第四十八条规定:"……实行男女同工同酬,……"

(2)《劳动法》第四十六条规定:"工资分配应当遵循按劳分配原则,实行同工同酬。"

(3)《劳动合同法》第十八条规定:"……没有集体合同或者集体合同未规定劳动报酬的,实行同工同酬;……"第六十三条规定:"被派遣劳动者享有与用工单位的劳动者同工同酬的权利。用工单位无同类岗位劳动者的,参照用工单位所在地相同或者相近岗位劳动者的劳动报酬确定。"

二、哪些工资支付的实务操作不违反同工同酬原则?

 **案例**

重庆WL机械制造厂是一家国内知名的汽车配件制造企业。小杨于2009年入职该企业,从事流水线车间某配件工段的一线操作工作。由于小杨为应届普通职校毕业生,按照公司薪酬制度,其技术工资定为每月900元。2011年,小王也入职了WL机械制造厂,与小杨一样从事流水线车间某配件工段的一线操作工作,但由于小王是高等职业技术学校毕业生,按照公司的薪酬福利制度,他的技术工资定为每月950元。小杨对此表示不满,向公司人事部提出,干同样的工作,小王的技术工资比他高,违反了劳动法中的"同工同酬"原则。

【焦点问题】同工同酬原则在实践中怎么去运用和把握?

【分析要点】每个人的素质、资历、能力各异,即使在同等岗位上,劳动生产率也可能不尽相同,所以不能简单地说同样的工作就应该拿同样的工资,而应结合每个劳动者劳动成果的数量和质量进行综合评判。

在实践中,同工同酬原则更多地表现为"适用同一套薪酬福利制度",而不能建立制度外的制度。此时还需要注重薪酬福利制度在制定时的民主程序。在《上海市高级人民法院关于适用〈劳动合同法〉若干问题的意见》(沪高法〔2009〕73号)中,对于如何把握同工同酬的标准做了如下解答,在实践操作中非常值得借鉴:同工同酬是劳动法确立的一项基本规则,用人单位须严格遵守,但由于劳动者存在个体差异,因此,不能简单以不同劳动者是否在相同岗位工作作为"同工"的标准,而应综合考虑劳动者的个人工作经验、工作技能、工作积极性等特殊因素,允许用人单位依此对相对工作岗位的劳动者在劳动报酬方面有所差别。这也就意味着,即使在相同岗位工作,因为个人素质、资历、操作技术水平、工作职责等因素，发放有差异的工资，不违反同工同酬的原则。例如，实践中常见的具有计算依据的工龄工资、职务工资、技术工资等都是不违反同工同酬原则的。

特别要注意的是，劳务工与正式工的身份差别不能成为工资支付差异的合理依据。用工单位必须在同类岗位上，向劳务派遣人员提供与直接雇佣人员相同的劳动条件和劳动报酬机制。

第三节 工时制度和加班工资支付

一、工时制度

 案例

小张于 2010 年 3 月入职 PL 公司工作，在公司的员工手册上有这样的表述："本公司上班时间为每天上午 8：30—11：30，下午 13：00—15：30，每周工作六天（周六上班）。"小张在 PL 公司工作至 2013 年 12 月离职。离职后，小张向所在地的劳动人事仲裁机构提出申诉，要求单位发放工作两年多以来的加班工资。

【焦点问题】PL 公司的工作制度下，是否需要支付加班工资？

【分析要点】我国劳动法领域内的工时制度有哪些？建立工时制度对用人单位来说有什么样的积极意义？我们应当通过了解以下一些知识点来掌握。

1. 标准工时制与特殊工时制

我国的工时制度通常分为两大类，即标准工时制和特殊工时制，其中特殊工时制又分为综合工时制和不定时工时制。

（1）标准工时制。标准工时制一般具有如下几个特点：

1）每日工作不超过 8 小时；

2）每周工作不超过 40 小时；

3）每周至少休息 1 天。

（2）特殊工时制。《劳动法》第三十九条规定："企业因生产特点不能实行本法第三十六条、第三十八条规定的，经劳动行政部门批准，可以实行其他工作和休息办法。"这也就意味着，只要不实行标准工时制度而实行特殊工时制度的，就应当经过劳动行政部门审批，获得行政许可。

1）综合工时制。这类工时制度是以标准工时制为基础，以一定的期限为周期，

综合计算工作时间的工时制度。

综合工时制一般具有如下几个特点：

①一般以月、季、半年、整年为周期综合计算工作时间。

②在综合计算周期内，某一具体日（或周）的实际工作时间可以超过8小时（或40小时），但综合计算周期内的总实际工作时间不能超过总法定标准工作时间。

③实行综合计算工时制的，无论劳动者平时工作时间数为多少，只要在一个综合工时计算周期内的总工作时间数不超过以标准工时制计算的应当工作的总时间数，即不视为加班。若超过，则超过部分视为延长工作时间，并按《劳动法》规定支付报酬，且延长时间的小时数，平均每月不得超过36小时。

综合工时制的适用岗位法定要求：

根据劳动部《关于企业实行不定时工作制和综合计算工时工作制的审批办法》（劳部发〔1994〕503号）第五条规定，企业对符合下列条件之一的职工，可实行综合计算工时工作制：

（一）交通、铁路、邮电、水运、航空、渔业等行业中因工作性质特殊，需连续作业的职工；

（二）地质及资源勘探、建筑、制盐、制糖、旅游等受季节和自然条件限制的行业的部分职工；

（三）其他适合实行综合计算工时工作制的职工。

2）不定时工作制。这类工时制度一般是指，每一工作日没有固定的上下班时间限制的工作时间制度，是针对因生产特点、工作特殊需要或职责范围的关系，无法按标准工作时间衡量或是需要机动作业的职工所采用的一种工时制度。

不定时工时制一般具有如下几个特点：

①不受日延长工作时间标准和月延长工作时间标准的限制；

②用人单位应对适用不定时工时制度的职工采取适当的休息方式，确保职工的休息休假权利和生产工作任务的完成；

③实行不定时工作制的职工一般不执行关于加班工资计算方面的规定。

不定时工时制的适用岗位法定要求：

劳动部《关于企业实行不定时工作制和综合计算工时工作制的审批办法》（劳部发〔1994〕503号）第四条规定，企业对符合下列条件之一的职工，可以实行不定时工作制：

（一）企业中的高级管理人员、外勤人员、推销人员、部分值班人员和其他因工作无法按标准工作时间衡量的职工；

（二）企业中的长途运输人员、出租汽车司机和铁路、港口、仓库的部分装卸人员以及因工作性质特殊，需机动作业的职工；

（三）其他因生产特点、工作特殊需要或职责范围的关系，适合实行不定时工作制的职工。

2. 建立特殊工时制度的实操意义

建立特殊工时制度最大的好处是能够在市场竞争条件下，克服标准工作时间所带来的弊端，使得企业的生产经营活动效率更高，做到人与物的有机结合，增加工时制度弹性，进而提升企业的管理水平和竞争能力，维护劳动者合法权益，促进劳动关系和谐稳定。在企业管理上，其意义更多地表现为提高企业生产经营灵活性，有效控制企业的人力成本。

二、加班工资支付

1. 哪些情形算加班？

加班是指经用人单位安排或经用人单位同意，劳动者超过法定工作时间提供的劳动。加班在实践中通常有两种表现形式：

（1）劳动者在制度工作日工作时间以外延长工作，也就是俗称的"加点"；

（2）劳动者在法定节假日或周休日进行工作，也就是俗称的"加班"。

2. 哪些情形可以排除加班？

（1）休息日加班并安排补休的情形；（2）在部分公民放假的节日期间照常工作的情形；（3）实行综合工时制不超过总工时或不定时工作制的情形；（4）劳动者参加单位值班的情形；（5）非全日制岗位双休日工作的情形；（6）劳动者工作效率低引起的单方面超时工作的情形。

3. 加班工资怎么算？

加班加点工资，一般按照考勤记录的加班加点天数或加点时数和职工的日工资率或小时工资率计算，计算公式为：

加班加点工资 = 加班天数 × 日工资标准 × 加班日工资率 + 加点小时数 × 小时工资标准 × 加点小时工资率

在符合法定标准工作时间的制度工时以外延长工作时间及安排休息日和法定休假节日工作，应支付的工资是根据加班加点的多少，以劳动合同确定的正常工作时间工资标准的一定倍数所支付的劳动报酬，即凡是安排劳动者在法定工作日延长工作时间或安排在休息日工作而又不能补休的，均应支付给劳动者不低于劳动合同规定的劳动者本人小时或日工资标准150%、200%的工资；安排在法定休假节日工作的，应另外支付给劳动者不低于劳动合同规定的劳动者本人小时或日工资标准300%的工资。

4. 加班补休的适用

根据《劳动部对〈工资支付暂行规定〉有关问题的补充规定》（劳部发〔1995〕226号）："根据《工资支付暂行规定》（劳部发〔1994〕489号），以下简称《规定》确定的原则，现就有关问题做出如下补充规定：……二、关于加班加点的工资支付问题，《规定》第十三条第（一）、（二）、（三）款规定的在符合法定标准工作时间的制度工时以外延长工作时间及安排休息日和法定休假节日工作应支付的工资，是根据加班加点的多少，以劳动合同确定的正常工作时间工资标准的一定倍数所支付的劳动报酬，即凡是安排劳动者在法定工作日延长工作时间或安排在休息日工作而又不能补休的，均应支付给劳动者不低于劳动合同规定的劳动者本人小时或日工资标准百分之一百五十、百分之二百的工资；安排在法定休假日工作的，应另外支付给劳动者不低于劳动合同规定的劳动者本人小时或日工资标准百分之三百的工资。"综上所述，可以这样理解：

（1）工作日加点——可给加班费，也可给补休。
（2）休息日加班——可给加班费，也可给补休。
（3）法定假日加班——必须给加班费，除非劳动者主动申请补休。

思考题

1. 用人单位施行计件工资制下，加班工资应当如何计算？
2. 加班的举证责任，应当由谁来承担？用人单位对于加班的管理，可以在哪些方面加以规范？

第四节 几种特殊情况下的工资支付实务操作

一、特殊情况下的工资支付

1. 几类需视为正常出勤的假期工资支付

视为正常出勤应当计发工资的假期有以下几种：

（1）法定节假日。法定节假日根据《全国年节及纪念日放假办法》来适用。目前全体公民放假的节日有11天（新年元旦1天，春节3天，清明节1天，劳动节1天，端午节1天，中秋节1天，国庆节3天），应当视为出勤计发假期工资。各少数民族聚居地区的地方人民政府按照地区民族习惯放假期间，也应当计发正常出勤的假期工资。

（2）婚丧假。职工本人结婚或职工的直系亲属（父母、配偶和子女）死亡时，可以根据具体情况，经本单位行政领导批准，酌情给予1～3天的婚丧假。职工结婚时双方不在一起工作的；职工在外地的直系亲属死亡时需要职工本人去外地料理丧事的，都可以根据路程远近，另给予路程假。在批准的婚丧假和路程假期间，职工的工资照发，途中的车船费等全部由职工自理。

（3）女职工保护假期。如女职工的产前检查时间、哺乳时间等。

（4）劳动者从事正常法定活动的假期。例如，职工行使民主权利参加选举活动的时间，职工参加工会活动的时间等。

2. 病假工资支付

对于病假工资及其计算基数，用人单位可以在合同中与职工进行约定，但不能低于当地最低工资的80%。

1953年颁布实施的《劳动保险条例实施细则》曾规定了三条制度：（1）工人职员疾病或非因工负伤停止工作连续医疗期间在6个月以内者，根据《劳动保险条例》第十三条乙款的规定，应由该企业行政方面或资方按下列标准支付病伤假期工资：本企业工龄不满2年者，为本人工资60%；已满2年不满4年者，为本人工资70%；已满4年不满6年者，为本人工资80%；已满6年不满8年者，为本人工资90%；已满8年及8年以上者，为本人工资100%。（2）工人职员疾病或非因工负伤停止工作连续医疗期间超过6个月时，根据《劳动保险条例》第十三条乙款的规定，病伤假期工资停发，改由劳动保险基金项下，按月付给疾病或非因工负伤救济费，其标准如下：本企业工龄不满1年者，为本人工资40%；已满1年未满3年者，为本人工资50%；3年及3年以上者，为本人工资60%。此项救济费付至能工作或确定为残疾或死亡时止。（3）工人职员的本人工资低于该企业的平均工资者，领取疾病或非因工负伤救济费时，如其所得救济费数额低于该企业的平均工资40%，应按平均工资40%发给，但不得高于本人工资。

由于《劳动保险条例实施细则》颁布已久，许多条款已经被当地的病假工资支付办法所取代，用人单位在适用时，还应当参照当地的具体规范。

3. 探亲假工资支付

根据《国务院关于职工探亲待遇的规定》，国有企业职工在规定的探亲假期和路程假期内，按照本人的标准工资发给工资。

4. 产假工资支付

《妇女权益保障法》第二十七条规定，任何单位不得因结婚、怀孕、产假、哺乳等情形，降低女职工的工资。因此未参加生育保险的用人单位，应当在产假期间按女职工前十二个月的工资水平计发产假工资；参加了生育保险的用人单位，则适用当地的生育保险办法。

5. 未休年休假工资支付

根据《企业职工带薪年休假实施办法》，用人单位经职工同意不安排年休假或者安排职工年休假天数少于应休年休假天数，应当在本年度内对职工应休未休年休假天数，按照其日工资收入的300%支付未休年休假工资报酬，其中包含用人单位支付给职工的正常工作期间的工资收入。用人单位安排职工休年休假，但是职工因本人原因且书面提出不休年休假的，用人单位可以只支付其正常工作期间的工资收入。

6. 工伤停工留薪期的工资支付

根据《工伤保险条例》的规定，职工因工作遭受事故伤害或者患职业病需要暂停工作接受工伤医疗的，在停工留薪期内，原工资福利待遇不变，由所在单位按月支付。实践中，根据工作时间的长短，分别做如下处理：①发生工伤前在本单位工作已满12个月的，按工伤前12个月应发工资的月平均工资（含基本工资、奖金和津补贴以及加班工资）计算其原工资标准；②发生工伤前在本单位工作未满12个月的，按工伤前实际工作月数应发工资的月平均工资计算其原工资标准；③发生工伤前工作未满1个月的，按合同约定的月工资计算其原工资标准；④尚未约定或无法确定原工资额度的，按不低于本市职工上年度社会月平均工资的60%计算其原工资标准。

思考题

1. 法定节假日加班费应当如何理解与操作？
2. 用人单位如何控制年终奖支付中的争议与法律风险？

二、工资扣减的法律风险与操作实务

1. 可在工资中扣除的项目

有下列情况之一的，用人单位可以代扣劳动者工资：

（1）用人单位代扣代缴的个人所得税；
（2）用人单位代扣代缴的应由劳动者个人负担的各项社会保险费用；
（3）法院判决、裁定中要求代扣的抚养费、赡养费；
（4）法律、法规规定的可以从劳动者工资中扣除的其他费用。

2. "克扣工资"的法定含义

法律所禁止的"克扣工资"一般是指用人单位无正当理由扣减劳动者应得工资（即在劳动者已提供正常劳动的前提下用人单位按劳动合同规定的标准应当支付给劳动者的全部劳动报酬）。它不包括以下减发工资的情况：①国家的法律、法规中有明确规定的；②依法签订的劳动合同中有明确规定的；③用人单位依法制定并经职代会批准的厂规、厂纪中有明确规定的；④企业工资总额与经济效益相联系，经济效益下浮时，工资必须下浮的（但支付给劳动者的工资不得低于当地的最低工资标准）；⑤因劳动者请事假等相应减发工资等。

3. "无故拖欠工资"的法定含义

法律所禁止的"无故拖欠工资"一般是指用人单位无正当理由超过规定付薪时间未支付劳动者工资。它不包括以下情况：①用人单位遇到非人力所能抗拒的自然灾害、战争等灾害，无法按时支付工资的；②用人单位确实生产经营困难、资金周转受到影响，在征得本单位工会同意后，可暂时延期支付劳动者工资，延期时间的

最长限制可由各省、自治区、直辖市劳动行政部门根据各地情况确定。其他情况下拖欠工资均属无故拖欠。

【练习题】

1. 用人单位规章制度中明确:"上班迟到者,每次扣10元。"上述规定是否合法?公司惩戒权是否可以通过扣罚工资来体现?

2. 劳动者主张因用人单位发放工资晚了一天而被迫辞职,并要求用人单位支付经济补偿金,用人单位应该如何处理?

第四章
社会保险法律风险和社保稽核审计

> **学习目标**

1. 掌握 HR 对社会保险经办需要掌握的基础知识。
2. 掌握社会保险法律法规对企业缴纳的要求。
3. 掌握不同阶段的社会保险法律风险及应对。
4. 掌握社会保险审计与稽核的实务处理。

第一节 HR 对社会保险经办需要掌握的基础知识

一、社会保险概述

 **案例**

PL 租赁公司新招了几个外地来的员工,其中老刘入职不久就来到人力资源部,向人事经理说了一段心里话:"俺一个月就两千来块钱,俺不愿意参加什么社保,因为一旦交了社保,我个人拿到手的钱就更少了。如果到时我生了病或者发生了事故,责任由我自己负,算我自己倒霉,我保证不找单位。要是你们还信不过的话,俺把责任自负的意思白纸黑字写下来给公司。"人事经理看老刘老实巴交的,而且确实收入也不高,而且愿意书面承诺责任自负。如果这样操作,一方面职工拿到手的工资会多一点,另一方面单位也不用交,而且劳动者书面承诺与单位撇清责任。

【焦点问题】用人单位是否可以与劳动者约定不缴社会保险?

【分析要点】广义的社会保险是指一切国家通过立法强制建立的保险基金，对参加基金缴纳的人在特定条件下给予物质帮助的制度。社会保险不以营利为目的。而狭义的社会保险是一种为丧失劳动能力、暂时失去劳动岗位或因健康原因造成损失的人提供收入或补偿的一种社会和经济制度。我国建立了基本养老保险、基本医疗保险、工伤保险、失业保险、生育保险等社会保险制度，保障公民在年老、疾病、工伤、失业、生育等情况下依法从国家和社会获得物质帮助的权利。社会保险基金由政府部门建立，强制某一群体将其收入的一部分作为社会保险税（费）形成社会保险基金，在满足一定条件的情况下，被保险人可从基金获得固定的收入或损失的补偿，它是一种再分配制度，它的目标是保证物质及劳动力的再生产和社会的稳定。我国社会保险主要包含五大险种，分别为养老保险、医疗保险、失业保险、工伤保险和生育保险。

社会保险具有以下几个属性和注意点：

1. 社会保险的法定强制性。

社会保险属于强制性保险，社会保险制度是一种强制性的法律规范。因此，缴纳社会保险是用人单位和劳动者共同的法定义务，不能因用人单位和劳动者的约定而解除。《社会保险法》第四条规定："中华人民共和国境内的用人单位和个人依法缴纳社会保险费……"在现实操作中，用人单位和劳动者出于各自的目的，约定不缴纳社会保险是无效的。究其实质，这种约定是在根本上侵害国家社会保险基金利益的一种行为，因此不具有法律效力。此外，这种约定其实也埋下劳动争议的隐患，因为约定本身的无效，劳动者在发生争议时可以主张工资基数诉求，生病时可以主张医疗待遇诉求，发生工伤可以主张工伤责任诉求等。这样劳动者承诺"责任自负"的约定，其实是一纸空文，是用人单位的风险隐患。因此，案例中提到的做法，HR们应当避免。

2. 社会保险的补缴不补支原则。

保险所承担的是未来发生的风险，而不是已经发生的损害。保险关系也是一种法律关系，风险具有或然性，社会保险也具有这样的特点。社会保险是否可以补缴，全国不同地区有不同的法规政策，但是有一点是相同的：即使可以将某个时间段内的费用进行补缴，也不能享受相关的待遇；如果在发生风险后再参保，那么参保之前发生的风险，社保基金一般是不予承担的。

因此，用人单位应当按照法律规定及时为劳动者缴纳社会保险，以避免不必要的用工风险。《社会保险法》第五十八条规定："用人单位应当自用工之日起三十日内为其职工向社会保险经办机构申请办理社会保险登记。"这也就意味着，理论上如果超过用工之日三十日未给职工办理社保而发生社保风险的，就是完全意义上的单位违法责任了。而在用工之日起三十日以内发生社保风险，原则上也应当适用补缴不补支原则。当然，补发待遇的政策，全国各地的受理标准和待遇享受规则也各不相同，应当以所在地社保部门的政策口径为准。

3. 社会保险的统筹原则。

保险是一种风险的群体共担，社会保险则是企业、个人和政府的共同责任。在我国的社会保险制度中，根据不同的险种，用人单位缴纳的保险费不完全归入个人账户，而是根据不同的情况计入社会统筹基金。目前，我国的基本养老保险基金逐步实行全国统筹，其他社会保险基金逐步实行省级统筹。

二、社会保险五大险种

1. 养老保险

养老保险是指国家通过立法，为解决劳动者在达到国家规定的解除劳动义务的劳动年龄界限或因年老丧失劳动能力而退出劳动岗位后的养老问题而建立的一种保障其基本生活的社会保险制度。我国《社会保险法》第十条规定："职工应当参加基本养老保险，由用人单位和职工共同缴纳基本养老保险费。无雇工的个体工商户、未在用人单位参加基本养老保险的非全日制从业人员以及其他灵活就业人员可以参加基本养老保险，由个人缴纳基本养老保险费。公务员和参照公务员法管理的工作人员养老保险的办法由国务院规定。"

2. 医疗保险

医疗保险是指国家通过立法，在职工患有疾病、负伤、生育时，由社会和企业提供必要的医疗服务或物质帮助，补偿职工由疾病带来的医疗费用的一种社会保险制度。我国《社会保险法》第二十三条规定："职工应当参加职工基本医疗保险，由用人单位和职工按照国家规定共同缴纳基本医疗保险费。无雇工的个体工商户、未在用人单位参加职工基本医疗保险的非全日制从业人员以及其他灵活就业人员可以参加职工基本医疗保险，由个人按照国家规定缴纳基本医疗保险费。"

3. 失业保险

失业保险是指国家通过立法强制实行的，由社会集中建立基金，对因失业而暂时中断生活来源的劳动者提供物质帮助，进而保障失业人员失业期间的基本生活，促进其再就业的制度。我国《社会保险法》第四十四条规定："职工应当参加失业保险，由用人单位和职工按照国家规定共同缴纳失业保险费。"

4. 工伤保险

工伤保险是指劳动者在工作中或在规定的特殊情况下，遭受意外伤害或患职业病导致暂时或永久丧失劳动能力以及死亡时，劳动者或其遗属从国家和社会获得物质帮助的一种社会保险制度。我国《社会保险法》第三十三条规定："职工应当参加工伤保险，由用人单位缴纳工伤保险费，职工不缴纳工伤保险费。"

5. 生育保险

生育保险是指国家通过立法，在怀孕和分娩的妇女劳动者暂时中断劳动时，由国家和社会提供医疗服务、生育津贴和产假待遇的一种社会保险制度。我国《社会保险法》第五十三条规定:"职工应当参加生育保险,由用人单位按照国家规定缴纳生育保险费,职工不缴纳生育保险费。"

在五大险种中,养老保险、医疗保险和失业保险实行社会统筹和个人账户并举的方式,即此三类社会保险既由用人单位缴费,又由劳动者本人缴费。劳动者本人缴费的,由用人单位代扣代缴,应当在劳动者工资中扣除。而生育保险和工伤保险,完全由用人单位缴费,劳动者本人无须承担。全国各地各种社会保险的缴费基数与比例目前仅在各地区统筹范围内有统一的标准,并无全国统一的标准。仅养老保险的个人缴费部分,目前全国统一的缴费比例为 8%。

第二节 社会保险法律法规对企业缴纳的要求

一、社会保险征收基本法律框架

我国现行的有关社会保险征收的法律法规主要包含以下几项:

1. 《中华人民共和国社会保险法》,自 2011 年 7 月 1 日正式实施。
2. 《社会保险费征缴暂行条例》(国务院令第 259 号),自 1999 年 1 月 22 日实施。
3. 《劳动保障监察条例》(国务院令第 423 号),自 2004 年 12 月 1 日实施。
4. 《社会保险稽核办法》(原劳动和社会保障部令第 16 号),自 2003 年 4 月 1 日实施。
5. 《社会保险费征缴监督检查办法》(原劳动和社会保障部令第 3 号),自 1999 年 3 月 19 日实施。
6. 《社会保险费申报缴纳管理规定》(人社部令第 20 号),自 2013 年 11 月 1 日实施。
7. 《社会保险审计暂行规定》(劳部发〔1995〕329 号),自 1995 年 10 月 1 日实施。

此外,社会保险征收的具体法律法规地区差异非常大。比如,在我国有些地区,社会保险征收由社会保险专门的征收机构负责;有些地区,社会保险征收由社会保险经办机构负责;还有些地区,社会保险征收由税务机关负责。在具体的经办和操作办法上,地域差异也非常大。

二、法律法规对企业的缴纳要求和相关法律责任

1. 刑事责任

《社会保险法》第九十四条规定:"违反本法规定,构成犯罪的,依法追究刑事

责任。"

《社会保险法》作为我国在社会保险领域内的一部根本性法律,对我国社会保险制度的建立和社会保险基金的征收发挥着举足轻重的作用。特别是在法律责任这一章中,阐明了用人单位违反社会保险法的法律责任,其中就包含了最为严重的刑事责任。它涉及的违反社会保险的刑事违法行为一般有挪用社会保险基金,泄露个人信息,国家工作人员在社会保险管理、监督工作中滥用职权、玩忽职守、徇私舞弊,以欺诈、伪造证明材料等手段骗取社会保险基金和社会保险待遇,以及社会保险经办机构及其工作人员违反社会保险法律法规等行为。

2. 行政责任

《社会保险法》第八十四条规定:"用人单位不办理社会保险登记的,由社会保险行政部门责令限期改正;逾期不改正的,对用人单位处应缴社会保险费数额一倍以上三倍以下的罚款,对其直接负责的主管人员和其他直接责任人员处五百元以上三千元以下的罚款。"

《社会保险法》第八十六条规定:"用人单位未按时足额缴纳社会保险费的,由社会保险费征收机构责令限期缴纳或者补足,并自欠缴之日起,按日加收万分之五的滞纳金;逾期仍不缴纳的,由有关行政部门处欠缴数额一倍以上三倍以下的罚款。"

用人单位最容易碰到的,往往是违反社会保险缴纳规定的行政责任,以上两条是用人单位最容易触及的规定。

3. 民事责任

对于应缴未缴社会保险费的,用人单位不仅应当承担行政法上的行政处罚责任,造成劳动者实体利益损害的,用人单位还应当承担民事的赔偿责任。例如,《工伤保险条例》第六十二条规定:"依照本条例规定应当参加工伤保险而未参加工伤保险的用人单位职工发生工伤的,由该用人单位按照本条例规定的工伤保险待遇项目和标准支付费用。"

 **案例**

小项是一位健身教练,2012年以来在多家健身房从事体锻教学工作。由于工作性质的特殊性,小项在一个健身房每周只需工作几个小时,因此她与多家健身房建立了非全日制的劳动关系。因为一直以来都没有与单位建立起全日制的劳动关系,几家单位也都没有缴纳社会保险。2013年8月,小项因为工作时磕到了膝盖,经过医院诊断为粉碎性骨折。小项认为,她的受伤应当认定为工伤,用人单位应当为其参加社保,享受工伤和医疗待遇。而用人单位则认为,非全日制劳动者没有强制性的缴纳社保的义务,法律仅仅规定"可以"缴纳,所以用人单位没有强制性的义务。

【焦点问题】非全日制劳动者是否需要缴纳社会保险?应当缴费而未缴费可能承担

什么样的法律后果？

【分析要点】 非全日制劳动者也应当进行社保缴费。劳动和社会保障部《关于非全日制用工若干问题的意见》第十二条规定："用人单位应当按照国家有关规定为建立劳动关系的非全日制劳动者缴纳工伤保险费。"劳动和社会保障部《关于实施〈工伤保险条例〉若干问题的意见》规定："职工在两个或两个以上用人单位同时就业的，各用人单位应当分别为职工缴纳工伤保险费。职工发生工伤，由职工受到伤害时其工作的单位依法承担工伤保险责任。"同时，《实施〈中华人民共和国社会保险法〉若干规定》第九条规定："职工（包括非全日制从业人员）在两个或者两个以上用人单位同时就业的，各用人单位应当分别为职工缴纳工伤保险费。职工发生工伤，由职工受到伤害时工作的单位依法承担工伤保险责任。"

思考题

《劳动合同法》第三十八条规定："用人单位有下列情形之一的，劳动者可以解除劳动合同：……（二）未及时足额支付劳动报酬的；（三）未依法为劳动者缴纳社会保险费的……"同时，《劳动合同法》第四十六条规定："有下列情形之一的，用人单位应当向劳动者支付经济补偿：（一）劳动者依照本法第三十八条规定解除劳动合同的……"

用人单位欠缴了劳动者的社保费，劳动者因此辞职的，用人单位需要支付经济补偿金吗？

第三节　不同阶段的社会保险法律风险及应对

一、劳动合同订立时的社会保险法律风险

 **案例**

2011年8月，在广东东莞工作的刘先生，感觉自己陷入了困境当中。原来刘先生本人在东莞，但是公司却让他于2011年2月与甘肃的一个劳务公司签订劳动合同，成为该公司派往东莞的劳务派遣工。在合同的社会保险相关条款中，明确写道："甲方按甘肃省天水市社会保险的有关规定，结合用工单位情况，为乙方办理相关保险。"但近期他发现，法定的"五险"公司帮他缴纳的基数与自己的工资收入完全不一致。而自己现在在东莞上班，若自己生病需要就诊，完全没法用上医保，总不能看一次感冒要去甘肃吗？

【焦点问题】 劳动合同订立时约定异地参保是否有效？

【分析要点】异地用工和异地参保是很多用人单位控制人力成本的方法,这样的做法虽然在法律上不违反关于劳动用工的强制性规定,但是在参加社会保险以及享受社会保险待遇的问题上,实质上影响了劳动者的实体权利。《劳动合同法实施条例》规定:"劳动合同实际履行地与用人单位注册地不一致的,有关劳动者的最低工资标准、劳动保护、劳动条件、职业危害防护和本地区上年度职工月平均工资标准等事项,按照劳动合同履行地的有关规定执行;用人单位注册地的有关标准高于劳动合同履行地的有关标准,且用人单位与劳动者约定按照用人单位注册地的有关规定执行的,从其约定。"

此外,自2014年3月1日起,《劳务派遣暂行规定》正式实施,对于异地用工的社会保险做出了明确的规定,用人单位应当对此风险做到心中有底:

(1)劳务派遣单位跨地区派遣劳动者的,应当在用工单位所在地为被派遣劳动者参加社会保险,按照用工单位所在地的规定缴纳社会保险费,被派遣劳动者按照国家规定享受社会保险待遇。

(2)劳务派遣单位在用工单位所在地设立分支机构的,由分支机构为被派遣劳动者办理参保手续,缴纳社会保险费。劳务派遣单位未在用工单位所在地设立分支机构的,由用工单位代劳务派遣单位为被派遣劳动者办理参保手续,缴纳社会保险费。

思考题

当用人单位工作地点变更时,应当如何进行社保的安排?在无法确定劳动者的劳动合同实际履行地时,为其缴纳社保应当考虑哪些因素?

二、劳动合同履行阶段的社会保险法律风险

案例

林小姐于2011年1月与三星公司签订为期5年的劳动合同。2013年5月9日,三星公司免去了林小姐在公司配送部出纳的职务。在此之后,三星公司未支付林小姐工资。2011年1月1日三星公司为林小姐缴纳了社会保险,但均于2013年6月停止缴纳。2014年3月20日,林小姐为自己缴纳了基本医疗保险。2014年3月10日至8月23日林小姐因病住院,共用医疗费用81 219.86元。2014年11月9日,林小姐向所在地劳动争议仲裁委员会提起申诉,要求用人单位赔偿其医疗费损失,林小姐的申诉没有被执行,之后因对仲裁裁决不服,遂于2014年11月21日向所在地基层法院提起诉讼。

【焦点问题】劳动者被免职后用人单位是否要继续缴纳社保?

【分析要点】法院审理后认为,林小姐在三星公司工作,一直担任公司配送部经理兼出纳职务,向三星公司提供了有偿劳动,接受三星公司的管理,双方建立了合法的劳动关系。故三星公司应当向林小姐支付工资报酬。三星公司免去的只是林小姐的职务,

并没有解除与林小姐的劳动关系,故对三星公司陈述的2013年5月9日双方已无劳动关系的意见不予采纳,林小姐与三星公司劳动关系仍然存在。根据法律法规规定,三星公司应当为林小姐缴纳医疗保险,但一直未予缴纳,直到2014年3月20日才由林小姐自行缴纳,致使林小姐因病住院的费用无法通过社会保险支付。法院即委托当地医疗保险事务中心就林小姐住院产生的医疗费中可予医保统筹报销部分进行核算。经该中心核算,结果为:可予医保统筹报销金额为81 219.86元,故三星公司应当向林小姐赔偿损失81 219.86元。

对于这类案件,可以总结归纳如下几点:

社会保险的手续必须与劳动关系同步,才能避免劳动合同履行期间的社会保险风险。切莫发生建立了劳动关系却不参保,或停止缴费却未中断劳动关系的事件。

一旦产生社会保险待遇的损失,应当以权威部门的核算结果为准,不宜自行核算。因为社会保险待遇的核算具有相当的专业性。

劳动者上班首日即发生工伤,此时尚未缴纳工伤保险,应该如何应对?

三、劳动合同终止时的社会保险法律风险

李某于2008年入职通信系统有限公司。李某认为,她拥有高级工程师资格,在职期间所担任的岗位为专业技术岗位,其退休年龄应为55周岁,而非50周岁。但2013年当李某年满50周岁时,该通信系统有限公司即为她办理了退休手续,公司认为李某在职期间从事销售工作,该岗位不属于专业技术岗位或管理岗位。李某将该争议最终诉诸当地法院。后经二审,所在地的中级人民法院判决:"按照相关规定,因是否属于管理或者技术岗位而引发的争议,不属于劳动争议案件的受理范围,故对李某的上诉请求不予处理。"

【焦点问题】女性退休享受养老保险的年龄怎么算?

【分析要点】关于女性退休享受养老保险的年龄应了解以下规定:

1. 1974年《国务院关于安置老弱病残干部的暂行办法》(国发〔1978〕104号)规定:"党政机关、群众团体、企业、事业单位的干部,符合下列条件之一的,都可以退休:(一)男年满六十周岁,女年满五十五周岁,参加革命工作满十年的;(二)男年满五十周岁,女年满四十五周岁,参加革命工作年限满十年,经过医院证明完全丧失工作能力的;(三)因工致残,经过医院证明完全丧失工作能力的。"

2. 1995年劳动部关于印发《关于贯彻执行〈中华人民共和国劳动法〉若干意见》

（劳部发〔1995〕309号）的通知第七十五条规定："用人单位全部职工实行劳动合同制度后，职工在用人单位由转制前的原工人岗位转为原干部（技术）岗位或由原干部（技术）岗位转为原工人岗位，其退休年龄的条件，按现岗位国家规定执行。"

3. 2001年《劳动和社会保障部办公厅关于企业职工"法定退休年龄"含义的复函》（劳社厅函〔2001〕125号）规定："国家法定的企业职工退休年龄，是：男年满60周岁，女工人年满50周岁，女干部年满55周岁。"

4. 2001年《国家经济贸易委员会、人事部、劳动和社会保障部关于深化国有企业内部人事、劳动、分配制度改革的意见》（国经贸企改〔2001〕230号）规定："（二）取消企业行政级别。企业不再套用国家机关的行政级别，不再比照国家公务员确定管理人员的行政级别。打破'干部'和'工人'的界限，变身份管理为岗位管理。在管理岗位工作的即为管理人员。岗位发生变动后，其收入和其他待遇要按照新的岗位相应调整。"

思考题

上面案例中类似社会保险退休年龄争议应当找哪个部门解决？

第四节 社会保险审计与稽核的实务处理

一、社会保险工资总额专项审计

1. 概述

社会保险工资总额专项审计是指社会保险经办机构通过政府采购服务的方式委托社会审计中介机构对用人单位上一年度的工资总额申报情况进行核查。

2. 社会保险申报

（1）日常社保工资基数申报。用人单位应当自用工之日起30日内为其职工申请办理社会保险登记并申报缴纳社会保险费。

用人单位未按照规定申报应缴纳的社会保险费数额的，社会保险经办机构暂按该单位上月缴费数额的110%确定应缴数额；没有上月缴费数额的，社会保险经办机构暂按该单位的经营状况、职工人数、当地上年度职工平均工资等有关情况确定应缴数额。用人单位补办申报手续后，由社会保险经办机构按照规定结算。

（2）年度工资总额申报。用人单位应当按月在规定期限内到当地社会保险经办机构办理缴费申报，申报事项包括以下内容：

1）用人单位名称、组织机构代码、地址及联系方式；

2）用人单位开户银行、户名及账号；

3）用人单位的缴费险种、缴费基数、缴费费率、缴费数额；

4）职工名册及职工缴费情况；

5）社会保险经办机构规定的其他事项。

在一个缴费年度内，用人单位初次申报后，其余月份可以只申报前款规定事项的变动情况；无变动的，可以不申报。有条件的地区，用人单位也可以按照社会保险经办机构的规定进行网上申报。

3. 社会保险工资总额专项审计的准备材料

（1）营业执照（复印件）；

（2）组织机构代码证（复印件）；

（3）社会保险登记证（第1、2、3页复印件）；

（4）企业声明承诺书；

（5）上年度年入账的1~12月工资、奖金、津贴、各类补贴等电子文档，并在姓名后注明参保类型（城保、镇保、农保、未参保、其他、劳务费）；

（6）上年度工资单复印件及《上年度月平均工资性收入申报表》及《核定表》的复印件或《当年基数调整核定表》；

（7）上一年度的《社保缴费通知书》；

（8）上一年度《过渡人员名册（由社保过渡办法地区涉及）》及《缴费通知书》；

（9）上一年度《个人账户变更申报表》；

（10）残疾人员名单及证明；

（11）外来从业人员在异地参加基本社会保险的参保凭证；

（12）上一年度劳务费支出人员身份证明、离退休人员的离退休证、外籍人员的就业证、离岗人员证明、协保人员证明、使用外单位人员的参保证明、外地人员的参保证明；

（13）上一年度劳务派遣合同、发票（全年）等；

（14）见习人员的见习证明；

（15）购买商业保险的明细清单；

（16）上一年度用工劳动合同（备查）；

（17）上一年度会计报表、账册、凭证（备查）。

案例

小吴于2013年4月至7月在家休产假，在休假前她的月收入是3 000元，在休假期间她平均每月在社保中心领取到的生育津贴是4 000元。2014年初，用人单位按照相关规定来申报小吴2013年度的月平均工资。人事部计算得出她在2013年度所有工资性收入为3 000×8+4 000×4=40 000元，因此她的月平均工资性收入为40 000÷12≈3 333.3元。这样计算是否正确呢？

【焦点问题】生育女职工生育期间工资总额应当怎样申报？

【分析要点】工资总额的申报应当以"谁发放，谁统计"的原则进行。有些地方政策已经给予了明确的统计依据。例如，根据上海市劳动和社会保障局《关于〈上海市城镇生育保险办法〉实施中若干问题处理意见的通知》（沪劳保发〔2002〕18号）的相关规定……六、从业的生育妇女在领取生育生活津贴期间，所在单位和个人仍应按规定缴纳社会保险费。单位在确定个人下一年度月缴费基数时，应将生育妇女按规定享受的生育生活津贴和享受生育生活津贴的期限剔除计算。因此，在上述的这类案例中，正确的计算方法应当为 $3\,000\times 8\div(12-4)=3\,000$ 元。

思考题

几类特殊情况的工资总额应当如何申报社保缴费基数？

1. 工作不足月的人员；
2. 下岗拿生活费的人员；
3. 延长退休或退休返聘人员。

4. 社会保险工资总额专项审计的程序

社会保险工资总额的专项审计程序各地各有不同，但常规的程序包括以下几部分内容：

（1）由所在地人社行政部门或社会保险经办机构根据多个渠道确定审计对象，拟定对用人单位审计名单；

（2）由所在地人社行政部门或社会保险经办机构自行组织审计小组或委托社会审计中介机构开展专项审计工作；

（3）向接受审计的单位提前下发《社会保险专项审计通知书》，特殊情况下的审计也可以不事先通知；

（4）用人单位在通知时间内做好接受审计的资料准备工作；

（5）审计小组或社会审计中介机构进行实地审计；

（6）审计小组或社会审计中介机构与用人单位交换审计意见，向所在地人社行政部门或社会保险经办机构出具《社会保险专项审计报告》；

（7）用人单位签署《社会保险专项审计报告征求意见书》，接到《社会保险专项审计报告》后在规定时间内提出书面意见，未在规定时间内提出书面意见的视为没有异议；

（8）对需要整改的用人单位，由所在地人社行政部门或社会保险经办机构向用人单位下发《社会保险专项审计整改通知书》；

（9）用人单位根据《社会保险专项审计整改通知书》在规定期限内完成补缴漏

缴社会保险费的操作；

（10）对逾期未执行审计决定的用人单位，由劳动保障监察机构依法实施重点监察，按程序予以行政处罚，对欠缴、漏缴的社会保险费依法追缴并加收滞纳金，或申请人民法院强制征缴。

二、社会保险稽核

1. 社会保险稽核概述

社会保险稽核是指社会保险经办机构依法对社会保险费缴纳情况和社会保险待遇领取情况进行的核查。

2. 社会保险稽核的类型

社会保险稽核采取日常稽核、重点稽核和举报稽核等方式：

（1）社会保险经办机构应当制订日常稽核工作计划，根据工作计划定期实施日常稽核。

（2）社会保险经办机构对特定的对象和内容应当进行重点稽核。

（3）对于不按规定缴纳社会保险费的行为，任何单位和个人都有权举报，社会保险经办机构应当及时受理举报并进行稽核。

思考题

最高人民法院民一庭庭长在对《最高人民法院关于审理劳动争议案件适用法律若干问题的解释（三）》的答记者问中指出："我们研究认为，用人单位、劳动者和社保机构就欠费等发生争议，是征收与缴纳之间的纠纷，属于行政管理的范畴，带有社会管理的性质，不是单一的劳动者与用人单位之间的社保争议。因此，对于那些已经由用人单位办理了社保手续，但因用人单位欠缴、拒缴社会保险费或者因缴费年限、缴费基数等发生的争议，应由社保管理部门解决处理，不应纳入人民法院受案范围。"

那么，社会保险争议中，劳动者申请举报稽核应当如何应对？

3. 稽核的内容

社会保险缴费情况稽核内容包括以下几点：

（1）缴费单位和缴费个人申报的社会保险缴费人数、缴费基数是否符合国家规定；

（2）缴费单位和缴费个人是否按时足额缴纳社会保险费；

（3）欠缴社会保险费的单位和个人的补缴情况；

（4）国家规定的或者劳动保障行政部门交办的其他稽核事项。

4. 稽核人员的职权

社会保险经办机构及社会保险稽核人员开展稽核工作，行使下列职权：

（1）要求被稽核单位提供用人情况、工资收入情况、财务报表、统计报表、缴费数据和相关账册、会计凭证等与缴纳社会保险费有关的情况和资料；

（2）要求被稽核对象可以记录、录音、录像、照相和复制与缴纳社会保险费有关的资料，对被稽核对象的参保情况和缴纳社会保险费等方面的情况进行调查、询问；

（3）要求被稽核对象提供与稽核事项有关的资料。

5. 稽核的程序

社会保险经办机构对社会保险费缴纳情况按照下列程序实施稽核：

（1）提前3日将进行稽核的有关内容、要求、方法和需要准备的资料等事项通知被稽核对象，特殊情况下的稽核也可以不事先通知；

（2）应有两名以上稽核人员共同进行，出示执行公务的证件，并向被稽核对象说明身份；

（3）对稽核情况应做笔录，笔录应当由稽核人员和被稽核单位法定代表人（或法定代表人委托的代理人）签名或盖章，被稽核单位法定代表人拒不签名或盖章的，应注明拒签原因；

（4）对于经稽核未发现违反法规行为的被稽核对象，社会保险经办机构应当在稽核结束后5个工作日内书面告知其稽核结果；

（5）发现被稽核对象在缴纳社会保险费或按规定参加社会保险等方面存在违反法规行为，要据实写出稽核意见书，并在稽核结束后10个工作日内送达被稽核对象。被稽核对象应在限定时间内予以改正。

6. 稽核的处理

（1）被稽核对象少报、瞒报缴费基数和缴费人数的，社会保险经办机构应当责令其改正；拒不改正的，社会保险经办机构应当报请劳动保障行政部门依法处罚。

（2）被稽核对象拒绝稽核或伪造、变造、故意毁灭有关账册、材料，延迟缴纳社会保险费的，社会保险经办机构应当报请劳动保障行政部门依法处罚。

（3）社会保险经办机构应定期向劳动保障行政部门报告社会保险稽核工作情况。劳动保障行政部门应将社会保险经办机构提请处理事项的结果及时通报社会保险经办机构。

【练习题】

1. 在社会保险工资总额专项审计中，整改对象包含了已经离职的人员，用人单位可以怎样处理？

2. 对于社会保险缴费基数争议的稽核处理，用人单位负有怎样的举证责任？由此你对薪酬体系的设计有何思考？

第五章
女职工"三期"管理实务

学习目标

1. 掌握避免在女职工录用中使用的无效条款。
2. 掌握女职工"三期"调岗中的法律风险。
3. 掌握女职工"三期"病假的合理管理。
4. 掌握女职工"三期"内解除合同的正确处理方法。

第一节 无效条款的表现形式及违法性

一、避免限制婚孕的无效条款

 案例

王女士应聘到上海市某物流公司,从事仓库管理工作,双方约定签订了3年期的劳动合同。入职时,公司人事告知王女士公司规章制度中规定:"劳动合同存续期间未经过部门领导批准不准怀孕(含未婚、已婚)否则视为严重违纪。"王女士考虑到自己刚结婚,暂时还不考虑生小孩,且公司离家近,表示愿意接受,并签了承诺书。半年后,王女士经医院诊断已怀孕,并由医生开具休息两周的病假证明。在得知自己怀孕的事实后,王女士不敢告诉公司,怕惹来麻烦,但考虑到继续上班又对胎儿不好,最后王女士还是选择了告知公司,并提出请假。

公司认为在王女士入职时公司已经明确告知其相关怀孕的规定,对此王女士也签了承诺书表示接受,现在王女士未经批准怀孕的行为已经违反了公司的规章制度,属于严重违纪行为。随后,公司向王女士发出一份《解除劳动合同通知书》,王女士认为公司的做法不近人情,就向仲裁委员会申请仲裁,要求恢复双方的劳动关系,并支付解除之日至恢复劳动关系之日的工资。

仲裁委员会经审理后认为,王女士在工作期间怀孕生育,并未违反国家计划生育政策,同时根据《宪法》《婚姻法》及《妇女权益保障法》的相关规定也系其公民应当享有的基本权利。公司以王女士怀孕违纪为由,解除与王女士的劳动合同的行为,违反了《劳动合同法》的相关规定,因此仲裁委员会裁决恢复了王女士与物流公司之间的劳动关系。

【焦点问题】物流公司制定的"未经批准不得怀孕"的"特殊"制度条款是否合法有效?

【分析要点】我国劳动合同法规定,除企业与劳动者协商解除劳动关系外,企业做出的解除与员工劳动合同的行为必须符合法定或者约定的条件才属合法有效。那么本案例中,公司规定的"劳动合同存续期间未经过部门领导批准不准怀孕(含未婚、已婚)否则视为严重违纪"的条款是否有效呢?

1. 我国法律保护公民的人身权,当然也保护妇女在劳动期间正常结婚、怀孕的权利。我国《妇女权益保障法》第二十七条第一款规定:"任何企业不得因结婚、怀孕、产假、哺乳等情形,降低女职工的工资,辞退女职工,单方解除劳动(聘用)合同或者服务协议。但是,女职工要求终止劳动(聘用)合同或者服务协议的除外。"同时《女职工劳动保护特别规定》第五条规定:"用人单位不得因女职工怀孕、生育、哺乳降低其工资、予以辞退、与其解除劳动或者聘用合同。"

2. 《劳动合同法》第二十六条规定:"下列劳动合同无效或者部分无效:(一)以欺诈、胁迫的手段或者乘人之危,使对方在违背真实意思的情况下订立或者变更劳动合同的;(二)用人单位免除自己的法定责任、排除劳动者权利的;(三)违反法律、行政法规强制性规定的。对劳动合同的无效或者部分无效有争议的,由劳动争议仲裁机构或者人民法院确认。"

结合以上法律规定,结婚生育是每个公民应享有的基本权利。用人单位在招用女职工时,不得以不许结婚或不得生育等作为录用条件,亦不该在劳动合同、集体合同或规章制度中出现"禁止女职工结婚、怀孕"等条款,即使此类条款征得了劳动者的认可或者通过了民主程序,满足了法律程序性要求,但条款实体内容与法律规定相抵触,仍然属于无效条款。本案中,物流公司制定的有关"婚孕"的规章制度尽管符合法律程序性规定,但该条款剥夺了王女士的基本生育权利,违反了《宪法》《婚姻法》《妇女权益保护法》以及国家计划生育政策的规定,属于无效条款。实践中,直接以明显的"禁止女职工结婚、怀孕"等条款已经不多见,取而代之的是变相将女职工未如实陈述婚育、生育情况等列入严重违反诚信、不履行告知义务的行列,将其作为严重违纪的情形,如果这样的条款与法律规定相抵触,仍然属于无效条款。

二、双方共同义务不得约定放弃

 案例

小刘从湖南老家大学毕业后，来上海打拼，经过多年的努力，成功应聘为一家贸易公司的行政主管，入职前小刘与公司于2012年9月8日签订的3年期劳动合同中约定每月工资6 000元，双方约定公司不为其缴纳社会保险（含生育保险），但每月另行支付小刘补贴1 200元作为补偿。2013年2月8日，小刘在医院检查中发现自己怀孕。2013年11月5日小刘生产，由于公司并未给小刘缴纳社会保险费，小刘的生育医疗费无法报销，生育津贴也无法享受。与公司多次协商无果，小刘遂于2012年1月8日向仲裁委提出仲裁申请，要求企业支付其门诊医疗费2 744元，住院费7 680元，生育津贴21 000元。

仲裁委经审理后认为，参加社会保险是劳动者与用人单位的法定义务，不能通过与员工的一个私下协议或者员工承诺来豁免企业的法律责任。企业未为小刘缴纳生育保险导致小刘不能从生育保险基金享受相关生育保险待遇，按照法律的规定其生育保险待遇应当由企业支付。

【焦点问题】生育津贴谁来买单？

【分析要点】生育保险是社会保险的一种，是国家通过立法对因怀孕和分娩暂时中断劳动的女职工给予收入补偿、医疗服务和生育休假的社会保障制度。为更好落实该制度，我国先后制定了一系列法律、法规，从立法层面上保障妇女生育期间的合法权益。

《中华人民共和国社会保险法》第四十九条规定："职工应当按照国家规定参加生育保险，由用人单位缴纳生育保险费，职工不缴纳生育保险费。"《女职工劳动保护特别规定》第八条规定："女职工产假期间的生育津贴，对已经参加生育保险的，按照企业上年度职工月平均工资的标准由生育保险基金支付；对未参加生育保险的，按照女职工产假前工资的标准由企业支付。女职工生育或者流产的医疗费用，按照生育保险规定的项目和标准，对已经参加生育保险的，由生育保险基金支付；对未参加生育保险的，由用人单位支付。"

综上，可以看出参加社会保险、缴纳社会保险费系国家法律强制性规定的劳动者与用人单位的共同法定义务。本案中小刘与贸易公司通过协商的方式不参加社会保险（含生育保险），不缴纳社会保险费（含生育保险费）的行为，违反了国家劳动法及社会保险法的相关强制性规定，应当被认定为无效约定（条款）。企业应按照标准支付小刘的生育津贴。

如果小刘是2011年7月1日以后生育或者流产的高薪女职工，已计发的生育生活津贴低于本人产假前工资标准，根据《中华人民共和国妇女权益保障法》第二十七条第一款的规定，由其生育或者流产时所在用人单位予以补偿。

 **思考题**

如何制定有效的条款应对女职工由于个人原因主动要求或不同意企业缴纳社会保险（含生育保险）的问题？

如何制定有效的条款应对试用期内的女职工怀孕经常请假的问题？

三、有效条款的设定操作提示

1. 合法性

《劳动合同法》第四条规定，用人单位应当依法建立和完善劳动规章制度，保障劳动者享有劳动权利、履行劳动义务。企业在制定、修改或者决定直接涉及劳动者切身利益的规章制度或者重大事项时，应当经职工代表大会或者全体职工讨论，提出方案和意见，与工会或者职工代表平等协商确定。在规章制度和重大事项决定实施过程中，工会或者职工认为不适当的，有权向企业提出，通过协商予以修改完善。企业应当将直接涉及劳动者切身利益的规章制度和重大事项决定公示，或者告知劳动者。也就是说企业在不违反法律强制性规定的情况下依法按程序制定的规章制度都应是有效的。在实践中，由于女职工的特殊性，企业在招聘女职工时往往设有诸多"特别"条件和要求，这些条款的制定一旦和法律规定的内容相违背，都将是无效条款。

2. 可操作性

内容具体、量化是可操作性的前提，有些公司通过合法利用特别条款的规定实现对公司的良性管理，如，将"员工不同意缴纳社会保险"作为不符合录用的条件之一，这样的规定不仅保护了女职工的合法权益，又避免了企业的风险。同时这些条款也应当注重合理性以及人性化，如一份试用期为6个月的劳动合同约定"怀孕女职工试用期内请事病假超过2天视为不符合录用条件"，这样的规定虽然量化，但是缺乏合理性，一旦涉及纠纷，也可能面临败诉的风险。

3. 避免损害女职工权益

作为"半边天"的女性一方面面临生育的问题，另一方面要面临工作的压力，可现实中依然存在企业变相辞退怀孕女职工、降低"三期"内依法休假女职工的工资、不为女职工办理生育保险、应批而不批女职工的产前假及哺乳假等损害女职工基本权益的情况，不仅违反了法律对女职工的保护规定，也可能面临其他风险。就未缴纳生育保险而言，虽然企业一时在经济上获利，但一旦员工向劳动监察部门举报，企业不但需要补缴，也要面临罚款的可能，同时劳动者可以以此为由解除劳动合同，且企业还将面临支付经济补偿的风险。企业应该正确客观地看待女职工在企业发展中的作用，遵守我国法律对"三期"女职工特殊的法律保护规定，用人企业应承担起这部分社会责任，给予女职工更多的关怀与帮助，提升员工对企业的认同感与忠诚度，从长远利益来看，对企业更有益。

第二节 "三期"调岗调薪的情形与要求

一、"三期"调岗岗位有要求

 **案例**

小林是某集团公司的财务经理,产假结束后,小林被告知由于在哺乳期不能出差,宣布小林为保洁部的副部长,协助部长完成公司的保洁工作。小林表示公司的财务经理并不经常出差,即使出差也是短途,虽然在哺乳期,但如果有出差需要,也是可以协调好家庭和工作完成出差任务的,去保洁部工作和自己之前的岗位内容相差甚远,表示无法接受。

【焦点问题】公司单方面对"三期"内的小林做出的调岗决定是否合法?

【分析要点】女职工三期分别为孕期、产期、哺乳期。孕期又称妊娠期,是怀孕周数。医学上的孕期是指从末次月经的第一天开始到分娩结束的时期。产期是指休产假的时期。哺乳期就是女职工给婴儿哺乳的时期。

女职工怀孕后,肌体发生的变化比较大,身体各系统的负担加重,工作生产环境的各种因素都可能对胎儿产生不利影响,为了女职工身体健康以及胎儿正常发育,女职工在"三期"阶段,用人单位有权也有义务将女职工从禁忌工作岗位调到非禁忌岗位。

禁忌岗位调岗情形:凡"三期"内女职工所在岗位为《劳动法》第六十一条规定,《女职工禁忌劳动范围的规定》第五条、第六条、第七条规定,以及《上海市女职工劳动保护办法》第七条、第九条、第十一条规定的岗位,不论女职工是否同意或是否申请,用人单位都有义务为其调整工作岗位。

非禁忌岗位调岗情形:凡"三期"内女职工符合《女职工劳动保护特别规定》第六条第一款规定"女职工在孕期不能适应原劳动的,用人单位应当根据医疗机构的证明,予以减轻劳动量或者安排其他能够适应的劳动",用人单位应根据女职工提供的医学证明材料对该女职工的工作岗位或工作量做出一定程度的调整。

《劳动合同法》第十七条规定,工作岗位(工作内容)属于劳动合同必备条款,因此调整工作岗位的实质是对劳动合同约定条款的变更。劳动合同变更属于劳动合同存续期间权利义务的调整,一般分为两种形式:

1. 协商变更。用人单位与劳动者协商一致,可以变更劳动合同约定的内容。协商可分为书面变更以及实际履行达成的变更。

2. 法定变更。在符合法定情形的前提下,用人单位依据法律规定单方面变更劳动合同,可分为劳动者不胜任工作岗位、因患病或非因工负伤医疗期满、客观情况发生重大变化导致原劳动合同无法履行的情形下的变更,女职工禁忌岗位工作、保留劳动关系的五级至六级伤残的工伤人员,以及有特殊要求的高温岗位等情形下的必须变更。

本案中,小林的工作岗位为财务经理,属于"三期"内女职工非禁忌岗位,且小林处于哺乳期,也并非孕期,因此排除了上文中提到的对小林进行劳动合同法定变更(法定调岗)的情形。由于排除了法定变更的情形,剩下唯一可以对小林劳动合同进行变更(调整工作岗位)的途径为协商变更,即公司与小林就调岗事宜协商后达成一致意见,而在本案中公司并未与小林进行协商,而是直接以行政命令的方式单方面做出调岗的决定,因此违反了《劳动合同法》关于劳动合同变更(调岗)的规定,故应当恢复小林财务经理的工作岗位,继续履行原劳动合同。

生育是人类种族繁衍的本能需求,生育权是自然人与生俱有的一项基本人权,也是自然人所固有、专属和必备的人格权,应当受到法律和整个社会的保护。而企业是以营利为目的的社会团体,追求的是经营利润最大化,开展各项活动的最终目标是实现企业价值最大化。处于"三期"内的女职工因身体自然变化的客观因素,或多或少影响了其劳动合同的正常履行,进而与企业的追求和最终目标产生了矛盾,尤其是企业管理层、核心技术岗位或领取高薪的女职工在处于"三期"时更可能对企业运转以及成本造成影响,因此有些企业为了保护自身的利益,往往不顾国家立法对"三期"内女职工的特殊保护,推卸企业作为社会一分子而应当承担的社会责任,违法违规处理女职工。

二、"三期"调岗工资不得降

 案例

林某是某公司的生产技术经理,主要负责车间生产及技术工作,工资由基本工资2 000元、交通补贴200元、住房补贴800元、全勤奖300元以及加班费组成。2012年9月,林某发现自己已怀有3个月身孕。由于属于高龄产妇,自己的身体状况不适宜在车间嘈杂及粉尘的环境下工作,林某向公司主管人事工作的副总经理提出申请,希望公司批准其产前不在车间工作。经过协商,双方同意林某在"三期"内将岗位调岗为技术内管,负责生产部门的数据统计、后台支持与人员招聘等,工作地点为公司本部,"三期"结束后工作岗位再视情况调整。但是就工资待遇上双方有了分歧,公司认为林某只应拿基本工资2 000元,其他属于经理级别的福利待遇,因林某已不从事生产技术经理的工作,故不应再享受,林某则认为调岗不应该对其进行降薪。

【焦点问题】"三期"女职工调岗后的工资是否可以降低?

【分析要点】"调岗不调薪"这是"三期"女职工调岗的原则,通过协商一致后调整工作岗位的工资待遇是降低原工资性收入还是基本工资收入?

《上海市实施〈中华人民共和国妇女权益保障法〉办法》规定："女职工在孕期或者哺乳期不适应原工作岗位的，可以与用人单位协商调整该期间的工作岗位或者改善相应的工作条件。用人单位不得降低其原工资收入。"

无论"三期"内女职工的岗位如何变化，都不能降低其原工资收入。《关于工资总额组成的规定》第四条规定："工资总额由下列六部分组成：（一）计时工资；（二）计件工资；（三）奖金；（四）津贴和补贴；（五）加班加点工资；（六）特殊情况下支付的工资。"通过"发基本工资或最低工资""孕期待岗""哺乳期调休"等理由或方式减少工资的，均是不合法的。就本案而言，林某的交通补贴、住房补贴以及全勤奖均是林某正常工作时间内可以获得的月工资组成部分，因此用人单位不能减少上述三部分工资，至于加班费则属于正常工作时间外的工资，可以不予计算在内。

思考题

双方签订的劳动合同明确规定："甲方有权根据公司的经营效益、乙方的工作表现、岗位变化情况等，调整乙方劳动报酬，乙方应该无条件服从甲方的调整。"此条款是否可以作为企业对"三期"女职工进行单方面调岗的尚方宝剑？

三、"三期"调岗调薪操作提示

1. 考量调岗的法定要求及自身要求。是否企业遇到"三期"女职工都需要调岗呢？首先，企业应明确自身是否存在"三期"女职工禁忌岗位，如存在上文中法律规定的禁忌岗位，那企业就应当及时依法为"三期"女职工调整工作岗位，避免影响"三期"女职工的身体健康以及造成不必要的纠纷。其次，对于"三期"女职工非禁忌岗位调岗的必要性，企业应在综合考量所在岗位"三期"女职工的承受能力、企业岗位必要的对外形象（窗口、接待、总台等岗位）、女职工本人的意愿以及提供的相应医学证明材料等因素后再进行调岗，由于说明了各方因素并进行了充分协商，调岗也会得到女职工的理解与配合。

2. 建立完善的规章制度。为了体现调岗的合法性及合理性，企业应当依法制订相应的规章制度（含岗位管理、薪酬管理以及考核管理等），明确各部门各岗位的职能职责、考核标准以及调岗调薪的条件、程序等，建章立制，企业就可以按合理的程序进行调岗。建立系统、完善的薪酬管理制度，明确哪些是正常出勤下的工资，哪些是特定条件下支付的工资等，避免调岗后由降低原工资带来的纠纷与诉讼风险。

3. 调岗需留存书面材料。《劳动合同法》第三十五条规定："……变更劳动合同，应当采用书面形式。"企业单方面调岗的情形，应证明调岗的合法性及合理性。在日常管理中，应按照岗位职责、考核标准对女职工怀孕前以及怀孕后进行工作考核，考核结果应让员工签收；考核不达标的，应让员工自己提交《工作改进说明书》,并做好备案。确需调岗需向女职工做出必要的告知和解释,如果协商未果需保留相关材料。双方协商调岗的情形,需要签订变更协议作为原劳动合同的附件,以明确岗位以及薪酬待遇变更情况。

第三节 女职工孕期、哺乳期的病假管理

一、"三期"女职工泡病假如何处理?

案例 A

林某发现自己怀孕,向公司提出休假申请,并提供了医院的有关体检证明。按公司的病假申请流程,林某开始休假,并在每次病假届满前都会提交新的病假单,在第三次病假届满后,林某迟迟没有提交病假单,公司以 EMS 的形式要求其按照公司的规章提交病假单,要求其 5 日内补办请假手续。林某在收到通知后未补办,公司根据奖惩制度解除了和林某的劳动合同。

案例 B

曹某于 2011 年 6 月进入上海某培训机构工作,2013 年 6 月 29 日生育一子。2013 年 10 月 30 日曹某产假结束,回去上班,上班几天后曹某向部门领导要求请哺乳假,理由是儿子早产,营养不良,需要回家照顾,第二天曹某以快递的形式向公司提交了 2013 年 11 月 15 日的病历和疾病诊断书。但是病历上记录的医院为 A 医院,而疾病诊断书上的医院为 B 医院,公司以曹某的材料不符合公司要求为由,对其哺乳假不予批准。随后曹某提交了 A 医院的疾病证明单,公司遂派人去 A 医院核实,发现 2013 年 11 月 15 日并没有曹某的就诊记录。公司回复曹某:"公司要求你在 11 月 25 日前带你的儿子同××一起到公司指定的医疗机构(上海市三级以上医院)就你儿子的严重营养不良进行检查,检查费用由公司承担。"曹某不予配合。在曹某申请哺乳假期间公司曾表示欲上门探望曹某儿子,曹某以不方便为由予以拒绝。2013 年 12 月 5 日公司向曹某下发书面通知要求其 7 日内来公司上班,无正当理由 3 天旷工不来上班,按公司规章制度可以解除劳动合同。10 天后,公司以旷工为由与其解除劳动合同。

【焦点问题】用人单位对不符合请假规定的"三期"女职工的处理是否合法?

【分析要点】女职工在"三期"内主要可以享受的假期有产前假、保胎假、产假、哺乳假。

产前假分可以批准和应当批准两种情况:①可以批准情形:《上海市女职工劳动保

护办法》第十二条规定:"女职工妊娠七个月以上(按二十八周计算),应给予每天工间休息一小时,不得安排夜班劳动。如工作许可,经本人申请,单位批准,可请产前假两个半月。"②应当批准情形:根据《中华人民共和国妇女权益保障法》,经二级以上医疗保健机构证明有习惯性流产史、严重的妊娠综合征、妊娠合并症等可能影响正常生育的,本人提出申请,用人单位应当批准其产前假。

保胎假属于应当批准的情形:《国家劳动总局保险福利司关于女职工保胎休息和病假超过六个月后生育时的待遇问题给上海市劳动局的复函》规定,"女职工按计划生育怀孕,经过医师开具证明,需要保胎休息的,其保胎休息的时间,按照本单位实行的疾病待遇的规定办理"。

产假属于应当批准情形:《女职工特殊劳动保护条例》第七条规定,"女职工生育享受98天产假,其中产前可以休假15天;难产的,增加产假15天;生育多胞胎的,每多生育1个婴儿,增加产假15天"。

哺乳假属于应当批准的情形:《上海市实施〈中华人民共和国妇女权益保障法〉办法》第二十三条规定,"经二级以上医疗保健机构证明患有产后严重影响母婴身体健康疾病的,本人提出申请,用人单位应当批准其哺乳假"。

HR面对女职工在"三期"内请假时,应首先确认是否属于产前假、保胎假、产假、哺乳假以及是否属于应当批准的情形,对于属于应当批准情形的法定假,只要女职工提供了相应的证明材料,企业都应当批准;对于续假的女职工,要注意审查假期有无超期,若超期的,要注意有无说明理由以及提供相应医学证明材料。凡符合应当批准的法定假期之外,女职工在"三期"内需请假的均应按照公司相关要求提交材料,履行请假程序,公司根据提交的医学证明材料,进行综合考量后做出是否准假的决定。一般来说,对于"三期"女职工的请假需具体考虑以下要素:

首先,病假材料形式是否一致。这也就是说女职工要提交完备的就诊记录、病历卡、病情证明单、医疗费缴费记录,并且该材料之间的就诊医院、时间、医生都应是一致的。

其次,行为人是否有恶意。行为人明知其行为缺乏法律依据或其行为相对人缺乏合法权利应视为有恶意。女职工提供病假材料被证实是虚假或者伪造的,都应当被认定为是有恶意的。案例B中曹某以存在矛盾的就诊资料向公司申请哺乳假,在公司要求其进行复诊以及探望其儿子时均予以拒绝,曹某的行为不符合常理,足以使公司对病假的真实性产生合理怀疑。法院认定曹某在未获准哺乳假的情况下擅自缺勤,严重违反了用人单位规章制度,也违背了劳动者应尽的勤勉义务。双方解除劳动合同,符合法律规定。

注意"三期"女职工未按规定办理病假手续不等同于虚假病假。实践中女职工不提交病假单,而是直接发电子邮件或者电话告知请假,或者是请假手续不全,属于请病假程序上的瑕疵,尚未构成严重违纪。案例A中法院认为员工虽然在请病假的程序上存在瑕疵，但不足以构成用人单位单方面解除劳动关系的前提。除非用人单位有足够证据证明员工的病假材料是虚假或者伪造的，否则法院会认为员工存在需要休息的事实，理当应享受休息的权利。同时也应注意，有些公司认为"三期"女职工主动向医生提出休息的病假单也为虚假病假单，即使是女职工主动提出要求休息的情况下出具的病情证明单，也是医生从医学常识角度认为被告的情形可以休息，方才向被告开具的病情证明单，故不能以女职工主动提出休息而否认病情证明单的真实性。

思考题

小李在怀孕初期，由于腰伤向公司提出休病假，公司按照请假制度批准了小李病假，小李在生产前一直都在休病假，产假后小李继续以腰伤向公司提出休假，公司认为小李的医疗期已经结束，由于小李又在"三期"之内无法解除劳动合同，故向小李发函要求其回公司协商上班事宜，小李则认为自己还在休病假，自己的身体无法上班。对于这种情况，你如何处理？

二、病假管理操作提示

1. 建立请假及复核制度

建立请假及复核制度需明确以下内容：

（1）完整的就医记录（含病历卡、病情证明单或诊断证明书等）、挂号单、出院小结、医药费发票等。

（2）病假申请表。

（3）病假长短的审限批准。

（3）事后补假的手续及时限。

（4）违反请假制度的责任细则。

针对请假材料不齐全的女职工，可以在规章制度中明确：请病假需提交病假单、病历卡、挂号记录、医疗费缴费单据，提供的材料齐全才能申请病假，材料不全者暂按事假处理，待病假材料齐全后再按病假或其他假期处理。

建立复核制度，要核对病假材料之间的真实性，还要对提供的材料上记录的时间和员工请假时间进行审核。对存疑的病假材料，可要求女职工到用人单位指定的医院进行复查，应选择方便女职工前往的医院，复查的费用以及合理的交通费应予以报销。但是，对于不配合复查的女职工，病假仍需批准，公司在无证明表明其病假材料造假的情况下不能轻易按违纪处理。

2. 调控薪酬结构和福利制度

在薪酬结构上进行调控，同时注意将正常法定的"三期"待遇和企业内部的人性化福利待遇区分，避免混淆后产生纠纷。

完善奖励管理制度,如设立"三期"女职工特别出勤奖,通过人性化的奖励机制,鼓励女职工在身体条件允许的情况下参加工作。

3. 建立关爱机制

企业工会应不定时、不定期地对"三期"内的女职工进行探望慰问,这样既体现了用人单位对女职工的关爱之情,也达到了用人单位了解劳动者病情的目的,客观上也起到了防范虚假病假发生的作用。

第四节　劳动合同的解除

一、违纪解除需慎重

女职工"三期"违纪动不得吗?这一直是企业的一大头疼问题,很多企业因处理不当而发生劳动争议,下面通过一则案例来了解一下"三期"女职工违纪涉及劳动合同解除的情况。

案例

张某系本市外来从业人员。2012年6月18日,张某进入上海某贸易有限公司工作,为人力资源部招聘专员。双方签订了一份期限为2012年6月18日至2015年6月30日的劳动合同。《员工手册》考勤管理规定,员工月度累计3次(含)以上或累计8小时的迟到或早退均可视为员工严重违反公司的规章制度,公司有权解除与员工的劳动关系。《奖惩管理制度》规定,1个月内迟到或早退3次(含)以上者视为违反劳动纪律、行为规范及法律法规,特别严重的行为,将予以辞退。2013年11月,张某累计迟到6次。2014年1月,张某查出怀孕的事实后,向公司反映。2014年1月24日,公司以张某屡次违反公司劳动纪律,多次迟到、未按规定打卡考勤,特别是2013年11月累计迟到6次,已严重违反公司相关规章制度为由解除与张某的劳动合同。

【焦点问题】女职工孕期严重违反规章制度,企业是否可以解除劳动合同?

【分析要点】本案是一起企业与怀孕女职工解除劳动合同的纠纷,依照法律规定,企业不得因女职工怀孕而与其解除劳动合同,但并非怀孕女职工的劳动合同企业一概不能解除。《劳动合同法》第四十二条第四款规定:"女职工在孕期、产期、哺乳期的,企业不得依照本法第四十条、第四十一条解除劳动合同。"此条款是为了防止企业随意辞退处于"三期"的女职工而设立的,是对妇女特殊时期的特别保护。需要注意的是企业不能依照本法第四十条、第四十一条解除劳动合同,不包括本法第三十九条。就本案来说,公司的规章制度明确规定:"1个月内迟到或早退3次(含)以上者视为违反劳动纪律、行为规范及法律法规,特别严重的行为,将予以辞退。"张某身为人力资源部招聘专员,应当明知此规章制度,且应严格遵守,但2013年11月累计迟到6次,存在严重违纪的事实。

如果把孕妇的特殊身份作为企业不能解除劳动合同的护身符,无视公司的规章制度,就是对法律的错误理解。也就是说,虽然处于孕期、产期和哺乳期的女职工受到法律的特殊保护,依然应当遵守原劳动合同的约定,受企业规章制度的约束,依法履行工作职责,不得违反公司的规章制度。如果"三期"女职工存在严重违反法律、法规以及公司规章制度的行为,符合《劳动合同法》第三十九条的规定,企业依然可以依法解除劳动合同。

二、协商解除有讲究

案例

张某与上海某物流公司签订了3年期的劳动合同,期限是2009年2月至2012年2月。2012年1月份,用人单位通知张某合同到期后不再续签,张某接到该通知,同时张某感觉身体不适,去医院检查身体获知其怀孕的事实,随后将怀孕的事实告知了单位。在双方协商一致的情况下,双方解除了劳动关系。现张某后悔,以重大误解为由请求撤销该协议,恢复劳动关系。

【焦点问题】她可以要求恢复劳动关系吗?

【分析要点】《劳动合同法》第三十六条规定:"用人单位与劳动者协商一致,可以解除劳动合同。"协商解除是法律赋予用人单位和劳动者的双方权利,任意一方都可以向对方发出协商解除劳动合同的协议,双方达成一致意思表示后,即可达到解除劳动合同的目的。法律并不禁止"三期"女职工和用人单位采取协商方式解除劳动合同。协商解除劳动合同是双方在平等协商、意思表达一致的基础上就劳动关系的解除(终止)做出的明确约定。有效的协商解除协议应满足:1.双方真实的意思表示;2.不违反法律、行政法规的强制性规定,又不存在重大误解或者显失公平情形。

根据《合同法》第五十四条的规定,因重大误解订立的合同,当事人一方可请求人民法院或仲裁机构变更或撤销。根据《民通意见》第七十一条规定,行为人因为行为的性质、对方当事人、标的物的品种、质量、规格和数量等的错误认识,使行为的后果与自己的意思相悖,并造成较大损失的,可以认定为重大误解。重大误解人意思表示包括行为时不知其不利境地误为之。女职工在明知或预见自身已经怀孕或者已告知用人单位的情形下,仍与用人单位签订协商解除劳动合同的协议,充分体现了女职工在得知自身怀孕的情况下与用人单位进行协商解除劳动合同的真实意思表示,应当受到法律的认可。

> **思考题**

1. 女职工存在未婚先孕的情况，一种是怀孕至产前一直未婚，如果企业在依法制定的规章制度中将其列为严重违纪行为，是否可以以严重违纪为由解除劳动合同？另一种是在产前已经补办了结婚证和生育手续，这种情况下企业以未婚先孕为由解除劳动合同是否有效？

2. 公司与女职工协商解除劳动合同，劳动合同解除后女职工发现自己已怀孕，提出恢复劳动关系，是否会被支持？

三、劳动合同的解除操作提示

1. 明确"三期"女职工不能解除的情形。企业出现《劳动合同法》第四十条、第四十一条之情形，可以按照相应的标准与劳动者解除劳动合同，但是不能直接适用于"三期"女职工，建议用人单位按照《劳动合同法》第三十六条的规定，与女职工协商解除劳动合同。

同时需注意遇到女职工"三期"内劳动合同期满之情形，应将劳动合同续延至"三期"期满时终止，此种情况不是劳动合同的续签，而是劳动合同的延续，企业无须与女职工续签合同，向其发出一张劳动合同延期通知书即可。

2. 可以与"三期"女职工解除劳动合同的情形，即是女职工符合《劳动合同法》第三十九条的情形。在适用该条款时，应注意以下几点：

第一，健全的规章制度。员工是否存在严重违纪、不符合录用条件、严重失职、徇私舞弊等行为，都应当以劳动者本人遵循的劳动纪律及企业规章制度为准。在制定程序上，以民主程序制定，采取公告或者公示的方式。通常采取组织员工学习、考试或者作为劳动合同附本的方式。在制定内容上，要符合法律、法规的规定，违反法律、法规的内容是无效的，不能适用于劳动者。在条款的制定上要具体化。就"三期"女职工而言，主要体现在产前以及哺乳期的上下班时间以及请假上，这就需要企业有明确的上下班以及请假制度，如"连续迟到三天或者每月累计迟到五次，属于严重违反规章制度的，予以解除劳动合同"，这样量化的规定使得规章制度适用起来更加有效，没有量化的规章制度形同一纸空文。

第二，正当的解除程序。就解除程序而言，解除前企业要做好通知的义务，给劳动者一定时间办理相应的手续，如果在规定的时间内没有办理相应的手续，企业可以按照规章制度进行处理。企业要将解除通知有效送达，因此注意采取书面形式以便日后证据的收集，如针对女职工旷工解除劳动合同，由于其本人不在公司就职，可采取快递或者邮政挂号的方式通知其户籍所在地或者劳动合同登记所在地。

第三，解除行为要举证。最高人民法院《关于审理劳动争议案件适用法律若干问题的解释》（法释〔2001〕14号）第十三条规定："因企业做出的……解除劳动合同决定而发生的劳动争议,企业负举证责任。"它防止企业随意解除劳动者,企业与女职工解除劳动合同,对解除理由的合法性承担举证责任。在工作管理中,需要注意留存的资料主要包括检讨书、违纪情况说明、本人签字确认的违纪记录、经济损失量化表等。

3. 公司提出解除劳动合同,在协商前应制定具体的协商方案。员工提出协商的,应要求其提交协商解除申请书,协商一致应解除协议,未协商一致应继续履行劳动合同。协商解除劳动合同的协议至少应包括以下内容:

(1)明确提出解除合同的主体;
(2)约定合同解除的时间点;
(3)约定工资支付的最后截止日期以及离职工资的具体结算日;
(4)明确社保与公积金的缴纳截止月份;
(5)就未休年休假与加班工资的结算协商处理条款;
(6)应明确工资、经济补偿等事宜;
(7)双方已无任何劳动争议的条款。

【练习题】

1. 针对"三期"女职工在试用期、合同履行期、解除(终止)期的不同时期,制定相应的企业规章制度。
2. 针对"三期"女职工频繁请假现象,制定请假管理制度。
3. "三期"女职工协商解除劳动合同,协议应如何起草?

第六章
职工休假管理实务

> **学习目标**
> 1. 掌握职工休息休假的种类、基本规定和相应的计算方法。
> 2. 掌握如何在法律的框架内合理安排和管理职工的休假。
> 3. 掌握如何在规章制度中对职工的休息休假制度进一步规范和完善。
> 4. 掌握如何处理一些常见的职工休息休假争议。

第一节 职工休息休假概述

随着公民人权意识的不断加强以及公民权利意识的不断加深,保障劳动者依法享受休息休假的权利,保证其在工作之外得到身心的休整,以更好的状态投入到新一轮工作之中,也成为立法者、企业和劳动者三方关注的焦点。

一、职工休息休假的概念和种类

假期是法律所赋予的劳动者在特定情形之下所享有的特殊法定待遇,属于维系劳动关系、保留职务,甚至享有工资报酬的休息时间。根据目前的规定,假期主要有年休假、婚假、丧假、探亲假、事假、病假、女职工"三期"假以及依据法规或用人单位安排离岗从事其他活动的时间。由于病假和女职工"三期"假等假期的特殊性,已由其他章节专章论述,本章不再对其进行论述。

1. 年休假:年休假是劳动者带薪休息的假期。
2. 婚假:劳动者因处理结婚事务所需要停止工作的假期。
3. 丧假:劳动者在配偶、直系亲属(系指祖父母、父母、子女,包括公婆、岳父母）死亡时为料理丧事所需要停止工作的假期。

4. 探亲假：劳动者因探望配偶或父母，与配偶、父母团聚所需要停止工作的假期。

5. 法定事假：依据法规或用人单位安排离岗从事其他活动的时间。

6. 因私事假：劳动者因私人事项处理所需要停止工作的时间。

注：以上 1～5 项均为有薪假，6 项为无薪假期。

二、职工假期的基本规定

（一）年休假①

1. 享受条件和标准

机关、团体、企业、事业单位、民办非企业单位、有雇工的个体工商户等单位的职工连续工作 1 年以上的，享受带薪年休假。单位应当保证职工享受年休假。职工在年休假期间享受与正常工作期间相同的工资收入。

职工累计工作已满 1 年不满 10 年的，年休假 5 天；已满 10 年不满 20 年的，年休假 10 天；已满 20 年的，年休假 15 天。

2. 职工不享受当年年休假的情况

（1）职工依法享受寒、暑假，且其休假天数多于年休假天数的；

（2）职工请事假累计 20 天以上且单位按照规定不扣工资的；

（3）累计工作满 1 年不满 10 年的职工，请病假累计 2 个月以上的；

（4）累计工作满 10 年不满 20 年的职工，请病假累计 3 个月以上的；

（5）累计工作满 20 年以上的职工，请病假累计 4 个月以上的。

3. 年休假的安排

年休假在 1 年度内可以集中安排，也可以分段安排，一般不跨年度安排。单位因生产、工作特点确有必要跨年度安排职工年休假的，可以跨 1 个年度安排。

单位确因工作需要不能安排职工休年休假的，经职工本人同意，可以不安排职工休年休假。对职工应休未休的年休假天数，单位应当按照该职工日工资收入的 300% 支付年休假工资报酬。

（二）婚假

1. 法定婚龄②

结婚年龄，男不得早于 22 周岁，女不得早于 20 周岁。

2. 婚假③

职工本人结婚，酌情给予 1～3 天婚假。

---

① 《职工带薪年休假条例》
② 《中华人民共和国婚姻法》
③ 《关于国营企业职工请婚丧假和路程假问题的通知》

3. 晚婚年龄和晚婚假

- 男年满 25 周岁初次结婚为晚婚。女年满 23 周岁初次结婚为晚婚。
- 晚婚的公民，除享受国家规定的婚假外，增加晚婚假。晚婚假期间享受婚假同等待遇。全国的晚婚假标准根据各地方不同标准制定，为 10～30 天；上海的晚婚假为 3+7=10 天。

（三）丧假

职工的直系亲属（父母、配偶和子女）死亡时，由本单位行政领导批准，酌情给予 1～3 天的丧假[①]。

职工的岳父母或公婆死亡后，需要职工料理丧事的，由本单位行政领导批准，可给予 1～3 天的丧假[②]。

（四）探亲假[③]

凡在国家机关、人民团体和全民所有制企业、事业单位工作满一年的固定职工，与配偶不住在一起，又不能在公休假日团聚的，可以享受本规定探望配偶的待遇；与父亲、母亲都不住在一起，又不能在公休假日团聚的，可以享受本规定探望父母的待遇。

（五）事假

1. 法定事假[④]

劳动者在法定工作时间内依法参加社会活动期间，用人单位应视同其提供了正常劳动而支付工资。社会活动包括：依法行使选举权或被选举权；当选代表出席乡（镇）、区以上政府、党派、工会、青年团、妇女联合会等组织召开的会议；出任人民法庭证明人；出席劳动模范、先进工作者大会；《工会法》规定的不脱产工会基层委员会委员因工作活动占用的生产或工作时间；其他依法参加的社会活动。

2. 事假

对于职工因个人原因停止工作请事假的，法律对此并无明确规定，具体参照企业的规章制度和集体合同的规定处理。

三、假期享受的条件和程序

劳动者享受假期应当符合相应的条件、履行相应的程序。除年休假和法定节假日外，劳动者均应提前向用人单位提出申请，并遵守用人单位规章制度的规定履行请假手续。劳动者符合享受假期条件、履行了相应程序，用人单位应当予以批准，

---

① 国家劳动总局〔80〕劳总薪字 29 号《关于国营企业职工请婚丧假和路程假问题的通知》
② 上海市劳动局沪劳资发〔87〕130 号《关于职工的岳父母或公婆等亲属死亡后可给予请丧假问题的通知》
③ 《国务院关于职工探亲待遇的规定》
④ 《工资支付暂行规定》第十条

但对于私人原因请事假的，用人单位有权不予批准。系事后补假的，应当在合理的时间内办理并具有正当的理由。关于年休假，用人单位有权在一个年度内集中安排或者分段安排，劳动者无正当理由无权拒绝；用人单位因生产、工作特点确有必要跨年度安排职工年休假的，可以跨一个年度安排但应征得劳动者本人同意。

1. 年休假。劳动者连续工作一年以上的，且不存在法律规定的职工不享受当年年休假情形的，用人单位应当根据劳动者的工作年限安排劳动者带薪年休假。

2. 婚假。劳动者享受婚假应当提供婚姻证明。

3. 丧假。劳动者享受丧假应当提供本人配偶或直系亲属死亡证明。

4. 探亲假。劳动者与配偶或父母分居两地，又不能在公休假日团聚。

5. 法定事假。提供参加相关法定活动的证明，如参加庭审作证的，应当向单位出具法院传票；出席相应选举的，应当出具选举证或选民证。职工参加法定活动请事假的，用人单位应当准假并予以配合。

6. 事假。劳动者应当提供申请事假的正当理由，并报经用人单位同意。

四、假期工资的标准

1. 法定事假期间的工资标准。《工资支付暂行条例》第十条规定："劳动者在法定工作时间内依法参加社会活动期间，用人单位应视同其提供了正常劳动而支付工资。"

2. 年休假、探亲假、婚假、丧假期间的工资标准：《工资支付暂行条例》第十一条规定："劳动者依法享受年休假、探亲假、婚假、丧假期间，用人单位应按照劳动合同规定的标准支付劳动者上述期间工资。"

注意：实践中，对于上述假期的工资的发放标准均为劳动者在职期间正常出勤所获得的劳动报酬。

3. 因私事假期间的工资标准：因私事假一般为无薪假期，但企业规章制度对职工因私事假另有规定的除外。

五、休假争议的时效问题

《中华人民共和国劳动争议调解仲裁法》第二十七条规定："劳动争议申请仲裁的时效期间为一年。仲裁时效期间从当事人知道或者应当知道其权利被侵害之日起计算。"劳动关系存续期间因拖欠劳动报酬发生争议的，劳动者申请仲裁不受本条第一款规定的仲裁时效期间的限制；但是，劳动关系终止的，应当自劳动关系终止之日起一年内提出。

从上述规定可以看出，劳动争议只存在两种时效：一种是一年的一般时效，另一种是关于工资的特殊时效。要了解休假争议适用哪种时效规定，必须了解其属于何种性质。学理上，很多学者将职工休假争议的时效划分成两块：第一，对于单纯休假权利确认属于福利待遇项，适用一年时效；第二，对于职工要求支付带薪休假工资的，属于工资范畴，适用特殊时效规定。

实践中，对于单纯休假权利的确认属于福利待遇而适用一年时效，并不存在争议。对于职工要求带薪年休假工资的，普遍的理解认为，职工休假工资并非系职工劳动所产生的工资待遇，而系因法定或约定而产生，实质为职工休息休假而产生的福利待遇，不应属于严格意义上的工资范畴，应适用一年的一般时效。

第二节　年休假实务处理

一、带薪年休假享受条件

 **案例**

朱某 2012 年 7 月大学毕业后进入某物流公司担任行政一职，双方签订了有期限至 2013 年 11 月 30 日的劳动合同。劳动合同到期后，物流公司未与朱某续约，朱某遂离开了物流公司。在职期间，物流公司从未安排申请人带薪年休假。2013 年 12 月 22 日，朱某向企业所在地仲裁委员会申请仲裁，要求物流公司支付 2012—2013 年的带薪年休假工资。

仲裁委员会经审理后认为，朱某 2012 年工作未满一年，不符合享受带薪年休假条件。2013 年 11 月 30 日，朱某因物流公司未与其续约而离职，应当支付其 2 天的未休年休假折算工资。

【焦点问题】物流公司是否应当支付朱某 2012 年和 2013 年的带薪年休假工资？如何支付？

【分析要点】根据《职工带薪年休假条例》第二条的规定，机关、团体、企业、事业单位、民办非企业单位、有雇工的个体工商户等单位的职工连续工作 1 年以上的，享受带薪年休假。从该规定可以看出，职工享受年休假的基础条件为连续工作满 1 年，否则职工不具备依法享受年休假的法定条件。这里需要注意的是，享受带薪年休假的基础系社会连续工作年限，而非某些企业认为的在本单位连续工作满 1 年。

朱某于 2012 年 7 月大学毕业，其入职物流公司的情况属于初次就业，之前并不具有劳动法规定的主体资格。因此，无论其社会累计工作年限还是连续工作年限均应从 2012 年 7 月开始计算。2012 年朱某连续工作未满 1 年，依法不具备享受带薪年休假的法定条件。

2013 年 7 月 1 日起，朱某连续工作满 1 年，具备享受带薪年休假的条件。2013 年 11 月 30 日，朱某因物流公司未与其续约而离职，但公司未安排其带薪年休假。《企业职工带薪年休假实施办法》（以下简称《办法》）第十二条规定："用人单位与职工解除或者终止劳动合同时，当年度未安排职工休满应休年休假的，应当按照职工当年已工作时间折算应休年休假天数并支付未休年休假工资报酬，但折算后不足1整天的部分不支付未休年休假工资报酬。"截至2013年11月30日，朱某累计工作年限满1年不满10年，但2013年可享受年休假的起算点为7月1日，故其当年度折算年休假为2天，物流公司应当按此标准支付其未休年休假工资。

思考题

对上述案例进行引申，朱某离职后于2014年2月进入另一家企业工作，该单位亦未安排其带薪年休假。如果朱某要求新单位支付其未休年休假工资，是否能够得到支持？

换种假设，朱某于2013年12月1日进入另一家企业工作，2014年10月被该企业以不胜任工作为由解除劳动关系，请问朱某是否符合享受未休年休假工资的条件？能够享受多少天的未休年休假工资？

二、带薪年休假如何安排

根据《办法》第九条的规定，用人单位根据生产、工作的具体情况，并考虑职工本人意愿，统筹安排年休假。用人单位确因工作需要不能安排职工年休假或者跨1个年度安排年休假的，应征得职工本人同意。第十条第二款规定："用人单位安排职工休年休假，但是职工因本人原因且书面提出不休年休假的，用人单位可以只支付其正常工作期间的工资收入。"实践中，职工享受带薪年休假的启动形式无外乎两种，第一种为用人单位安排；第二种为职工申请，用人单位批准。结合上述规定，企业安排职工带薪年休假需要注意以下几点：

1. 企业安排职工享受带薪年休假应当结合企业自身的生产、工作特点和劳动者的个人意愿进行合理安排；劳动者申请享受带薪年休假的，企业有权结合其生产、经营情况及劳动者个人情况进行审批。

2. 跨年度安排带薪年休假的，应当有合理理由，且须经职工本人同意。

3. 劳动者放弃享受用人单位安排的带薪年休假的，必须经职工本人同意且书面提出，否则无法构成放弃带薪年休假的法律后果。

4. 企业可以制定相关规章制度对法定带薪年休假的规定进行提高性补充，增加员工的休假福利；对请假程序等进行规定，进一步规范职工年休假管理。

思考题

1. 某公司《考勤与休假制度》规定："次年3月底前未休完上年度带薪年休假的，

视为员工自愿放弃或自动放弃。劳动者在公司发放的签收单上签字予以确认。"该规定是否具有法律效力？

2. 某公司《员工手册》规定："职工在本企业连续工作满1年，社会累计工作年限满10年不满20年的，可以享受15天/年的带薪年休假。劳动者未休满的，则超过法定年休假天数的部分不享受未休年休假工资。"请问：①如何理解该条规定的效力？②如果员工符合该《员工手册》规定的享受15天带薪年休假的条件，但该公司仅安排了员工10天带薪年休假，员工是否有权要求享受剩余5天的未休年休假工资？

三、未休年休假工资计算

实践中，劳动关系双方对于支付未休年休假工资存在以下几个误区：

1. 企业未安排劳动者带薪年休假的，应当按照日工资标准的300%支付劳动者未休年休假工资。

《办法》第十条规定："用人单位经职工同意不安排年休假或者安排职工年休假天数少于应休年休假天数，应当在本年度内对职工应休未休年休假天数，按照其日工资收入的300%支付未休年休假工资报酬，其中包含企业支付职工正常工作期间的工资收入。"根据上述规定，企业未安排劳动者年休假的，应当按照其日工资标准总计支付其300%的未休年休假工资。一般而言，企业虽未安排劳动者年休假，但实际已发放100%的工资，故企业仅需再额外支付200%的未休年休假工资。

注意：在计算未休年休假工资时勿与支付300%的法定节假日加班工资相混淆。

2. 发放职工未休年休假工资时应当扣除一些不固定和非正常工作情况下发放的奖金和收入。

《办法》第十条规定："支付给劳动者的未休年休假工资包含企业支付职工的正常工作期间的工资收入。"从法律的文意角度进行理解，《办法》第十条的规定仅言明包含正常工作期间的工资收入，但并非仅限于此。因此，从逻辑关系上而言应当允许其他工资收入列入未休年休假的组成部分之中。《办法》第十一条进一步规定："计算未休年休假工资报酬的日工资收入按照职工本人的月工资除以计薪天数（21.75天）进行折算。前款所称月工资是指职工在用人单位支付其未休年休假工资报酬前12个月剔除加班工资后的月平均工资。"该条规定运用排除法将加班工资剔除出未休年休假工资计算的组成部分，但未规定其他可以剔除的工资组成部分。综上所述，根据对法律精神的理解，法律并未将不固定和非正常情况下发放的奖金和收入进行剔除。在实践中，仲裁委和法院在计算未休年休假工资时均系按照职工月平均工资剔除加班工资后再行换算成日工资标准进行计算。当然，实践中存在一些企业恶意将职工部分正常出勤工资转换成加班工资的假象，以达到少支付带薪年休假工资等非法目的。因此，仲裁委和法院在审理该类案件时，会注重审查工资组成中加班工资支付的真实性，以防止企业利用法律条款之名行规避法律之实。

3. 工伤停工留薪期远远超过劳动者法定应休年休假天数的，企业未安排劳动者带薪年休假的，可以不用再行支付未休年休假工资。

《办法》第六条明确规定："职工依法享受的探亲假、婚丧假、产假等国家规定的假期以及因工伤停工留薪期间不计入年休假假期。"该规定的上述情形均系劳动者依法应当享受的法定休假或休养时间，从人性化和劳动者的权益保护出发，不抵扣年休假假期也十分符合立法的初衷。然而，由于工伤职工发生工伤后，需要长时间的停工留薪休养，而且往往很多劳动者停工留薪期结束后继续存在病假情形，导致该时期远远长于其法定带薪年休假期，一定情况下，企业想安排工伤职工带薪年休假却无法安排。因此很多企业认为，上述情况的发生原因并不在企业，且在企业已按照原工资标准支付劳动者停工留薪期工资或足额支付病假工资的情况下，就无须再行支付未休年休假工资。从情理而言，企业有此考虑似乎并非无理无据。但是从法律的规定来看，该条款并未规定可以豁免的排他情形。因此，一旦存在停工留薪期等情形则应当依法而行，概莫能外。

 **思考题**

孙某发生工伤事故，其停工留薪期系从2013年当年度1月1日起至当年度12月31日，如其欲要求企业支付年休假工资，是否可以得到支持？

四、累计和连续工作年限的审查

 **案例**

李某于2010年1月1日进入某建筑公司从事装卸工作。2013年12月31日，双方劳动合同到期后李某离开该公司。当日，李某以公司每年仅安排其5天年休假为由，向仲裁委员会提出仲裁，要求单位按照15天/年的标准另行支付另外5天未休年休假工资差额。

审理中，建筑公司认为李某应当在入职时提交其累计工作年限的证明。因李某未提交证明，故公司按照5天/年的标准安排李某带薪年休假的做法并不违反法律规定。朱某主张其累计工作年限为22年，但未提交证据予以证明。

经审查，李某用工登记和社会保险缴费年限显示其累计工作年限为满10年，未满20年。最终，仲裁委与一审法院均按照10天/年的标准补足了李某的未休年休假工资。

【焦点问题】累计工作年限的举证责任由谁承担？

【分析要点】《劳动争议调解仲裁法》第六条规定："发生劳动争议，当事人对自己提出的主张，有责任提供证据。与争议事项有关的证据属于用人单位掌握的，用人单位应当提供；用人单位不提供的，应当承担不利后果。"本案中，申请人的工龄证明并不属于用人单位掌握的，李某要求单位按照 15 天／年的标准享受带薪年休假，其应当首先就其累计工龄承担举证责任。本案中，李某未提交证据证明其工龄，无法得到仲裁委和法院支持。然而，用人单位对劳动者具有管理职责，理应对劳动者基本情况、过往的用工信息、缴纳社会保险费的记录进行审查或了解。现建筑公司未尽详查之职，便按照 5 天／年的标准安排李某带薪年休假的做法显然欠妥，应当按照能够证实的工龄年限安排带薪年休假，即按李某的累计用工登记和社会保险缴费年限予以安排。

思考题 1

同上案例，李某的累计用工登记和社保缴费年限仍为满 10 年，不满 20 年。

假设 1：如果建筑公司提供了由李某签字确认的带薪年休假天数确认表，该确认表载明李某的带薪年休假天数为 5 天／年，案件该如何处理？

假设 2：建筑公司曾通知李某提交累计工龄的相关证明，但李某未予提交。后李某在公司提供的带薪年休假确认表上签字，该确认表同样载明其可享受带薪年休假天数为 5 天／年。案件该如何处理？

思考题 2

在确定职工是否具备享受带薪年休假前提条件时，连续工作时间的举证责任如何确定？

五、离职当年度未休年休假处理

案例

张某于 2012 年 3 月进入某公司工作，双方签订有期限至 2014 年 12 月 31 日的劳动合同。2014 年 8 月 31 日，张某因其个人原因以书面形式向公司提出辞职，实际工作至当日。2014 年 10 月 8 日，张某向区仲裁委员会申请仲裁，要求公司支付 2014 年未休年休假工资。审理中，公司承认确未安排张某 2014 年带薪年休假，但主张张某系辞职离开单位，不同意支付当年度未休年休假工资。最终，仲裁委并未支持张某的申诉请求。

【焦点问题】在张某因个人原因辞职的情况下，公司是否需要支付离职当年度的未休年休假工资？

【分析要点】《企业职工带薪年休假实施办法》第十二条规定："用人单位与职工解除或者终止劳动合同时，当年度未安排职工休满年休假的，应当按照职工当年已工作时间折算应休未休年休假天数并支付未休年休假工资。"从该规定的文字表述可以看出，劳动者离职当年度享受未休年休假的前提须为用人单位做出解除或终止劳动关系的情况，但不包括劳动者个人辞职的情况。另外，从实践角度看，职工因个人原因提出辞职，实际造成用人单位无法在当年度剩余的时间内安排其带薪年休假。因此，李某以个人原因辞职后，再行要求公司支付未休年休假工资的请求缺乏依据。

思考题

如果公司存在拖欠张某工资的情况，张某以此为由提出解除劳动关系并要求支付当年度未休年休假工资，其请求是否能够得到支持？

六、关于年休假的用工提醒

在现行劳动争议中，年休假争议所占案件比例呈日趋上升之势，其原因主要在于用人单位对法律认识的缺失、对劳动者休假权利的漠视以及管理制度上的不完善。建议用人单位在今后工作中注意以下几点：

1. 认真学习法律，增强法律意识

基于很多企业不太重视安排劳动者年休假的情况，建议企业认真阅读现行年休假的法律规定，从制度和意识上了解和认识年休假的相关规定和年休假对于劳动者的重要性，从根本上改变年休假实施过程中的种种缺失。

2. 加强用工管理，完善细节处理

（1）建立职工名册，掌握职工累计工作年限和在职年限。为了便于用人单位准确计算劳动者当年度可以实际享受的带薪年休假天数，避免因计算带薪年休假天数所带来的争议，建议用人单位建立职工名册，保存并掌握职工的累计工作年限与本企业工作年限等信息，准确计算职工每年度的带薪年休假天数，并于每年年底将来年应享受的年休假天数表交由劳动者签字确认，防止年休假天数争议的发生。

（2）进行有效规划，结合实际情况安排劳动者年休假。为了有效平衡来年企业的实际业务开展以及劳动者的业务工作安排、个人生活安排等情况，避免因劳动者享受年休假给企业生产经营带来的不便，建议企业在每年度末提前告知劳动者的经营规划，然后由劳动者结合其自身情况制定其来年的带薪年休假计划，随后再将计划呈交给企业。企业则根据双方的综合情况统筹安排劳动者带薪年休假，充分体现企业带薪年休假安排的合理化与人性化。

（3）保存相关凭证，提升劳动争议发生时的举证能力。实践中，往往存在用人单位实际已安排劳动者带薪年休假，但却无法证明已安排劳动者带薪年休假，最后承担败诉责任的情况。鉴于此，用人单位应当保存劳动者休年休假的凭证，在该凭证中应当载明年休假名称、休假时间和原因，最后在落款处由劳动者签字确认。

第三节 其他假期实务处理

一、婚假

1. 婚假中的休息日和法定节假日

许多 HR 都要求员工在请婚假、晚婚假时，将所遇到的休息日或者法定节假日包含在内，这样操作是否具有充分的依据？

较早时国家已规定婚假为 1~3 天，这里的"天"理解为工作日较为贴切，中劳薪字第 67 号规定："企业单位的职工请婚丧假在三个工作日以内的，工资照发。"晚婚假天数则依各地人口与计划生育条例的规定确定。但婚假及晚婚假是否包含休息日和法定节假日呢？

从现有规定来看，国家层面并没有十分明确的意见，如果从婚假是工作日的角度解释，婚假自然不能是休息日和法定节假日，也就不能将休息日和法定节假日包括在内。晚婚假则是在各地人口与计划生育条例出台后才有的。故综合来看，婚假、晚婚假是否包含休息日和法定节假日应先遵循劳动合同履行地的意见。

上海地方法规规定，晚婚假、晚育假、晚育护理假遇法定节假日顺延（见《上海市计划生育奖励与补助若干规定》的通知第二条）。因此，可以将上海的规定理解为晚婚假包含休息日，但不包含法定节假日。

天津市人力资源和社会保障局的意见是：对晚婚者，除享受规定的婚假外，再增加七天，不包括法定节假日和公休日（见天津市人力资源和社会保障局官网公布的《工时和休息休假政策问答》）。

2. 再婚的婚假享受问题

 **案例**

徐某，男，1983 年 12 月出生，于 2011 年 11 月初次结婚，并享受晚婚假 10 天。2013 年 12 月离婚后，于 2014 年 2 月再婚。再婚期间，徐某向其公司请婚假 10 天，公司予以批准，但按照其请事假处理，且未发放该期间工资。后徐某不服，诉至仲裁委员会，要求公司按照晚婚假 10 天的标准支付其婚假工资。

最终，仲裁委按照 3 天婚假的标准裁决公司支付徐某 3 天的婚假工资。

【焦点问题】再婚职工是否依法享受婚假？标准是什么？

【分析要点】徐某 2014 年 2 月再婚时已超过男性 25 岁晚婚年龄，如果是初次结婚则确实可以按照 10 天的标准享受婚假，企业应当按照正常工资标准支付其婚假工资。然而，本案的主要矛盾在于徐某已于 2011 年 11 月享受了晚婚假待遇，是否仍能享受晚婚假待遇？

根据劳动和社会保障部办公厅《关于对再婚职工婚假问题的复函》（劳社部函〔2000〕84号），仲裁委有这样的答复："根据《中华人民共和国婚姻法》和国家有关职工婚丧假的规定精神，再婚者与初婚者的法律地位相同，用人单位对再婚职工应当参照国家有关规定，给予同初婚职工一样的婚假待遇。"因此，徐某虽是再婚，但仍应与初婚者一样，享受婚假待遇。然而，晚婚仅指男女初婚年龄分别达到25周岁和23周岁。所以，即使劳动者已到晚婚年龄，但如系再婚，则同样无法享受晚婚假待遇。另外，《上海市计划生育条例实施细则》第二十二条规定："符合晚婚年龄的初婚夫妻，增加婚假一周；双方达到双方享受，一方达到一方享受。晚婚假应当在婚假后连续使用。"因此，无论徐某在初婚时是否已经享受过晚婚假待遇，其在再婚时都不再享受晚婚假待遇。综合上述情况，徐某再婚符合享受3天婚假的条件，公司应当支付3天的婚假工资。

3. 婚假处理中其他注意事项

（1）初婚年龄的计算以结婚证书上批准的日期为准。计算公式：初婚年龄＝结婚证书上批准的日期－本人的出生日期。

（2）初婚年龄不能按举办婚礼的日期计算。

（3）法定结婚年龄是《婚姻法》规定的最低结婚年龄。晚婚年龄是计划生育法规所规定的提倡结婚年龄，在男女法定结婚年龄基础上各往后推3年。

（4）结婚时男女双方不在一地工作的，可视路程远近，另给予路程假。

（5）在探亲假（探望父母）期间结婚的，不另给假期。

二、丧假

员工休丧假的具体操作可参考原国家劳动总局、财政部《关于国营企业职工请婚丧假和路程假问题的通知》的法律规定：

一、职工本人结婚或职工的直系亲属（父母、配偶和子女）死亡时，可以根据具体情况，由本单位行政领导批准，酌情给予1~3天的婚丧假。

二、职工结婚时双方不在一地工作的；职工在外地的直系亲属死亡时需要职工本人去外地料理丧事的，都可以根据路程远近，另给予路程假。

三、在批准的婚丧假和路程假期间，职工的工资照发，途中的车船费等全部由职工自理。

以上规定并不完善，各省、自治区、直辖市大多都有更详细的规定，例如，上海市关于对国家丧假规定的补充如下：

上海市劳动局、上海市人事局、上海市财政局《关于职工的岳父母或公婆等亲属死亡后可给予请丧假问题的通知》规定："职工的岳父母或公婆死亡后，需要职工料理丧事的,由本单位行政领导批准,可给予 1～3 天的丧假。丧事在外地料理的,可以根据路程远近,另给予路程假。在批准的丧假和路程假期间,职工的工资照发,往返途中的车船费等由职工自理。"

三、探亲假

《国务院关于职工探亲待遇的规定》(经 1981 年 3 月 6 日第五届全国人大常委会第十七次会议批准):"凡在国家机关、人民团体和全民所有制企业、事业单位工作满一年的固定职工,与配偶不住在一起,又不能在公休假日团聚的,可以享受本规定探望配偶的待遇;与父亲、母亲都不住在一起,又不能在公休假日团聚的,可以享受本规定探望父母的待遇。"

1. 根据《国务院关于职工探亲待遇的规定》的规定,探亲假具体分为三种形式:①探望配偶;②未婚职工探望父母;③已婚职工探望父母。具体待遇享受见下表:

对象 \ 项目	探望配偶	探望父母(包括自幼抚养职工长大的亲属)	
		未婚职工	已婚职工
条件	工作满一年,与配偶不住在一起,又不能在公休假日在家居住一昼夜的	与父母都不住在一起,又不能在公休日团聚的	与父母都不住在一起,又不能在公休日团聚的
假期(路程假按实际需要另加)	每年一次,30 天(个别职工因往返时间长自愿两年一次的为 60 天)	每年一次,20 天(自愿两次一年的为 45 天)	每四年一次,20 天

2. 国务院和原劳动人事部对于归侨和侨眷职工、台胞和台属职工探亲假也有特别规定(见《关于归侨、侨眷职工出境探亲待遇问题的通知》《关于台胞职工出境探亲待遇的通知》)。

3. 各地方对探亲假有各种补充性规定,如上海市对探亲假规定有:

(1)《上海市人民政府批转〈市劳动局上海市职工探亲待遇规定的实施细则〉的通知》(沪府发〔1981〕32 号)规定:"本市各区、县、局集体企事业和街道集体企事业单位职工的探亲待遇,可参照《国务院关于职工探亲待遇的规定》和本实施细则执行。"

(2)《上海市劳动局关于在部分国营企业试行合同工制度的通知》(沪劳〔82〕计创字第 192 号)规定:"合同工在合同期间,个人疾病或非因工负伤,以及因工负伤、残废、死亡待遇,婚丧假、女工生育待遇,暂按所在企业固定工处理办法办理。工作满一年以上又符合享受探亲假条件的,可按探亲假规定的待遇办理。"

由于历史原因,国家出台探亲假规定时正值改革开放初期,故探亲假规定一般仅涉及全民所有制企业和社会团体的固定制职工,但对民营企业或其他所有制成分的企业没有具体规定。司法实践中,对非全民所有制度企业或社会团体组织的员工要求探亲假的,往往因法律没有具体规定而不予支持。随着时代的进步,企业所有制成分的不断多样化,社会各界对新的探亲假规定出台的呼声也越来越高。探亲假适用于所有一般员工,将会成为大势所趋。

四、事假

1. 法定事假

《工资支付暂行规定》第十条规定,劳动者在法定工作时间内依法参加社会活动期间,用人单位应视同其提供了正常劳动而支付工资。社会活动包括:依法行使选举权或被选举权;当选代表出席乡(镇)、区以上政府、党派、工会、青年团、妇女联合会等组织召开的会议;出任人民法庭证明人;出席劳动模范、先进工作者大会;《工会法》规定的不脱产工会基层委员会委员因工会活动占用的生产或工作时间;其他依法参加的社会活动。

劳动者参加上述条款规定的活动请事假的,劳动者应当向企业出具相关凭证,企业应当按照劳动者正常出勤的工资标准支付工资。

2. 因私事假

(1)工资计算

案例

张某系某化工公司行政,月工资为4 000元。2013年10月张某因家中有事向公司请事假3天,化工公司按4 000元/20.83天×17=3 264.52元支付张某工资,该公司并无事假工资的相关规定。请问化工公司工资的发放方法是否正确?

【分析要点】因私事假的性质:因私事假并无明文法律规定,因此在单位无规章制度另行规定的情况下,企业无须支付职工事假期间的工资。本案中,化工公司并无事假工资的相关规定,故其无须另行支付张某因私事假期间的工资。

如何计算:《关于职工全年月平均工作时间和工资折算问题的通知》(劳社部发〔2008〕3号)规定,按照《劳动法》第五十一条的规定,法定节假日用人单位应当依法支付工资,即折算日工资、小时工资时不剔除国家规定的11天法定节假日。据此,日工资、小时工资的折算为:日工资=月工资收入÷月计薪天数,月计薪天数=(365天-104天)÷12月=21.75天。现化工公司将20.83天=〔365天-104天(休息日)-11天=250天〕/12月这一月均制度工作时间作为计算日工资的标准显然与上述法定日工资的计算标准相违背。据此,化工公司可以按照4 000元/21.75天×20天(徐某当月实际出勤天数）进行计算，当然如果按照当月实际情况，即 4 000 元/23 天×20 天的标准计算就更精确。

（2）请假程序

 **案例**

顾某在某科技公司担任财务一职，2013 年 10 月有 3 日未到单位上班。2013 年 12 月，该科技公司以顾某无故旷工为由解除双方劳动关系。顾某不服，遂于 2014 年 1 月诉至仲裁委员会，要求科技公司支付违法解除劳动合同赔偿金。

经查明，科技公司《员工手册》规定："员工无故旷工三日的可以解除双方劳动关系，且不用支付任何经济补偿。"科技公司《员工手册》经过民主程序通过，顾某知晓上述规章制度规定，公司亦将解除行为通知了工会。

审理中，顾某称曾以办理个人事务为由向公司财务总监请假，公司予以否认，顾某未提交证据予以证明。

仲裁委和法院最终一致认为，科技公司的解除行为合法，无须支付违法解除劳动合同赔偿金。

【焦点问题】单位的解除行为是否合法？

【分析要点】众所周知，用人单位根据规章制度解除与职工的劳动合同必须满足下列条件：①职工存在违反用人单位规章制度的行为；②用人单位的规章制度必须经过民主程序通过，且已履行告知职工的义务；③解除行为应当通知工会组织。首先，单位的规章制度对劳动者是否产生法律效力？该案中，顾某知晓科技公司的规章制度，可见单位已对劳动者履行了告知义务。另外，科技公司的《员工手册》也经过民主程序通过。因此，单位的规章制度对顾某产生约束力，顾某理应遵守。其次，顾某是否构成旷工行为？旷工是指职工未经单位批准，无正当理由未到单位上班的行为。本案中，顾某 2013 年 10 月有 3 天未出勤的事实很清楚，但关键在于是否曾就其办理个人事务向企业请假。就此，顾某应当对是否向企业请假一事提供证据予以证明，但顾某没有提交证据予以证明，理应承担举证不能的不利后果。最后，科技公司将解除与顾某劳动关系的做法通知了工会，已依法履行了职工违纪解除中的最后一道程序。综上所述，科技公司根据规章制度与顾某解除劳动关系的做法并不违反法律规定，最终仲裁委和法院均对顾某的请求不予支持。

实践中，诸如本案的情形大量存在于现实劳动争议中，其原因还在于劳资双方均存在一定的疏漏。对劳动者而言，应当注意留存请事假的相关证据；对用人单位而言，应当规范管理用工，明确相应的请假制度和流程，一旦发生争议可以有据可言，避免法律风险。

第四节 企业假期制度的规范管理

一、制定、完善关于假期的规章制度

规章制度是企业在与员工履行劳动合同过程中关于工作和各项活动的行为准则性规范。它是企业全体员工在生产经营活动中共同遵守的规定和标准,是企业管理的基础,对保证企业的生产经营活动、提高企业管理水平有重要的作用。

制定和完善关于假期制度的规章制度的作用如下:

1. 对法律规定的假期进行补充,以完善假期体系,提高员工的福利待遇。

2. 完善用人单位在请假中的程序管理,体现用人单位对假期的有序、合理、制度化安排,体现用人单位的现代化管理水平。

3. 在遇到劳动争议纠纷时,有据可查,有章可循,为案件的举证提供程序和制度上的依据。

很多企业往往存在无假期管理规定的现象,导致员工的工作积极性无法提高,请假管理秩序混乱,造成了许多不必要的争议。对企业而言,应当从法律的规定出发,制定更加细化的管理规定,以严格规范员工假期管理,体现制度化管理和人性化管理的双性操作模式,从而进一步提高员工工作的积极性,体现职工和企业双向收益的制度化模式。

案例 A

张某系某上市公司员工,该上市公司制定了《假期管理制度》,该制度规定员工享有带薪病假和带薪事假各 3 天。2013 年张某可享受的年休假为 5 天,但请事假共计 3 天,上市公司未安排其当年度年休假,并将其 3 天事假视为带薪年休假,并支付了其 3 天正常出勤工资和另外 2 天的未休年休假工资。张某认为公司既然有带薪事假的规定,且其向单位请的也是事假,理应按照单位制度规定支付其带薪事假的工资,而不应将其按照年休假处理。张某不服,遂诉至仲裁委要求上市公司支付 5 天的未休年休假工资。

审理中,张某主张向公司口头申请了 3 天带薪事假,公司总经理予以批准。公司答辩称,公司确实准予其 3 天假期,但确已告知该 3 天事假视为单位安排的带薪年休假,张某当时未表示异议,则视为其已同意公司的安排,现仅同意支付其 2 天未休年休假工资。

最终,仲裁委和一审法院均支持了张某 5 天带薪年休假的请求。

【焦点问题】张某所请的 3 天事假是否可以视为带薪年休假?

【分析要点】1. 单位规定 3 天带薪事假是什么性质的行为?带薪休假从法律层面而

言,有两种类型:一是本章所讨论的法定带薪休假,这里不再赘述;二是企业规章制度规定或与职工书面协商一致的约定带薪休假。根据法律的规定,规章制度规定的内容或与职工的约定不得违反法律规定,否则该规定或约定视为无效。现代企业管理中,很多企业为了体现其对员工的人文关怀,在规章制度条款中增加了许多法定之外的带薪休假条款,如带薪事假和带薪病假。本案中,上市公司规定的3天带薪事假从性质上来讲系法定之外的带薪假期,且系对员工休息休假的福利性规定,本身并没有违反法律规定,故该条款依法有效。

2. 带薪年休假期应当由谁安排?根据《办法》第九条的规定,用人单位有权根据企业的自身情况,结合个人意愿安排劳动者带薪年休假,可知带薪年休假由企业安排。

3. 徐某的3天事假是否可视为带薪年休假?设想一下,如果单位无带薪事假规定,公司将张某的事假视为带薪年休假是否可行?答案是肯定的,企业享有安排职工带薪年休假的权利,自然也有权利将职工原本的无薪事假安排为带薪年休假。然而,本案的前提有所不同,在企业已规定有带薪事假的同时是否仍可将其视为带薪年休假?从法律层面而言,法定和企业规章规定的福利均系其可享有的休假福利,两者并无优先和高低之分。因此,如果公司的抗辩想要成立的话,则须满足以下条件之一:第一,公司有规章制度规定,带薪年休假优先适用于带薪事假;第二,公司没有规章规定有优先适用带薪年休假的,张某同意公司带薪年休假的安排。现上市公司无任何证据证明其存在上述两种情形之一,理应采取对职工有利的解释,公司再行支付张某5天未休年休假工资。

案例B

许某系某网络公司IT技术员,2014年2月向公司请事假4天,并提前2天向单位书面提交请假申请,公司部门经理予以签字批准。2014年3月,公司高层决议因请3天以上事假需要提前3天以上提交请假申请,经总经理签字方可获批,但徐某未提前3天申请,也没有经总经理签字批准,该行为违反单位规章制度规定,应视为旷工,故以此解除与许某的劳动合同。许某接到书面解除通知后不服,遂向仲裁委申请仲裁,要求恢复与公司的劳动关系。

经查实,公司规章制度规定员工请事假的,需要提前以书面形式提出申请,获批后方可准假,否则将视为旷工,连续旷工3天以上者,公司有权解除劳动合同,且不支付任何经济补偿。公司的规章制度经民主程序通过,徐某亦知晓该规章制度,但主张已提前向公司提交请假申请,且已经过公司批准。

公司辩称,根据公司的惯例,劳动者请事假3天以上应当提前3天提出书面申请,并经总经理获批后方可准假,许某违反了公司的一贯做法,应视为违反公司的规章制度,公司的解除行为合法有效,企业不同意恢复双方劳动关系。

最终,该案诉至二审法院,二审法院维持了仲裁委和一审法院关于恢复劳动关系的裁决和判决。

【焦点问题】许某的请假程序是否符合单位的规章制度？公司的解除行为是否合法？

【分析要点】①规章制度以何种形式存在？根据《劳动合同法》第四条的相关规定，企业应当建立规章制度，规章制度应当通过民主程序经协商后订立，并告知全体劳动者。由此可知，规章制度必须以书面形式存在，并需经民主程序通过和相应告知程序方能生效。现网络公司声称其惯例可以视为规章制度一部分的主张显然不符合上述法律规定的构成要件。②公司的规章制度是否对许某生效？从形式上来说，网络公司的规章制度对于请事假的规定并不违反法律的强制性规定，且该规章制度已经经相应的民主程序通过，并告知职工，应当视为依法有效，对许某依法产生法律效力，许某应当遵守。③许某是否违反单位的规章制度？本案的关键问题就在于此，根据规章制度规定，公司职工请事假必须提前申请，并经公司领导批准。案件中，许某请3天事假已经提前2天申请，且经过部门经理批准。对比之下，我们可以发现公司败诉的原因。其原因还是在于公司规章制度的规定过于模糊，提前申请究竟是提前几天，并无明确规定；公司领导批准，究竟由哪级领导批准未作明确规定，造成了实践中具体适用的模糊性。此外，公司称3天以上需要提前3天提交书面申请，并经总经理批准亦未写入规章制度之中，可见该公司在规章制度制定上存在缺乏细节化管理的现象，导致具体适用的不明确。因此，仲裁委和法院在审理案件时均认为许某已经根据规章制度的规定履行请假的义务和手续，公司解除行为违法，故依法判决恢复双方劳动关系。

思考题

假期的规章制度主要存在哪些方面的问题？如何在今后的工作中完善和防范？

二、休假的确认和管理

通过实践案例的总结可以发现，当今休假争议的案例中除了规章制度不规范导致企业败诉外，还存在一些企业对于职工已休假的确认和管理上存在疏忽的现象，导致在案件中无法举证安排劳动者休假的情况、劳动者放弃休假或已经支付未休年休假等情况。

案例

王某系某公司员工，每月工资2 500元。2013年向仲裁委提出仲裁要求单位支付其5天未休年休假工资。公司答辩称，公司虽未安排王某带薪年休假，但在2013年12月的工资中已额外支付其补贴1 200元，该补贴系王某未休年休假工资。王某予以否认，公司未提交证据证明该补贴的性质。最后，仲裁委支持了王某的申诉请求。

【焦点问题】公司是否已经足额支付未休年休假工资？

【分析要点】①未休年休假工资支付的举证责任谁来负？根据相关规定，用人单位在支付劳动者报酬时，应当提供工资明细和支付凭证，以供核对，上述明细和凭证至少须保存两年以上备查。因此，未休年休假工资作为通过工资形式发放给劳动者的福利待遇，理应由用人单位提交证据予以证明。②补贴是否能够证明公司已足额支付未休年休假工资？根据规定及日常实践经验，企业在制作工资支付明细时必须明确工资的类别和金额。本案中，公司虽在工资支付明细中载明了补贴项，并主张该补贴系未休年休假工资。然而，从词性上来讲，补贴项的外延太广，无法判定其实际性质，可能是奖金，抑或是其他福利性补贴补助。因此，在无法判断且公司又无其他证据佐证其具体性质的情况下，仲裁委只能做出对劳动者有利的解释和判断，最终支持了王某要求支付5天未休年休假工资的请求。

三、规范企业休假管理的用工提示

1. 企业应当建立健全并完善相关的休假管理制度：在内容上，遵守国家相关规定，不得违反相应的规定；在创设上，可以增设法律没有规定的相关福利假期，以提高员工的工作积极性；在程序上，必须严格规范管理，对于请假的手续必须明确规定，做到细致、谨慎、简化有效。

2. 对于职工请假休假的，企业应当保存其相应的请假申请和证明。如事假申请单、年休假申请单等。

3. 对于企业安排职工享受年休假等假期的，应当保存已经安排其年休假的相关凭证。如由其本人签字确认的相关休假确认单等。

4. 对于企业需要支付职工未休年休假工资或其他假期工资的，应当保存或提供已经足额支付职工相应休假工资的凭证。如可提供由劳动者签字确认的相应工资的签收凭证，如在工资单中载明必须明确载明的工资的性质，切忌模棱两可和模糊不清。

5. 对于离职职工的假期结算，企业应当在职工离职时和职工一并结算，并交由其签字确认。如在离职确认书载明相应福利工资和福利待遇，并确认已安排或足额支付，最后交由职工签字确认。

思考题

很多企业考虑到外来从业人员的过年过节问题，通常会在春节放假时以多休假的形式代替职工的带薪年休假。但从实践来看，职工往往又不知道企业安排其年休假，很多企业又没有依法足额或者无法举证证明已依法足额支付额外放假期间的工资。请你从企业HR角度出发，思考如何从细节化角度防止该类争议的发生？

【练习题】

1. 如果你是企业的 HR，如何防止类似员工要求支付带薪假期工资请求的发生。

2. 如果你是企业的 HRM，如何处理关于职工休假的相关争议，在各项工作中保存相关证据，并能合理运用举证规则为企业化解劳资纠纷。

3. 如果你是企业的 HRD，请你制定企业相关的假期休假的管理制度。

第七章
规章制度的制定与违纪员工的处理

> 学习目标

1. 掌握制定规章制度的内容要求。
2. 掌握制定规章制度的程序要求。
3. 掌握严重违纪的认定及违纪员工的处理流程。

第一节 制定规章制度的内容要求

一、规章制度的内容应当合法

 **案例**

张小姐从外地来沪打工，学历不高的她被一家商场录用，担任专卖柜营业员一职。进公司后，公司与张小姐签订了劳动合同，合同约定月薪为本市最低工资标准加提成。随后，公司安排她参加培训，培训后，公司负责人拿出一本只有几页纸的员工手册让张小姐签字，张小姐看了一下员工手册，发现有条规定写明失货责任由员工本人承担。张小姐觉得这个条款有些不合理，但是为了工作，也只得在员工手册上签字，并愿意遵守公司员工手册规定。一个月很快就过去了，到了发薪日，第一次领到自己用劳动换来的薪水，张小姐很是兴奋。可是当张小姐拿到工资一看，比合同约定的工资少了200多元，一打听才知道，由于店里少了货物，她要承担200多元的失货赔偿金，并直接从工资中扣除。张小姐还发现周围的同事多多少少也因为同样的原因被扣了工资。第二个

月,张小姐又被扣了300多元工资。张小姐非常气愤,与公司理论,她认为东西失窃的责任在没有查清的情况下,就要员工分摊,很不合理。公司称员工手册中明确规定了失货责任由员工承担,张小姐自己也签字确认过。另外,公司也不是随意扣罚员工,如果能查到明确的责任人,就由责任人根据损失及公司的赔偿标准承担;如果不能找到责任人就由当班人员分摊损失。公司还称,在零售行业,如果货物缺失,由当班员工负责,这已经成为"行规"。

【焦点问题】"行规"能否成为规章制度,对劳动者产生约束力?

【分析要点】企业为适应管理的需要,有权制定企业的内部规章制度,但是相当一部分企业却因内部规章制度的不合法、不合理而引起了纠纷。2001年《最高人民法院关于劳动争议案件适用法律若干问题的解释》明确规定,用人单位根据《劳动法》第四条的规定,制定的规章制度可以做审理劳动争议案件的依据的条件之一就是,不违反国家法律、行政法规及政策规定。因此,用人单位的规章制度必须在现行法律的框架之内制定,不能违反现行法律法规。需要指出的是,这里的"合法"应当作广义理解,指所有的法律、法规和规章,包括宪法、法律、行政法规、地方法规。

《上海市企业工资支付办法》规定:"劳动者因本人原因给单位造成经济损失,用人单位可依法要求赔偿。需从工资中扣除赔偿费的,扣除的部分不得超过劳动者当月工资的20%,且扣除后的剩余工资不得低于本市规定的最低工资标准。"本案例中,张小姐被公司扣除的失货赔偿金远远大于她月工资的20%,且扣除后的工资显然低于本市最低工资标准,这是不合法之一。不合法之二,法律规定,只有因劳动者本人原因给单位造成经济损失的,用人单位才可以要求赔偿,公司在没有确凿的证据证明货物缺失是由张小姐本人的原因造成的,也没有查到明确的责任人的情况下,就要求张小姐承担赔偿金,这也有悖法规政策的原则。行规与法规孰轻孰重,这是不言而喻的。虽然公司有员工手册规定,而且张小姐也在员工手册上签过字,但员工手册中关于这条"失货责任"的规定因与法规有悖,因而是没有法律效力的。

企业为适应管理的需要,有权制定企业的内部规章制度,但要注意其合法性。在实践中,很多单位制定的内部规章制度,在工时、休假、加班等方面都违反了国家规定的基本标准,甚至规定员工在劳动合同期间不能结婚生育,上下班要搜身检查,严重侵犯了公民的基本权利;有的还规定了试用期间员工辞职不发工资等,侵犯了员工的合法权益。因此,这些规章制度都是无效的。

二、规章制度的内容应当合理

 案例

小徐是某自来水公司的员工,平时也没什么爱好,就好吸烟。但是最近公司领导要

求在厂区内禁烟，以前的吸烟室也被另作他用。公司在和工会商量以及听取了职代会代表的意见后，将禁烟条款写入了规章制度，规定如果员工在厂区内吸烟，将视为严重违纪，公司有权解除劳动合同。有次小徐值夜班，凌晨实在熬不住，就躲在公司绿化带里吸了一支烟，没想到正好被领导逮个"现行"。第二天，小徐就收到人事部发出的解除劳动合同的通知书。小徐认为自己违反了规章制度，确实不对，但就因为吸了一支烟就要被公司开除，觉得这样太不公平了。他希望公司能撤销解除劳动合同的决定，再给自己一次改正的机会。但公司认为禁烟的规定是按民主程序进行的，公司是照章办事，坚持按规章制度执行。小徐不服，将公司告上了仲裁庭，要求公司支付违法解除劳动合同的赔偿金。最后，仲裁庭支持了小徐的请求，认为公司对小徐的处罚过重。

【焦点问题】公司按照经民主程序制定的规章制度执行有错吗？

【要点分析】在法律把企业规章制度的制定权授予用人单位后，除合法性之外，自然而然还产生另外一个问题，即企业规章制度合理性的问题。如《劳动合同法》中有这样的规定，劳动者严重违反用人单位规章制度、给用人单位的利益造成重大损害的，用人单位可以解除劳动合同。而何谓"严重违纪""重大损害"，法律没有做出具体的规定，这需要用人单位在规章制度中做出明确、具体的规定。对这些问题的界定就存在一个"合理性"问题，也就是说规章制度对相关问题进行界定时所要把握的"度"。那么究竟什么样的规章制度是合理的，衡量规章制度合理性的标准又是什么？由于每一个行业、每一个用人单位，甚至于同一个单位不同岗位，都存在差异，合理不合理的"度"，不可能有统一的国家标准或地方标准。严重不严重，都是相对而言的。比如在这个案例中，自来水公司既不是易燃品聚集点，也不是禁火禁地。小徐吸烟的行为违反了规章制度的规定，企业可以进行处罚，但不能一次性就解除劳动合同，这样显然有失公平。

制定规章制度的时候，对内容合理性的把握可以从以下几个方面考虑：

首先，规章制度内容不应违反诚实信用的原则。用人单位规章制度应做到双方对等公平，不存在特权之事、特权之人，并符合公共秩序和善良风俗的基本原则。

其次，规章制度的内容应当明确具体，具有可执行性，不得存在隐性的不公平、不合理之处。有些用人单位的规章制度只制定了框架性条款，未制定具体情况的具体规定，实施时由用人单位再做自由解释，"人治"现象严重。例如，用人单位制定了提供正常的休假、实行同工同酬等制度，但事实上并未向职工提供正常的休假制度，也没有做到同工同酬，发生纠纷后用人单位找各种理由予以解释，并称规章制度的解释权归单位。这样的规章制度就存在很多隐性的不公平、不合理之处。

最后，规章制度的内容必须符合正常人的一般性评判标准。比如一般说来，偶尔迟到不应视为严重违纪，但是长期消极怠工，或者屡教不改，则属于严重违纪。

 **思考题**

钱某是公司的一名销售人员,在职时表现平平,上班时经常在网上聊天。部门主管询问他,钱某总以和客户在网上沟通为由搪塞。2012年6月的一天,其主管恰巧从钱某身后走过,不经意看了钱某的电脑屏幕,钱某居然在网络上玩"斗地主"。主管立刻把钱某叫进了办公室,钱某自知理亏,对自己在上班时间利用公司电脑玩网络游戏的事实供认不讳,并当场写下了检讨书,保证决不再犯。公司领导念其初犯,不予追究,但明确如若再犯,公司决不留用。不料钱某不知悔改,几天后旧病再犯,又在上班时间玩起了网络游戏。公司发现后,和企业工会达成一致意见,解除了钱某的劳动合同。钱某对公司解除劳动合同的行为不服,认为公司的《员工手册》中并未明确规定上班时间玩网络游戏就会被开除,公司这样解除劳动合同存在太大的随意性,也缺乏明确的适用依据,于是向仲裁委员会提起劳动仲裁,要求公司支付违法解除劳动合同的赔偿金。员工违反了规章制度中未列明的违纪行为,你认为企业可以解除劳动合同吗?

三、规章制度内容合法合理的操作提示

规章制度符合法律要求,也是规章制度的生效条件。企业在制定规章制度时首先应该符合法律要求,否则,制定出来的规章制度也达不到预期效果。在实践中,许多企业的规章看似非常详尽完整,实则关键时刻,如发生劳动争议时就会被人抓住在内容或程序方面与法规相悖之处,而否定其法律效力,导致企业最终败诉。

1. 规章制度的内容要合法、合理

相对来说,规章制度合法性的认定比较容易些,比较复杂的是合理性。如何把握合理与不合理之间的"度",简单来说就是一个被大多数人认同的问题,规章制度被企业的大多数职工认同了,那么它就是合理的,如果大多数人认为它不合理,那么这个规定就有问题。

用人单位应当根据本单位的实际情况,在规章制度中添加明确的可以解除劳动合同的条款或明确规定何种违规违纪情形属于"严重违反规章制度",并将其客观化与标准化。但需要注意的是,客观化、标准化的情形应当符合一般意义上的"严重"程度,解除条款的内容应当具有合理性。如若劳动者的违规行为明显较轻,并未达到一般意义上的"严重"程度,即使规章制度有明确规定,该规定也因不具有合理性和对劳动者不公平而无效。

同时需要提醒企业的是,当劳资双方就规章制度的合理性问题产生纠纷时,用人单位和劳动者都不是最终的裁判者,最终的裁判者是劳动争议仲裁机构和人民法院。

2. 规章制度内容不得与劳动合同和集体合同相冲突

规章制度、劳动合同、集体合同,都是确立劳资双方权利和义务的重要依据、

规范劳动行为的准则、协调劳动关系的重要工具，并成为企业调整劳动关系的三大支柱。当三者对不同问题或同一问题做出不同的规定时，三者具有同等的法律效力；当三者对同一问题作出相矛盾的规定时，劳动者具有选择权，劳动者可以优先选择适用劳动合同或集体合同，当然如果规章制度规定的内容对劳动者比较有利，劳动者也可以优先选择适用规章制度的内容。因此，企业在制定规章制度时，应确保规章制度与劳动合同、集体合同衔接好。

3. 规章制度内容不得违反公序良俗

公序良俗是民法的一个基本原则，它指的是公共秩序和善良风俗。但是在法律中并没有规定怎么衡量是否违反了公序良俗，一般都是由裁判人员判定。公序良俗已渗透到其他法律中，成为一个基本原则，劳动法也是如此。因此，用人单位的规章制度不得违反公序良俗，否则职工可向劳动行政部门主张该规章制度无效。

第二节　制定规章制度的程序要求

一、规章制度的制定应当经过民主程序

 **案例**

小金是一名电工，技术不错，在某玻璃生产公司担任高压电工一职，待遇也不错，公司还提供住宿。但是就在前不久，公司突然提出解除与小金的劳动合同，理由是小金在工作期间，利用职务之便，并熟悉相关技术条件，用子母机以遥控的方式盗用了公司的电话，与老家通话数十次，费用总计近2 000元。公司认为小金恶意侵占公司财产，造成公司经济损失，其行为严重违反了公司的规章制度，因此决定立即解除与他的劳动合同。小金承认了自己的错误，也深感自责，他向单位表示自己愿意支付这笔电话费，而且保证今后不再犯同样的错误，但希望公司不要解除与他的劳动合同。但是公司坚持与小金解除劳动合同。之后，小金在朋友的指点下，提出了劳动争议仲裁，他认为公司所称的规章制度根本就是几个领导随意订立的，没有经过民主程序，因此要求公司支付违法解除劳动合同的赔偿金。

【焦点问题】没有经过民主程序的规章制度能否作为解除劳动合同的依据？

【分析要点】2006年修改后的《公司法》第十八条第三款规定："公司研究决定改制以及经营方面的重大问题、制定重要的规章制度时，应当听取公司工会的意见，并通过职工代表大会或者其他形式听取职工的意见和建议。"这里所规定的"应当听取公司工会的意见，并通过职工代表大会或者其他形式听取职工的意见和建议"也是程序的要求。《劳动合同法》第四条第二款规定："用人单位在制定、修改或者决定有关劳动报

酬、工作时间、休息休假、劳动安全卫生、保险福利、职工培训、劳动纪律以及劳动定额管理等直接涉及劳动者切身利益的规章制度或者重大事项时，应当经职工代表大会或者全体职工讨论，提出方案和意见，与工会或者职工代表平等协商确定。"由此可见，制定规章制度的程序要件之一是经过平等协商的民主程序。

对于民主程序，法律没有明确的界定。民主程序既可以理解为经过职工大会或者职工代表大会的审议通过；也可以理解为征求工会或者职工大会、职工代表大会的意见即可。企业起草的规章制度草案应当首先提交职工代表大会或者全体职工讨论，由职工代表大会或全体职工提出方案和意见。这意味着民主程序界定很严格了，即只有两种选择：企业有职工代表大会制度的，应当将规章制度的草案交由职工代表大会讨论；没有职工代表大会制度的，应当交由全体职工讨论。交由职工代表大会或全体职工讨论，提出方案和意见，我们可以称之为发扬民主的过程，也可称之为民主程序。

《最高人民法院关于劳动争议案件适用法律若干问题的解释》第十九条规定："用人单位根据《劳动法》第四条之规定，通过民主程序制定的规章制度，不违反国家法律、行政法规及政策规定，并已向劳动者公示的，可以作为人民法院审理劳动争议案件的依据。"很显然，本案例中公司的规章制度没有经过平等协商的民主程序，不能作为案件裁判的依据。

二、规章制度的制定应当向劳动者公示或告知

 案例

黄小姐在一家外资公司工作，双方签订了为期3年的劳动合同，合同约定黄小姐担任经理助理职务，每月工资7 500元。工作了半年后，黄小姐的主管通知她，因为下属工厂加工任务紧迫，缺少人手，要求黄小姐去工厂协助工作5个月。黄小姐认为自己的岗位是经理助理，不应该到下属工厂工作，因此不愿意去。经过几番交涉，公司以黄小姐不服从公司安排、违反公司规章制度为由解除了她的劳动合同。黄小姐觉得自己根本就没有看到过公司所说的规章制度，公司只是找了一个借口，目的就是解除劳动合同而不支付经济补偿金。于是黄小姐将公司告上了劳动争议仲裁庭，要求公司支付违法解除劳动合同赔偿金。

【焦点问题】公司能否以没有告知的规章制度为依据解除员工的劳动合同？

【分析要点】公示原则是现代法律法规生效的一个要件，作为企业内部的规章制度必须对其适用的人公示，未经公示的企业内部规章制度，对职工不具有约束力。《劳动合同法》第四条第四款规定："用人单位应当将直接涉及劳动者切身利益的规章制度和重大事项决定公示，或者告知劳动者。"《最高人民法院关于劳动争议案件适用法律若干问题的解释》第十九条也明确规定了规章制度向劳动者公示才能作为审判案件

的依据。

本案例中，公司的《员工手册》虽然有员工不服从主管的工作安排，公司可以解除劳动合同的相关规定，但公司未能证明该《员工手册》的制定已经公示或告知，且员工已知晓。因此，在员工不知晓的情况下，按照未公示的规章制度操作显然有失妥当。

公示、告知程序是法律的要求，从另一个角度来讲，单位规章制度以全体劳动者为约束对象，就应当为全体劳动者所了解，当然必须以合法有效的方式公布。

常用的公示方法如下：

1. 员工手册发放（要由员工签领确认）；
2. 内部培训法（注意一定要包括：培训时间、地点、与会人员、培训内容、与会人员签到）；
3. 劳动合同约定法（但建议不要作为劳动合同的附件）；
4. 考试法（开卷或闭卷）；
5. 传阅签字法；
6. 入职登记表声明条款；
7. 意见征询书面答复法。

在劳动者和企业就是否违反规章制度而产生的争议中，企业承担规章制度程序合法的举证责任，以下的几种公示方法因为存在举证困难的情况，应尽量避免使用，如网站公布、电子邮件告知以及公告栏、宣传栏张贴等。

思考题

小赵在外资广告公司工作，尽管工作繁忙，但是公司的福利还是不错的，除了国家规定的带薪年休假外，公司还给予员工每年10天的全薪病假。去年年底，公司人力资源经理辞职后，来了一个新的人事经理。新的人事经理来后，大家都听说公司要重新修订员工手册。12月底，小赵病倒了，想想当年的10天全薪病假一天都没有用过，小赵也就干脆请了10天假，好好休息一下。等她回到单位，领取了这个月的工资单后，发觉公司扣了她5天的病假工资。小赵急忙到人力资源部询问，人力资源助理将新的《请假管理办法》向小赵公布并送达。原来，就在小赵休病假的几天中，公司开了一次全员大会，会上宣布了对员工手册中《请假管理办法》这一章节做了修订，由于金融危机的影响，公司效益降低，在不对员工减薪的情况下，公司对部分福利项目进行调整，以适量减少人力成本的开支，将原来每年10天的全薪病假调整为每年5天，超过天数的工资按照政府规定的标准执行。公司还要求员工在2天内对新办法提出意见，如果没有意见，就视为全员协商后通过。将正式生效的《请假管理办法》发给每个部门进行传阅签字，并且在公告栏上张贴了2天，而小赵正好在病假中，没有参与此事。但是小赵却认为，在她与公司签订的劳动合同中，写明了将《员工手册》作为合同的附加条款，双方都签字确认了。因此，《员工手册》中的所有条款都是劳动合同的一部分，公司修改了《员工手册》，也就等于变更了劳动合同，而变更劳动合同需要双方协商一致，单方面变更劳动合同无效，公司应该仍然按原假期工资来支付。而公司认为，小赵没有对新制度进行签字确认是因为她当时正好在家休病假。但是公司对这个新制度的修订经过了民主程序，并且也已公示过，属于合法程序，小赵应该遵守公司的新规定。你认为公司新的规章制度对小赵有效力吗？

三、制定规章制度程序合法的操作提示

对于企业的规章制度制定来说，程序要件是非常重要的。因为当劳动争议发生时企业引用规章制度为自己的做法提供依据时，对方律师以及仲裁机构、法院首先会审查规章制度制定程序的合法性。因为程序是否合法是很容易判断的，当程序存在瑕疵时，不需要再审查实体内容，就可以判定规章制度不能作为裁判的依据。由此可见，规章制度的制定程序是最容易让别人抓住的把柄。当程序不合法时，规章制度也就没有任何意义。

需要提醒企业的是，用人单位在制定规章制度时，无论是进行平等协商程序，还是进行公告、告知程序，都务必要做好记录，保存好相关证据，如会议纪要、讨论情况、员工签名等。因为一旦劳资双方在规章制度效力问题上产生争议，用人单位就需要举证证明其规章制度是经过平等协商程序的且曾向劳动者公示、告知，如果用人单位不事先保留相应证据，就无法证明相应的内容。

在这里还要附带说一下职工代表大会。由于《劳动合同法》赋予了职代会代表职工与用人单位平等协商的权利，有权审议通过涉及职工切身利益等重大问题的方案和企业重要规章制度，职代会的作用也越来越突出。根据我国立法和实践，职工参与企业管理的形式很多，如职工代表大会制度、工会制度、集体协商制度等。大家比较熟悉的是职工代表大会。职工代表大会之所以能成为职工参与民主管理的基本形式，在于与其他民主管理形式相比，它是最基本的形式。第一，它是唯一一种在《宪法》《劳动法》《工会法》《企业法》《公司法》等各种相关的法律中都有明确规定的职工参与民主管理的法定形式。第二，职工代表大会的代表来自企业的各个部门，因此具有广泛的代表性。第三，它的职权涉及职工参与民主管理的各个方面，内容全面。第四，它具有完整的组织制度和工作制度，操作上具有规范性。第五，它的决定、决议是按照民主集中制的原则和法定的程序做出的，具有权威性和法律效力。这些是其他任何一种民主管理形式都不能与之相比的。公司应重视发挥职工代表大会的作用，建立完善的职工代表大会制度。

第三节 违纪员工的处理

一、"严重违纪"的认定

 **案例**

潘某在某电子加工公司担任仓库保管员。2012年9月,公司与已经工作满十年的潘某签订了无固定期限劳动合同。劳动合同约定潘某工作岗位不变,工作岗位适用综合计算工时制,具体工作和休息的时间按公司规定执行。10月26日,公司出具员工违纪处理单,处理单中载明:潘某在工作期间在货架区域睡觉,违反工作违纪处理条例:在工作时间睡觉或打瞌睡,在工作区域睡觉或打瞌睡……潘某承认自己打瞌睡,便在该处理单上签字。潘某的主管在违纪处理单上建议"辞退",随后人力资源部经理的意见是"开除",工会也同意"开除"。然而潘某却不同意解除劳动合同,认为自己确实是在工作期间打瞌睡,但这也是因为自己已经连续加班一周,而且由于自身患有高血压,在过于疲惫的情况下导致头晕、身体不适等症状,然后才趁工作空暇时稍微休息一下,但是并未影响工作。公司则认为《员工违纪处理条例》明文规定,在上班时间、上班地点睡觉和打瞌睡为严重违纪行为,公司对严重违纪行为的处罚为解除劳动合同。公司对潘某做出的处理决定程序合法。潘某不服,坚持认为公司违法解除劳动合同,并与公司对簿公堂。

【焦点问题】潘某的行为是否达到了"严重违纪"的标准?

【分析要点】《劳动合同法》第三十九条第(二)、(三)项规定了劳动者存在"严重违反用人单位的规章制度的;严重失职,营私舞弊,给用人单位造成重大损害的"的情形时,用人单位可以解除劳动者劳动合同,并且无须支付经济补偿。因此,企业规章制度也越来越凸显其重要性,尤其在企业与员工发生劳动争议纠纷时,规章制度往往是裁判孰是孰非的"企业宪法"。我国最高人民法院的司法解释以及《劳动合同法》都规定了规章制度生效的前提条件首先是要合法,这个合法包括两个方面的内容,一是程序合法,二是内容合法。程序合法,即要通过民主程序加以制定后以公示的方法让员工了解。以上案例中的规章制度从程序上来讲是完全合法的,是和工会联合制定的,有民主程序,也经过了公示。

既然程序合法,用人单位就要承担劳动者违反规章制度的举证责任。举证责任,又称证明责任,是指当事人对自己提出的主张,有提出证据加以证明的责任。如果当事人未能尽到上述责任,则有可能承担对其不利的法律后果。我国《民事诉讼法》第六十四条规定:"当事人对自己提出的主张,有责任提供证据。"《关于民事诉讼证据的若干规定》第二条规定："当事人对自己提出的诉讼请求所依据的事实或者反驳对方诉讼请求所依据的事实有责任提供证据加以证明。没有证据或者证据不足以证明当事人的事实主张的，由负有举证责任的当事人承担不利后果。"

因此，作为解除方的用人单位对于员工因过失性错误而解除劳动合同的行为应当从以下几个层面进行举证：首先，企业要证实员工存在过错的行为；其次，企业应当证明存在有效的规章制度并对员工的过错行为有相关规定；最后，企业还应证明员工的违纪行为已经达到企业规章制度规定的"严重"标准并可以解除的程度，也就是证明规章制度的内容是否合法。只有这三个证明条件都具备了，企业解除员工的行为才是合法有效的。

在这个案例中，双方对潘某睡觉行为以及规章制度的程序是否合法都无异议。但是如何确定劳动者的行为属于"严重违纪"？法律并没有对"严重"的程度做出明文规定，而是赋予了用人单位自己评判"严重"标准的权利。尽管用人单位有"自由裁量"权，但并不意味着可以滥用这个权利。企业对员工违纪行为的处罚应遵循公平的原则，虽然案例中公司制定的规章要求对在工作时间或工作区域内打瞌睡或睡觉的员工予以辞退，但潘某该行为并未给公司带来损失；其次，潘某也是第一次存在该违纪行为，公司也无其他证据证明潘某存在严重违纪的情节。潘某在工作时间打瞌睡的行为确实存在过错，但是他的行为并非属于严重违纪，公司对此行为作出予以辞退的处罚明显不妥，有违公平、合理的原则。

作为用人单位，无论是管理自己的员工，还是制定管理规则，都应当遵循法律法规和诚实信用原则，即便员工在工作中存在不妥之处，也应当依照合理的程序并采取恰当的方式来管理、惩戒员工，而不是凭借自己的强势地位，置劳动者的合法权益于不顾，任意地行使自己的管理权利。

二、处理违纪员工应当遵循一定的程序

 **案例**

小李在公司工作了近2年，在销售部担任文员一职。行政部文员都是年龄相仿的女孩子，平时在一个办公室里关系也很融洽。女孩子在办公室抽屉里经常会放些小零食，大家也会拿出来一起分享。虽然公司《员工手册》中规定了在工作时间不允许吃零食，一旦违反，前两次将罚款20元，第三次将解除劳动合同。但是一年多下来，公司中没有一个员工因为上班吃零食而被罚款，更没有因为这个而被解除劳动合同。2009年2月，小李欣喜地发现自己怀孕了。可能是身体底子本来就比较健康的原因，和其他妊娠反应剧烈的孕妇相比，小李不但没有呕吐等妊娠反应，反而胃口很好，经常感到肚子饿。某天下午，怀孕3个多月的小李在办公室拿出了从家里带来的苹果，刚咬了几

口,就被总经理看到。第三天,人事部通知小李去财务部交了20元的罚款。可没想到,小李交罚款后的第二天,人事部又交给小李一封通知信,通知小李,因为违反了《员工手册》的规定,公司即日解除与小李的劳动合同。小李到人事部理论,根据《劳动合同法》的规定,女员工在孕期、产期、哺乳期内,公司是不能解除与其的劳动合同的。人事经理告诉小李,女员工违反了公司的规章制度,即使是在"三期"内,公司仍然可以解除劳动合同。小李不服,认为前段时间听说公司要裁减人员,而她又恰好怀孕,公司正好以上班吃零食违反规章制度这个借口把自己给辞退了。

【焦点问题】小李的行为是否属于严重违纪?公司能否对小李同一项行为进行多项处理?

【分析要点】首先要明确的是,对处于孕期、产期、哺乳期的女职工,用人单位并非完全不能解除其劳动合同。《劳动合同法》第三十九条规定了六种可以解除劳动合同的法定情形,如"严重违反用人单位规章制度的""严重失职,营私舞弊,给用人单位造成重大损害的"等。"三期"女职工如存在这六种情形之一,用人单位就完全可以解除与其的劳动合同。

在本案中,首先,公司的规章制度没有错;其次,确实是小李首先违反了公司《员工手册》的规定,公司与其解除劳动合同也有理有据,然而公司却错在处理程序上。根据《员工手册》规定,违反"工作时间不允许吃零食"的规定,在第三次时才得以解除劳动合同,前两次给予罚款的惩戒。而公司之前从没有因为工作时间吃零食而给予小李罚款的惩戒,那么就不能因为上班时间吃零食而直接解除与小李的劳动合同,应按规定的程序先给予处罚。这是其一。

其二,用人单位可以根据规章制度对劳动者的违纪行为进行处罚,一旦用人单位做出处罚,也就意味着劳动者已经就其行为承担了相应的责任。因此,针对一次违纪行为只能处罚一次,一事不能两处,否则用人单位将拥有过度处罚的权利。这也要求用人单位对不同程度的违纪行为,分别明确不同梯度的处罚措施,而不能随意实施。

本案中,如果公司按规定先给予怀孕3个多月的小李因上班吃苹果罚款20元的处罚,公司的规章制度没有错,实施的程序也没有错,但我们仍然能感到一丝的不平。没有规矩不成方圆,公司制定规章制度,以规范员工行为,提高工作效率,本无可厚非。然而规章制度在制定时,除了不能违反国家法律法规外,也不能违反公序良俗。同样,在执行规章制度时除了合法之外,也要合乎特定环境、条件下人们公认的情与理。上班时吃零食的行为确实不应提倡,而且违反了公司规章制度,应当受到惩戒,但是小李的行为应该特殊对待。怀孕期间的女性因其生理的特殊性以及孕育胎儿的必需性,各方面都应受到保护以及特殊的对待,这时如果再将小李上班吃零食的行为与其他员工"一视同仁",在提倡以人为本的当今社会中,就未免显得格格不入。

 **思考题**

2011年5月11日,某食品加工公司裱花车间工王某在工作时,拿起一小片裱花蛋糕用的猕猴桃吃,不想恰好被新来的副总发现。副总当场就对其进行了批评,还把王某叫到办公室写下了事件陈述。王某本想承认后这件事就此过去,然而5月30日公司向其面送了离职报批单,以王某"偷吃公司物品"为由,以"奖惩条例——严重违纪"第十三条的规定为依据,与其解除劳动合同。在工作交接时,王某还发现公司扣除了其5月份工资中的考核奖250元。王某承认作为一名食品制作车间的操作工擅自吃猕猴桃的行为确有不妥,但尚不足以被认为严重违纪,况且吃猕猴桃、樱桃等水果的行为在车间里经常发生。公司则认为对王某进行过培训,而且从事食品加工的劳动者边工作边吃东西,显然不利于食品安全,因此属于严重违纪。你认为王某的行为是否达到了严重的程度?公司是否可以以严重违纪为由解除劳动合同?

三、处理违纪员工的操作提示

《劳动法》《劳动合同法》均明确劳动者严重违反用人单位规章制度的,用人单位可以解除劳动合同。显然,劳动者违纪存在严重违纪与非严重违纪(一般违纪)的区分。如何认定违纪行为属于严重违纪,不同的企业因生产内容、经营范围、劳动者岗位职责不同而不尽相同。但无论如何,这个认定标准都应该符合客观实践,应当避免不符合情理和显失公平,应当符合社会公德和社会公共习俗。

员工违反了规章制度,公司往往通过规章制度所规定的程序对其进行惩戒。但是如果惩戒不当,容易引发劳动争议,甚至对企业产生负面影响,以下建议可以借鉴:

1. 细化禁忌行为。企业应当制定符合本单位实际情况、具有可操作性的规章制度。规章制度不仅要有劳动者禁忌行为的表述,而且要有如果劳动者发生了禁忌行为,企业该对其如何处理的规定,特别是应当明确用人单位可以解除劳动合同的严重违纪的规定。有些企业在规章制度中只罗列了员工不得为之的行为,但却没有员工违反后如何处理的规定,导致企业陷入无章可循的尴尬境地。

2. 制定惩戒程序。惩戒制度涉及员工切身利益,容易引发劳资争议,企业应当重视运用严谨的程序来控制和降低惩戒的法律风险。一般而言,惩戒的程序通常包括调查取证、提出处理意见、必要时征求工会意见、听取本人申辩、批准惩戒处理决定、公布或送达执行六个主要步骤。对于以上程序,一些企业或有规定,但语焉不详,缺乏员工申诉申辩的具体规定,一旦发生劳资争议,用人单位极易被认定为程序违法。因此,应当具体表述有关规定。

3. 明确严重程度。在违纪解除劳动争议仲裁案件处理实践中,劳动纪律的适用、严重违纪的认定是一个难题,进而导致对案件结果认识的差异。企业在规章制度中往往仅用"重大损失""情节严重造成公司损失"等用语，标准过于宽泛。如果在符合情理和公平的前提下，对"重大"或"严重"损失的数额进行明确，则更加有利于执行。

4. 实施累进制度。一些大型外企的成熟做法就是实施"员工违纪过失累进制度"。对一些在程度上还未达到"严重"程度的过失，在一定时间段内累计违反的次数达到规定的次数，即构成严重情节，公司可以单方解除劳动合同，等等。

5. 注意证据收集。员工本人写的"检查书"、违纪情况说明、由员工签字的违纪通知书、其他员工的证词、相关客户的投诉书面报告、政府部门处理记录或证明等，都可以作为员工违反规章制度的证据。

总之，用人单位处理违纪员工时，应当将纪律规范、纪律考核、违纪惩戒三者结合起来，实施人性化管理。既维护用人单位正常的经营秩序，又要避免滥用处罚权、侵害劳动者的合法权益，避免劳动争议。

【练习题】

1. 公司想对规章制度中的考勤规定做出调整，如果你是公司人力资源部经理，请你设计一套关于规章制度调整的民主程序方案。注：公司没有成立职工代表大会。

2. 如果你是公司人事经理，请你设计一个关于"员工违纪申辩办法"的方案。

第八章
调岗调薪处理技巧及风险防范

> **学习目标**
> 1. 掌握调岗调薪的基本原则。
> 2. 掌握用人单位可以单方变更的情形及原则。
> 3. 掌握合理认定调岗调薪的范畴。
> 4. 掌握工作地点变更的原则。

第一节 调岗调薪的基本原则

一、协商一致是调岗调薪的基本原则之一

 **案例**

胡某是某科技公司软件工程师,并且担任部门经理一职。公司与胡某签订了为期3年的劳动合同,胡某月薪为税前12 000元。2008年11月,公司召开了全体员工大会,在员工大会上,公司领导宣布,因为受到金融危机的影响,公司出现了比较严重的亏损,但是为了减少裁员,公司将对部门经理及以上级别的员工进行降薪,以使公司能够正常经营。之后,公司调整了中层管理者的薪酬,胡某的月薪也由12 000元降至8 000元。半年后,公司与胡某协商一致后解除了劳动关系。随后,胡某以公司降薪未与其协商一致征得其同意,降薪系公司单方面变更合同为由向公司所在的区劳动争议仲裁委提出申诉,要求公司补足其工资差额。

公司认为,公司此次降薪是因为受金融危机的影响而不得已为之的,且降薪后胡某也未提出异议,依然在公司工作了半年,公司完全有理由认为胡某认可了此次的降

薪行为。

【焦点问题】胡某继续在该科技公司工作,能否推定为他对该降薪行为的认可?

【分析要点】协商一致,是劳动合同变更的基本原则之一。《劳动合同法》第三十五条规定:"用人单位与劳动者协商一致,可以变更劳动合同约定的内容。变更劳动合同,应当采用书面形式。变更后的劳动合同文本由用人单位和劳动者各执一份。"劳动报酬是劳动合同的必备条款,因此,当劳动报酬发生变更时,用人单位应当本着协商一致的原则与劳动者进行协商,而且就双方达成共识的内容以书面形式固定下来。

在劳动关系中,用人单位处于主动管理的强势地位,劳动者处于被动服从的相对弱势地位。从劳动合同的订立、履行、终止的全过程来审视,劳动合同相对于平等民事主体之间的民事合同,具有其特殊性:首先,劳动合同从表面上看,双方都有缔约或不缔约的自由,劳动合同是双方自由意志的表示,但从实质经济与组织关系上看,双方现实地位是不平等的,劳动者的自由意志处于从属地位,受到极大限制;其次,劳动合同的内容通常由用人单位单方面确定,合同"定型化"、"格式化"现象严重,劳动者只能被动地接受劳动合同的条款,如果不接受某些条款,则意味着失去劳动合同当事人的资格,劳动者意思自治受到极大限制。正因为劳动合同具有上述的特殊性,因此其内容的变更受到更多的法律约束。根据《劳动合同法》的规定,用人单位与劳动者协商一致,可以变更劳动合同约定的内容。变更劳动合同,应当采用书面形式。从立法本意上看,因为劳动者在用人单位面前处于较为弱势的地位,因此,法律对劳动合同变更的形式进行了严格限制,防止用人单位滥用管理权,随意变更劳动合同内容,从而侵害劳动者的合法权益。

在日常管理中,有些劳动者在公司变更劳动合同时,往往会采取既不明确反对,也不明确表示同意的做法。在审判实践中,一般会从变更后的情形是否对劳动者有利来做出分析与判断。上述案例中,胡某作为劳动者,相对企业而言处于弱势地位,可能出于对就业和生活需要等方面因素的考虑,致使在企业强势地位的影响下在公司降薪后仍继续工作半年,因此在公司降薪后仍继续工作的行为不能推定为认可该降薪行为。除非公司的降薪行为发生在与胡某明确协商情形下以书面形式达成新的协议后,否则该公司单方降薪行为属违法行为,而公司辩称胡某在降薪后继续工作可以视为其对降薪行为的认可的主张亦不能成立。

需要注意的是,本案发生在2008年,故法院判决公司单方降薪行为系违法。最高人民法院2013年1月18日公告公布,2013年2月1日起施行的《关于审理劳动争议案件适用法律若干问题的解释(四)》第十一条规定:"变更劳动合同未采用书面形式,但已经实际履行了口头变更的劳动合同超过一个月,且变更后的劳动合同内容不违反法律、行政法规、国家政策以及公序良俗,当事人以未采用书面形式为由主张劳动合同变更无效的,人民法院不予支持。"从这一条规定来看,如果本案发生在2013年2月1日之后,如果公司能证明降薪具有合理性,那可能就有一个截然相反的判决结果(这里,

第八章 调岗调薪处理技巧及风险防范

具有"合理性"是一个关键因素,在以下章节中会做详细说明)。也正是因为这条规定,从另一方面对劳动者采取模棱两可的态度对待用人单位的调薪调岗起到了一定的约束作用。

二、口头变更劳动合同不一定无效

 **案例**

王某于2010年6月4日入职某有限公司,任高级文秘一职。双方劳动合同约定,试用期两个月,转正后每月工资8 000元。2011年7月,某有限公司以汪某在工作上出现重大失误,无法胜任工作为由,就岗位及工资标准进行了变更,汪某在新的工作岗位上继续工作,某有限公司按新的工资标准向汪某发放工资。2011年12月,汪某以该有限公司单方变更其工作岗位、工资标准,违反劳动合同为由,提出被迫解除劳动合同的诉讼,并要求该有限公司按原8 000元月工资标准补足工资差额。

【焦点问题】口头变更劳动合同是否一定无效?

【分析要点】《劳动合同法》对于劳动合同的订立,明确规定需要采取书面形式,并规定了未签订书面劳动合同2倍工资等惩罚性赔偿,以促使用人单位及时有效地与劳动者签订书面劳动合同,均源于书面劳动合同能更清晰地显示用人单位与劳动者关于劳动关系各种要素的约定,双方的合法权益更能得到充分保护。同时,《劳动合同法》也明确规定了协商一致情况下劳动合同变更的条件和方式。至于变更的方式,则要求采用书面方式,口头方式是否有效,法律并无明文规定。

口头变更包括用人单位单方口头变更及双方协商一致口头变更。用人单位没有证据证明其与劳动者已经就变更劳动合同口头协商一致的情况即为用人单位单方口头变更,根据理由的合法性可分为有合法理由的单方口头变更和无合法理由的单方口头变更。

《最高人民法院劳动争议司法解释(四)》第十一条规定:"变更劳动合同未采用书面形式,但已经实际履行了口头变更的劳动合同超过一个月,且变更后的劳动合同内容不违反法律、行政法规、国家政策以及公序良俗,当事人以未采用书面形式为由主张劳动合同变更无效的,人民法院不予支持。"也就是说,用人单位不能证明其单方口头变更有合法理由的,即使双方已实际履行劳动合同超过1个月,此种情况下,不论劳动者就此变更是否提起过异议,该口头变更均视为无效;但如果用人单位能证明其单方口头变更具有合法理由,且双方实际履行劳动合同超过1个月的,均应确认此口头变更有效。

从本案案情分析,某有限公司能够证明汪某存在重大失误,无法胜任本职工作,因而对其岗位及相应的工资标准进行调整,是用人单位单方合法变更劳动合同的行为。虽然双方未就此签订变更协议,在双方已实际履行超过1个月的情况下,此变更已具备了书面变更的效力。

思考题

公司招用赵某为人力资源部总监,但是将近一年下来,赵某的工作不尽如人意,工作能力远达不到一个高层管理者应有的能力,而且与同事之间的关系也不太融洽,经常会发生一些小摩擦。公司与赵某进行了一次沟通,希望赵某能自己辞职,但赵某不同意。于是公司将其工作职位调整为人事部文员,同时也将工资做出相应调整。赵某在新岗位工作了6个月之后,从公司辞职,并以公司单方调薪调岗为由要求公司补足6个月工资差额。按照《劳动争议司法解释(四)》的相关规定,赵某在公司调岗调薪后履行了6个月劳动合同,超过了1个月的主张期限,这时赵某再要求公司承担单方变更合同的责任,是否会获得支持?

三、调岗调薪操作提示

劳动合同的变更是指在劳动合同依法成立后,尚未履行或尚未履行完毕之前,因订立劳动合同的主客观条件发生变化,双方当事人依照法律规定的条件与程序,对原合同中的某些条款达成修改或补充的协议的法律行为。在现实中,劳动合同的变更情况最多的是关于岗位、薪酬的变更。需要注意的是,劳动合同的变更是在原合同的基础上对原劳动合同相关内容做部分修改、补充或删减,而不是签订新的劳动合同。原劳动合同未变更的部分仍然有效,变更后的内容取代原合同的相关内容,新达成的变更协议条款与原合同中其他条款具有同等的法律效力,对双方当事人都有约束力。

既然劳动合同变更需要双方协商一致,那么调岗调薪变更也就要遵循一定的程序,才能体现双方协商的过程:

(1)不管因用人单位的原因还是劳动者的原因,企业需要对劳动者的岗位或薪酬进行调整,应当及时向劳动者提出调岗调薪的要求,说明变更的理由、内容、条件等。

(2)规定一个合理的期限,不管是否接受调整,劳动者均应在规定的期限内做出答复。对劳动者的疑问、咨询,用人单位应当本着平等的原则积极与劳动者进行沟通协商,并将沟通经过保存下来。

(3)双方达成书面协议,即当事人双方就调岗调薪变更的内容经过协商,取得一致意见,应当达成变更劳动合同的书面协议,书面协议应指明对哪些条款做出变更,并应确定变更后的生效日期,书面协议经双方当事人签字盖章生效。

第二节　调岗调薪的特殊规则

一、企业可以单方调岗调薪的法定情形

案例 A

张某于2011年1月到某机械厂上班，从事销售工作，双方签订了3年期劳动合同，劳动合同约定张某的工作岗位为销售。2011年6月，用人单位内部考核，认定张某有3个月均未能完成用人单位下达的任务指标，故决定将其调到生产调度岗位，并于7月15日向其送达了调岗通知。张某觉得调度工作太紧张，时间也不如销售岗位灵活，不同意单位的决定，于是在接到调岗通知后未到新岗位报到。2011年8月20日，该机械厂以张某连续旷工超过5天、严重违反劳动纪律为由，做出与张某解除劳动合同的决定，并于当日通知张某。

案例 B

李某大学毕业后于2010年8月应聘到某计算机公司工作，双方签订了为期3年的劳动合同。2011年1月，李某腰椎手术住院治疗。2011年7月，李某医疗期满回单位报到，由于医嘱不能长时间坐着工作，申请公司另行安排岗位。于是公司让李某去库房从事搬运工作，李某认为自己患病初愈，又是一个女同志，不同意公司决定。于是公司以李某不能从事原工作，也不能从事用人单位另行安排的工作为由，解除了李某的劳动合同，并支付经济补偿金。

【焦点问题】用人单位能否根据《劳动合同法》第四十条的规定，有单方调岗的权利？

【分析要点】《劳动合同法》第三十五条规定："用人单位与劳动者协商一致，可以变更劳动合同。"但该原则仅是劳动合同变更的一般原则。《劳动合同法》第四十条第（一）项、第（二）项规定的是劳动合同法定变更的情形，是对用人单位单方变更岗位的特殊规定，按照特别规定优于一般规定的原则，在法定情形发生时，应当适用该条款，而不适用劳动合同变更的一般原则。

但是应当注意的是，虽然《劳动合同法》赋予了用人单位法定情形下的调岗自主权，但用人单位的单方调岗并非就可不受限制。按照"诚实信用"的合同原则，在适用《劳动合同法》第四十条的规定调整劳动者岗位时，仍应本着诚实信用的原则，提供与劳动者的劳动能力和技能相匹配的岗位，而不能像案例B中的用人单位一样故意给劳

动者提供与其技能和知识水平不符的岗位,有意促成劳动合同的解除条件,达到解除合同的目的。

实践中,用人单位因单方调岗引发的争议很多,但胜诉率很低。究其原因,除了对法律条款理解错误外,更多的是缺乏证明劳动者"医疗期满不能从事原工作"或者"不胜任"的证据。一些用人单位面临争议时,提供的只是一些"考核末位""考核不合格"等考核结果,且考核的指标多是一些工作态度、同事打分、诚信程度、团队精神等与工作成果无关的周边性要素,缺乏与工作完成情况直接相关的量化指标。根据原劳动部《关于〈劳动法〉若干条文的说明》第二十六条的解释,"不能胜任工作"是指不能按要求完成劳动合同中约定的任务或者同工种、同岗位人员的工作量。因此,用人单位不能提供证据证明劳动者未能完成工作任务或者工作量,也就不能证明用人单位单方调岗的条件成立。这是用人单位人力资源管理的一个重要风险点。

劳动者因病非因工负伤医疗期满的情形,因为牵涉到劳动者身体状况与岗位的匹配,涉及劳动者的劳动能力状况,用人单位要证明劳动者"不能从事原工作或另行安排的工作"相对困难。这就需要用人单位在劳动者医疗期满复工时,就劳动者能否从事原岗位工作征求劳动者的意见,并让劳动者本人签字。在劳动者能够从事原工作的情况下,要尊重劳动者的意愿,恢复原岗位。只有在劳动者自认不能从事原工作情况下,再另行安排新的岗位。同时,在理解相关法条时需要注意,由于医疗期是职工患病或者非因工负伤停止工作,治疗休息,不得解除劳动合同的期限,而不是疾病治愈需要的期限,因此,实践中可能会出现劳动者医疗期满恢复岗位后,由于健康状况仍然不能胜任原工作的情形,此时,用人单位可以给劳动者调整适当的岗位。

用人单位在劳动者不能胜任工作或医疗期满复工的情形下,对劳动者进行岗位调整应特别谨慎。否则,极有可能会导致调岗行为被确认违法,从而承担用人单位的法律责任。

思考题

蔡某与公司连续签订了两次劳动合同,合同期满前,双方达成订立无固定期限劳动合同的意向。但蔡某对新合同的条款存在不满:新合同约定的工作地除原来固定地址外,又添加了"公司根据业务需要在本市新开发的工作区域";工资由原固定工资变为基本工资+岗位津贴。因双方协商不成,致使新合同未能签订,公司书面通知蔡某,如果在规定时间内未签订合同,视为拒签劳动合同。蔡某未签,随后劳动合同期满终止。蔡某认为公司的新合同对自己原有的岗位和薪资都进行了变更,才导致自己无法接受,遂要求公司支付违法终止劳动合同的赔偿金。公司认为因为考虑到经营情况才在新合同中增加了工作地点,而且工资的总额是不变的。你认为公司在新合同中的约定是否是对蔡某的调岗调薪呢?公司的新约定是否可以成立?

二、企业单方变更操作提示

企业的生产经营状况是随着市场竞争的形势和企业自身的情况而不断变化的,根据自身生产经营需要调整员工的工作岗位及薪酬标准是企业用人自主权的重要内容,对企业的正常生产经营至关重要。鉴于此,法律也并不完全否认企业的单方变更权。《劳动合同法》第四十条第(一)项、第(二)项规定:"(一)劳动者患病或者非因工负伤,在规定的医疗期满后不能从事原工作,也不能从事由用人单位另行安排的工作的;(二)劳动者不能胜任工作,经过培训或者调整工作岗位,仍不能胜任工作的。"可以看出,劳动者患病或者非因工负伤,医疗期满后不能从事原工作,或劳动者不能胜任工作,均可以成为用人单位单方调整劳动者工作岗位的理由。

企业固然有权对员工调岗、调薪,但不可滥用此权利而理所当然地享有单方变更合同的权利,企业应对其调岗、调薪行为举证说明其具有充分合理性。"合理性"的举证不是一朝一夕之间完成的,在对员工做出单方调岗决定前,要注重收集和保存劳动者未完成工作任务或相应工作量、日常工作考核以及劳动者状况等方面的有关证据。针对劳动者不能胜任工作调岗的情形,用人单位可以制定详细的《岗位说明书》等,将每一岗位、工种、职务的具体职责和要求,以《岗位说明》或《职位说明》的形式固定下来。通过制定"目标责任",量化工作指标,完成情况、考核结果,考核指标要侧重劳动者的工作成果等客观要求。完成调岗调薪后,还要及时与员工签订"变更协议"。

第三节　合理认定调岗调薪

一、调岗调薪应在合理的范围之内

 案例

陈先生是一家公司的销售副经理,在公司工作了11年。2007年,公司与陈先生签订了无固定期限劳动合同,工资也增加到每月5 500元再加业绩提成。2009年,陈先生生了一场重病,不得不在家静养大半年。随后,公司以陈先生的身体状况已经不适合担当销售副经理一职为由,降低了他的职位,把原是副经理的陈先生派去当统计员,月薪也降为1 800元。陈先生认为公司变更其工作岗位和工资没有和他协商,更没有得到他的

同意，公司这样擅自做出决定是在故意刁难他，要求公司恢复其原来副经理的岗位和原来的工资。公司却认为，双方签订的劳动合同早已规定公司有权根据公司的运营情况对员工的岗位进行调整，工资待遇按照岗位情况做相应调整，而且陈先生已经休病假一年，其个人能力不具备继续担任公司副经理的职务，所以另行安排一个工作相对轻松的岗位，当然工资也随之做相应变化。

【焦点问题】公司因陈先生身体情况欠佳，调整其工作岗位以及相应的工资，这样的做法是否合法？

【分析要点】劳动合同的签订是用人单位与劳动者就双方约定的内容达成合意之后，以文字形式固化下来的书面契约。对劳动者而言，双方约定的劳动合同期限、工作岗位以及劳动报酬是劳动合同中最为重要的三个方面，这也是用人单位给予劳动者的承诺。然而在日常工作中，企业经常会违背诚信原则，擅自更改双方已经签订的劳动合同内容，调整工作岗位案件在劳动争议纠纷中的比例逐年提高。为此，《劳动合同法》将"协商一致、诚实信用"作为企业与劳动者签订劳动合同的原则，又明确规定了若公司需要就已经签订的劳动合同内容进行变更，应当与劳动者进行协商，双方达成一致意向后变更的内容属于有效变更。法律的规定给企业随意变更合同内容的行为套上了一个紧箍咒。

但是在另一方面，企业根据自身生产经营需要调整员工的工作岗位及薪酬标准是企业用人自主权的重要内容，对企业的正常生产经营至关重要。实践中也有很多这样的案例，当有些企业由于公司经营方案、组织架构等的调整，或者发生了事先无法预测的事情确实需要对某些员工的岗位进行调整，或者员工确实无法胜任目前的工作需要对其现行的岗位进行调整时，员工就会以《劳动合同法》规定的合同变更需要双方协商一致为由拒绝企业安排的合理调整。双方由此产生的对峙和矛盾既影响了企业的正常经营，也会给企业和员工之间的关系带来负面影响。一般现在对于企业合理的调岗调薪，司法实践中还是给予企业足够的自主权的。但是企业在变更岗位时不仅要做到合法，也要牢牢把握"合情合理"的原则，一般可以遵循以下几个原则：一是相近相似原则。也就是说，变更后的工作岗位，其工作性质与内容要与原工作岗位存在相同之处，不能让劳动者无从入手；二是收入基本持平原则。不要因为变更工作岗位而影响劳动者的收入水平。很多企业都有工资体系，不同的岗位、级别所对应的工资也是不相同的。收入水平随工作岗位的变动而做出相应的变动，这也是情理之中的，但不应相差太多；三是发挥劳动者特长原则。每个劳动者都有自己的优点与长处，用人单位在变更合同时，要根据劳动者的专业、兴趣爱好、年龄等进行调整；四是公平公正原则。不要把调整员工岗位作为单位实行"人治"的手段，更不要利用该项权利打击报复员工。

二、调岗需要注意时效性、合理性及合法性

 **案例**

周某系某物流配送有限公司员工，担任公司泗塘投递站站长，双方于 2010 年 1 月 8 日签订无固定期限劳动合同，劳动合同约定周某从事泗塘站管理工作；并约定公司根据生产经营需要，依照周某的能力和工作表现，可变更周某的工作岗位，周某应服从对本人工种、岗位的安排。同时，双方另行签订责任书，约定周某为泗塘站的负责人，责任期为一年。2010 年 6 月，公司以周某 2009 年至 2010 年 5 月期间工作不称职为由，安排周某至运输分发部担任分发员工作，上夜班，薪资标准相应降低。周某不同意公司的岗位调动安排，多次向公司提出要求恢复原来的岗位未果，遂申请劳动仲裁，后又诉至法院，请求判令公司恢复周某原管理岗位，并支付其工资差额。

公司为证明周某不胜任站长岗位，提供了 2009 年 1 月至 2010 年 5 月期间的考核工资表、业绩比较及站长以上管理岗位考核奖考核办法等证据。周某对此不予认可。

【焦点问题】公司提供的证据能否证明公司对周某的调岗行为具有充分的合理性？

【分析要点】劳动合同变更可分为实质性变更和非实质性变更。实质性变更是指用人单位对劳动合同的主要内容做出重大变更，合同的主要内容可以界定在《劳动合同法》第十七条规定的劳动合同应当具备的条款范围内，包括劳动合同期限、工作内容和工作地点、工作时间和休息休假、劳动报酬、社会保险等。这些内容与劳动者的劳动权益息息相关，因此对这些内容的变更可认为是对劳动合同的实质性变更。本案中，周某从站长变更为运输分发员，工作岗位、内容、工作时间、劳动报酬等都发生了重大的变化，应当视为劳动合同的实质性变更。既然公司对周某的调岗行为是劳动合同的实质性变更，那么应判断该调岗行为是否合理和有必要。用人单位在对劳动者做出调岗行为之前，应当注意以下几个方面：

1. 调岗的依据是否具有时效性。对不胜任工作岗位，用人单位一般都会有相应的考核结果作为依据。但需要注意的是，用人单位对劳动者的考核一般不应跨年度，劳动者第二年仍然在原岗位上工作，就可视为企业对该员工前一年的工作表现予以认可。本案中，公司与周某于 2010 年 1 月签订的无固定期限劳动合同约定了周某的工作岗位为泗塘站管理岗位，并再次签订了责任人责任书，这一系列的行为可以认为公司对周某前一年，即 2009 年工作表现的认可。而公司在 2010 年 6 月以周某 2009 年的考核情况来说明其不能胜任站长岗位，不具有时效性。如果公司以 2010 年上半年考核为其工作考核依据则更为妥当。

2. 调岗行为是否具有合理性。《劳动法》第四十七条规定："用人单位根据本单位生产经营特点和经济效益，依法自主确定本单位的工资分配方式和工资水平。"这是企业实施调岗调薪总的原则，保障了企业的用工自主权。调岗也可以分为很多种情况，比

如常规性调岗，有些用人单位在劳动者工作满一定时间就进行交流或工作调整；因劳动者能力不足以适应现有岗位而发生的调岗；因劳动者违反一定的劳动纪律而发生的惩戒性调岗等。绝大多数情况下的调岗会伴随着薪资的调整。调岗是用人单位的正常经营管理工作的组成部分，但也应当兼顾劳动者的劳动权益保护。本案中，周某岗位调整后，从原来的标准工时变为上夜班，工作时间发生了实质性的变化，工资报酬有较大幅度的下降，对周某的工作产生了重大影响。对周某的岗位调整直接导致劳动条件和劳动报酬的大幅度变化，公司的调岗行为缺乏一定的合理性。

3. 调岗程序是否具有合法性。《劳动法》第十七条规定，"订立和变更劳动合同，应当遵循平等自愿、协商一致的原则"，劳动合同的变更，用人单位和劳动者之间应当采取自愿协商的方式，合同的一方当事人未经协商单方变更劳动合同，单方变更劳动合同的行为无效，且对另一方无约束力。

思考题

杨某和刘某于1995年进入上海某锅炉厂（现为有限公司），分别从事电焊工工作和打磨工工作，两人于2012年4月被确诊为尘肺一期。随后，公司通知两人，因患职业病，工作岗位均调至"弯管班组"，工资由原来月均3 200元降至本市最低工资。两位当即表示接受调岗，但不同意降薪。公司认为双方已在劳动合同中约定了月基本工资为上海市的最低工资，且弯管班组工人的基本工资就是上海市最低工资。如果公司的薪酬办法规定了弯管车间工人的工资是本市最低工资，杨某和刘某调岗后的薪酬是否可以做相应调整？

三、企业调岗调薪合理性操作提示

用人单位在调岗调薪时如何把握合理调整的尺度，在实践中也是一大难点。实践中，不少用人单位采取了一些应对措施，主要有两种做法：一是将工作性质或者岗位写得很大很宽；二是干脆来个概括授权约定，如在劳动合同中约定"用人单位有权根据生产经营变化及劳动者的工作情况调整其工作岗位，劳动者必须服从单位的安排"。这样的约定是否有效，争议较大。但作为用人单位来说，为了避免风险，调岗调薪还是要事前做好充分的准备。

1. 订立劳动合同前，先完善岗位调整制度

许多企业 HR 在订立劳动合同之初，对岗位调整的风险估计不足，没有将相应条款写进劳动合同或者附加协议中，岗位调整时会遇到诸多困难。对此，为避免风险，可以选择在劳动合同中约定岗位调整的条款。在担任岗位一栏，可填写诸如"管理岗"这类岗位的大类名称。具体岗位可参看岗位协议。在岗位协议中要详细完善调整的制度，比如绩效考核达到何种水平可以调整，项目有何种变化可以调整，企业经营状况到达何种情况可以调整等。而约定这些条款的关键点是尽量用一个明

确的标准和量化的表示方法,这样,调整时能够做到有据可循。即使劳动者本身不愿意接受,企业也有权根据完善的制度来进行必要的调整。

2. 调整岗位和薪酬时,书面程序必不可少

因各种原因调整员工的岗位、薪酬,除了要提前征得劳动者同意以外,还要在调整前发出正式的书面通知。如果在制度中没有明确调整的标准,劳动者不同意,拒绝调整怎么办?此种情况非常普遍,如果仅仅是岗位调整,薪酬不变,难度比较小;如果薪酬减少,员工不能接受也在情理之中。那么企业在此情况下,要做两手准备。第一种,从人性化管理的思路考虑,劳动者是弱势群体,如果女性劳动者因怀孕暂时不能承担较多的工作,企业可以将其现有工作量分摊给同部门的其他同事,尽量避免调整岗位,尤其是对于核心员工,要通过这种人文关怀方式来保留人才。第二种,向绩效考核要答案。有些员工因不能胜任项目变化的新挑战,或者滋生不服从管理情绪,企业管理者可以根据绩效考核结果来调整其工作岗位。因岗位不同,薪酬变化自然也在正常调整范围之列。即使员工拒绝在绩效考核表上签字,按照企业已有规定,企业仍可通过书面告知员工具体条款并做出调整决定的程序来达到目的。再者,一定要注意合法程序的履行,比如通过快递、报纸等发放通知,尽量避免使用邮件。同时,如果员工不能继续履行劳动合同,企业应按照规定给予补偿金。企业只有在履行自身应有义务时,才能真正避免劳动纠纷,切不可因"节省"一时的开支而导致耗费更多人力、物力的劳动纠纷,甚至影响企业长远的口碑和形象。

第四节　工作地点变更的基本原则

一、工作地点的变更也应遵循合理性原则

 **案例**

李某 2002 年到公司工作,最后一次劳动合同的期限为 2010 年 2 月 1 日至 2014 年 1 月 31 日。该合同第二条约定的工作内容和工作地点为:李某担任客服部门技术职务,在 A 市办事处工作,因生产经营需要及其实际工作能力和表现,公司可调动其工作岗位,李某应予以服从。2010 年 6 月,公司发觉 A 市办事主任与业务员两人有严重的经济问题,为方便调查,公司要求李某回避。为此,2010 年 7 月,公司向李某发出通知,将其调至 B 市办事处担任技术服务职务,并告知逾期未到岗将视为自动离职。李某不愿接受。公司再次调动李某到公司位于 C 市的总部工作,李某仍拒绝接受。为此,公司拟以李某至今未到公司报到、已连续旷工 3 天以上为由,依据《员工手册》的规定,对其作出解除劳动合同的决定。随后李某申请仲裁,要求公司支付违法解除

劳动合同赔偿金。

【焦点问题】从表面上看，本案焦点是公司依据规章制度规定单方解除与李某的劳动合同是否合法，但真正的核心问题在于公司调动李某工作地点是否合法？

【分析要点】很多情况下，虽然劳动者的工作地点在劳动合同中已经明确约定，但事实上，基于需要，劳动者往往必须在此约定之外的地点工作。基于生产管理的需要对劳动者进行部署、调派属于用人单位之管理权范围。但即使是用人单位管理权，也要遵循合理性这一基本原则。

工作地点的意义不仅仅是劳动者提供劳务的场所如此简单，其同时还是劳动者赖以生存的生活环境、人际关系、社会交往等形成的依托，因此，在调动工作地点时，不仅要考虑其合同基础，也要考虑该调动对劳动者工作条件、生活环境等的影响，以衡量调动工作地点是否有效。本案中，李某自2002年进入公司工作，工作地点一直在A市，现公司要求他到B市或C市工作，势必带来生活环境和工作条件的变化，影响其家庭生活及社会生活，而公司对解决此问题未给予必要的协助或方案，也未提出给予必要的补偿，因此，李某有权拒绝公司的此种调动。

二、企业搬迁的处理方式

 案例

根据政府规划要求，某化妆品公司正好处于市政动迁范围内，公司计划整体搬迁至邻近省市。企业在厂区张贴公告，并召开职工大会说明相关情况，承诺现有员工如愿随企业搬迁，企业将支付交通补贴，到新企业后还将增加工资福利待遇；不愿去的，可自行辞职。企业员工听到此消息后，一时议论纷纷，绝大多数员工表示不愿离家去外省市，同时认为这是客观情况发生重大变化导致劳动合同无法继续履行的情形，要求企业支付解除劳动合同的经济补偿金。由于大部分员工的工龄较长，企业难以承受巨额经济补偿，双方僵持不下。

【焦点问题】用人单位是否有变动工作地点的用工自主权？

【分析要点】现实生活中，经常会有用人单位在生产过程中，由于经营需要或者政府政策调整而引起员工工作地点的变动问题，这些问题一旦处理不好，往往会成为纠纷的导火索。企业并非不能对劳动者工作地点进行变动，但和企业对劳动者调岗调薪一样，工作地点的变动也需要考虑其合理性。工作地点的变动一般存在以下情形：

1. 用人单位内部工作地点变动。有些劳动者工作地点需要经常变更，如出差、经营点转移、业务拓展等。《劳动合同法》将"工作地点"作为劳动合同的必备条款，且规定依法订立的劳动合同具有法律约束力，用人单位与劳动者应当履行劳动合同约定的义务。基于司法考量，又规定用人单位与劳动者协商一致，可以变更劳动合同约定的内

容。如果用人单位内部工作地点的变动是生产经营的需要，而且工作地点的变动具有充分的合理性，并为劳动者提供了相应且必要的工作条件，劳动者应当服从用人单位的这种调动。

2. 用人单位同一地区搬迁。现实中，经常会发生用人单位在同一地区搬迁，比如从城区迁至乡镇，迁至工业园区等，这种搬迁也极易引发劳动关系的紧张。当前，城市化进程飞速发展，道路交通的改善也极大地方便了人们的出行，用人单位同一地区搬迁尽管会造成劳动者在一定程度上通勤不便，但如果用人单位可以多从劳动者利益考虑，提供交通工具或补贴，或规定上班时间推迟半小时等，把协商一致和诚实信用作为变动劳动者工作地点的原则，可以有效地平衡和协调双方的冲突。

3. 用人单位异地搬迁。一般情况下，用人单位和劳动者在签订劳动合同之初，是不会预料到异地搬迁的。这种情况只是在经营战略或国家政策发生重大变化时才会发生，而且这也是对劳动合同内容的重大实质性变更，具有长期性等特点。如果双方不能就工作地点变动协商达成一致意见，应适用《劳动合同法》第四十条第一款第（三）项之情势变更原则。情势变更原则，是指因不可归责于双方当事人的原因，致使劳动合同缔结时的客观情况发生了当事人不能预料的变化，双方应就合同内容进行重新协调、变更，以达成新的合意。如上述案例中的化妆品公司整体搬迁至邻近省市，势必会影响到劳动者的正常家庭生活或其他方面，尽管该企业承诺将增加交通补贴，提高福利待遇，但如果劳动者不愿随迁的话，企业应提前一个月通知或多支付一个月工资，并依法支付经济补偿金。

思考题

陈女士在上海某管理公司担任市场推广部助理总监一职，双方劳动合同约定工作内容为负责管理公司及属下各店市场推广工作，工作地点是公司属下办公室、各门店。陈女士实际工作地点一直在公司的上海总部办公楼。2013年1月，陈女士休完产假后回公司工作。工作第二天，公司人力资源部书面通知陈女士，因工作原因，将安排其至中山地区公司工作，并要求她于5个工作日内至中山地区公司报到。陈女士当即向公司提出，由于自己正处于哺乳期，考虑到跨省市调动会影响宝宝的正常哺乳，希望哺乳期内在上海本地工作；况且自己工作地点跨省市变动，属于劳动合同变更，需要双方协商一致。公司则认为因为陈女士在市场推广部工作的工作内容及属性决定了公司可以随时安排她到公司属下任何门店及地区上班，这是公司自主经营权的体现，何况双方在劳动合同中也已约定这样的条款，不属于合同变更。由于陈女士未在公司规定的时间内到新工作地报到，公司以陈女士"不服从公司合法的工作调动"为由，做出解除双方劳动合同的决定。陈女士不服，提出了劳动争议仲裁。你认为公司是否具有单方变动工作地点的权利？公司调岗行为发生在陈女士哺乳期内，你认为女职工在哺乳期内公司是否可以调岗调薪？

三、工作地点变更操作提示

工作地点的变更与岗位调整类似，用人单位应当与劳动者进行平等协商。从用人单位行使指示权的角度来看，用人单位有权单方变更劳动者的工作地点，但应当限制在一定的合理范围内。对上述"合理范围"的界定，可以对劳动合同目的进行"人本化"考量，兼顾用人单位经营需要与劳动者提供劳动的便利性。对于用人单位而言，其劳动合同目的较为直接，就是获得员工提供的劳动，变更员工工作地点的目的主要从降低经营成本、优化人力资源结构、获得更有利的市场条件以及政策优惠等方面考虑，因此，评价的主要是经济利益。对于劳动者而言，工作地点的变更对劳动者提供劳动的便利性产生很大的影响，如上班路途时间导致休息时间的增减、上班路途对上班交通成本的影响，此种便利性必将对劳动者建立此劳动关系的目的产生一定的影响。因此，若用人单位单方变更工作地点并非对劳动者的合同目的产生较大不利影响，劳动者应当服从；若用人单位单方变更工作地点严重影响了劳动者合同目的的达成，则对劳动者不应产生约束力，该劳动者有权拒绝到变更后的工作地点提供劳动。

在司法实践中，对一些情况特殊的个案，会根据实际情况做出合理判断，对于具有合理性的约定或事后调整，还是予以支持的。但是用人单位在工作地点变动之前，就应当防患于未然。比如，①根据劳动者工作性质，当事人在订立劳动合同时对某些工作地点不可能固定的工作岗位，如建筑工人、司机、销售人员、市场拓展人员等，可以事先做好情况说明及约定；②基于经营上的需要而调整工作内容或工作地点的，一般属于正当行为，但应当向劳动者解释其合理性，并且不得降低其原有的劳动条件；③如工作地点发生变更，但新的工作地点依然在劳动者每日可以正常往返的地域范围内，即使造成了某些不便，通常情况下也不构成违约，但是应当有适当的补助。

【练习题】

1. 公司销售部向人力资源部反映，销售文员张倩经常将统计报表做错，工作效率低下。人力资源部拟将张倩调至行政部担任前台文员。请拟写一份岗位调整通知书。

2. 某工厂仓库主管陈女士因怀孕向公司提出自己不适合在阴暗的仓库继续工作，希望能换岗。公司总务部文员恰好离职，就决定将陈女士安排担任总务文员一职。陈女士目前工资为每月4 500元，根据公司薪酬办法，总务文员月工资为3 800元。如果你是公司人事经理，请给陈女士出具一份调岗调薪通知书。

3. 公司因降低成本，计划将办公地点由静安区搬迁至普陀区，如果你是公司人事经理，请拟定一份员工解决方案。

第九章
离职管理的法律风险和经济补偿计算

学习目标

1. 掌握离职管理的法律风险和操作策略。
2. 掌握解除或终止劳动合同经济补偿的适用和计算。

第一节 离职管理的法律风险和操作策略

一、离职类型管理的法律风险

 **案例**

在上海某贸易公司担任销售主管的王先生销售业绩一直不理想,销售奖金逐月递减。为此,他向公司提出口头辞职。同时又表示辞职并非其本人所愿,而是市场不景气所致,所以希望公司发放其两个月的工资作为经济补偿。但公司对王先生提出的经济补偿金予以拒绝,表示不能接受。

此后不久,王先生正式向公司提出辞职,但未提交书面辞职报告。公司出具了一份《离职确认书》,让王先生签字确认。但《离职确认书》中仅载明"离职人:王某""离职时间:2008年某月某日""离职交接手续"等内容。王先生辞职后,公司为其开具了退工证明。后王先生向劳动争议仲裁委员会申请仲裁,称公司单方面解除劳动合同,要求公司支付单方面违法解除劳动合同的赔偿金。

在庭审中,王先生称,公司在劳动合同履行期内,单方面无故解除劳动合同,故要求根据其工作年限支付赔偿金。同时提供公司开具的退工证明作为解除劳动合同的证据。公司称，王先生是自行辞职，公司并没有单方面解除与他的劳动合同，同时公司也提供了王先生当时填写的《离职确认书》，用以证明王先生是自行辞职。

劳动仲裁认为，现王先生提供了公司出具的退工证明，以证明系公司解除劳动合同。公司对此不予认可，但提供的《离职确认书》，虽有王先生签字确认，但其中未载明离职事由，从而不能就此认定系王先生解除劳动合同，故公司应当支付王先生解除劳动合同的赔偿金。

【焦点问题】为何明明是职工提出辞职，最后却是单位应支付经济补偿呢？

【分析要点】离职是劳动关系的最终结束，由于劳动关系结束原因的不同导致离职类型的不同。不同类型的离职有不同的处理方式。离职存在辞职和解雇的隐性概念。解雇性离职是指劳动者离职是由用人单位的解雇行为所致，实行解雇保护，设立严格的解雇条件，有的要求提前通知，支付经济补偿。辞职性离职指的是劳动者离职是由劳动者的主动辞职行为所致，实行解雇自由，限制较少。

根据我国法律规定，解除劳动合同分为双方协商一致解除、劳动者单方解除和用人单位单方解除。

《劳动合同法》第三十六条规定："用人单位与劳动者协商一致，可以解除劳动合同。"其中用人单位提出动议的协议解除必须支付经济补偿金，劳动者提起动议协商解除劳动合同的，用人单位不需支付经济补偿金。

劳动者单方解除分为用人单位无过错和用人单位有过错。《劳动合同法》第三十七条规定："劳动者提前三十日以书面形式通知用人单位，可以解除劳动合同。劳动者在试用期内提前三日通知用人单位，可以解除劳动合同。"第三十八条规定："用人单位有下列情形之一的，劳动者可以解除劳动合同：（一）未按照劳动合同约定提供劳动保护或者劳动条件的；（二）未及时足额支付劳动报酬的；（三）未依法为劳动者缴纳社会保险费的；（四）用人单位的规章制度违反法律、法规的规定，损害劳动者权益的；（五）因本法第二十六条第一款规定的情形致使劳动合同无效的；（六）法律、行政法规规定劳动者可以解除劳动合同的其他情形。用人单位以暴力、威胁或者非法限制人身自由的手段强迫劳动者劳动的，或者用人单位违章指挥、强令冒险作业危及劳动者人身安全的，劳动者可以立即解除劳动合同，不需事先告知用人单位。"

用人单位单方解除的，必须就解除劳动合同符合法律规定进行举证。《劳动合同法》第三十九条规定："劳动者有下列情形之一的，用人单位可以解除劳动合同：（一）在试用期间被证明不符合录用条件的；（二）严重违反用人单位的规章制度的；（三）严重失职，营私舞弊，给用人单位造成重大损害的；（四）劳动者同时与其他用人单位建立劳动关系，对完成本单位的工作任务造成严重影响，或者经用人单位提出，拒不改正的；（五）因本法第二十六条第一款第一项规定的情形致使劳动合同无效的；（六）被依法追究刑事责任的。"

《劳动合同法》第四十条规定："有下列情形之一的，用人单位提前三十日以书面形式通知劳动者本人或者额外支付劳动者一个月工资后，可以解除劳动合同：（一）劳动者患病或者非因工负伤，在规定的医疗期满后不能从事原工作，也不能从事由用人单位另行安排的工作的；（二）劳动者不能胜任工作，经过培训或者调整工作岗位，仍不能胜任工作的；（三）劳动合同订立时所依据的客观情况发生重大变化，致使劳动合同无法履行，经用人单位与劳动者协商，未能就变更劳动合同内容达成协议的。"

《劳动合同法》第四十一条规定："有下列情形之一，需要裁减人员二十人以上或者裁减不足二十人但占企业职工总数百分之十以上的，用人单位提前三十日向工会或者全体职工说明情况，听取工会或者职工的意见后，裁减人员方案经向劳动行政部门报告，可以裁减人员：（一）依照企业破产法规定进行重整的；（二）生产经营发生严重困难的；（三）企业转产、重大技术革新或者经营方式调整，经变更劳动合同后，仍需裁减人员的；（四）其他因劳动合同订立时所依据的客观经济情况发生重大变化，致使劳动合同无法履行的。"

根据《最高人民法院关于审理劳动争议案件适用法律若干问题的解释》（法释〔2001〕14号）第十三条规定，因用人单位做出的开除、除名、辞退、解除劳动合同、减少劳动报酬、计算劳动者工作年限等决定而发生的劳动争议，用人单位负举证责任。

司法实践中，有关部门会审查由谁提出解除；属于双方协商解除，劳动者单方解除，还是用人单位单方解除。按目前法律规定，劳动者单方解除均应通知用人单位，劳动者未通知用人单位自行离开，用人单位可按劳动者单方解除处理。此外，用人单位承担劳动管理的职责，因此，谁提出解除，属于何种解除形式的举证责任应当由用人单位承担。如果解除劳动合同事实成立的话，用人单位不能证明是协商一致解除或劳动者单方解除，将承担不利的后果，即被认定为公司单方解除。

公司单方解除，还必须就解除劳动合同符合法律规定进行举证，否则可能被认定为用人单位违法解除劳动合同。用人单位违反本法规定解除或者终止劳动合同，劳动者要求继续履行劳动合同的，用人单位应当继续履行；劳动者不要求继续履行劳动合同或者劳动合同已经不能继续履行的，应当按照本法第四十七条规定的经济补偿标准的二倍向劳动者支付赔偿金。

所以离职文本非常重要，如果是劳动者辞职或者是协商一致解除劳动合同，用人单位应当保存劳动者的辞职报告或解除协议，否则用人单位还是免不了支付经济补偿甚至违法解除经济赔偿的法律义务或法律责任。

思考题

2011年4月袁某进入上海某食品公司工作，双方签订了为期2年的劳动合同，合同期限至2013年3月31日。2012年5月1日袁某向食品公司提出辞职，并提交了辞职报告,报告称其因个人原因将于 2012 年 5 月 31 日与公司解除劳动合同。食品公司表示同意袁某辞职,并着手安排相关人员接手袁某的工作。2012 年 5 月 20 日袁某又突然向食品公司反悔其辞职行为,要求继续履行双方的劳动合同。而食品公司表示不同意,并于 2012 年 5 月 25 日为袁某办理了退工手续。袁某不服,遂申请劳动仲裁,要求与食品公司恢复劳动关系,继续履行劳动合同。

袁某的辞职报告是否可以撤销?

二、离职程序管理的法律风险

 **案例**

杨某于 2002 年 11 月进入某公司工作,双方签订了劳动合同。2007 年 12 月 24 日,杨某与公司又签订了期限为 2008 年 1 月 1 日至 2008 年 12 月 31 日的劳动合同。

2008 年 1 月 22 日,公司向杨某提出辞退处理意见:认定杨某与同宿舍员工熊某发生口角,并且杨某先动手引发肢体冲突,其行为已严重影响公司的正常管理,违反了《员工守则》中"员工之间禁止在任何时间、场所使用任何形式的过激语言、暴力行动"的规定。并决定,从 2008 年 1 月 22 日起辞退杨某,解除其劳动合同。

杨某不服,向当地劳动争议仲裁委员会提请仲裁,要求公司支付解除劳动合同的经济补偿金 20 415 元。仲裁委于 2008 年 4 月 11 日做出裁决,支持杨某的申诉请求。

公司不服仲裁遂向当地法院提起诉讼。法院审理后认为,公司在对杨某作出解除劳动合同决定时,未将相关事由通知工会,也未在仲裁期间予以补正,违反了法定程序。故公司解除杨某劳动合同的决定,依法不能成立。用人单位违反法律规定解除劳动合同,应当根据劳动者在本单位工作的年限,每满一年的,向劳动者支付一个月工资标准的经济补偿;不满六个月的,向劳动者支付半个月工资的经济补偿。结合杨某在公司的工作年限、工资标准及应得经济补偿金,法院驳回公司的诉讼请求。

【焦点问题】为何法院驳回公司的诉讼请求?

【分析要点】根据《劳动法》的规定,除采取协商一致解除外,用人单位一般都需要将解除的事由和情况事先通知劳动者。而根据单方解除的事由和情形的不同,通知的具体情况和方式也可不尽相同。《劳动合同法》对用人单位无过失解除做出了明确的法定程序要求。在无过失解除的情形下,用人单位在履行通知程序时可以就"提前三十日通知"和"代通知金"选择履行。

我国《劳动合同法》第四十三条明确规定:"用人单位单方解除劳动合同,应当事先将理由通知工会。用人单位违反法律、行政法规规定或者劳动合同约定的,工会有权要求用人单位纠正。用人单位应当研究工会的意见,并将处理结果书面通知工会。"此外,《劳动合同法》第四十一条还明确了用人单位在经济性裁员的情况下也需提前三十日向工会或全体职工说明情况,并听取工会或者全体职工的意见的要求。

此外，《最高人民法院关于审理劳动争议案件适用法律若干司法解释（四）》还对用人单位未履行通知工会的程序而实施的解雇行为进行了补充规定，根据此规定，用人单位若存在未按照《劳动合同法》的规定履行先通知工会，征求工会意见程序的情形，劳动者以违法解除劳动合同为由请求用人单位支付赔偿金的，人民法院应予以支持，但起诉前用人单位已经补正有关程序的除外。

江苏省高级人民法院、江苏省劳动争议仲裁委员会《关于审理劳动争议案件的指导意见》（苏高法审委〔2009〕47）第十七条规定："用人单位单方解除劳动合同，未履行《劳动合同法》第四十一条、第四十三条规定的向工会或者全体职工说明情况、听取工会或职工的意见等程序性义务的，应认定其解除劳动合同的行为违法，劳动者请求用人单位继续履行劳动合同或支付赔偿金的，应予支持。用人单位解除劳动合同本身符合法律规定，仅存在未提前三十日书面通知劳动者的程序性瑕疵，劳动者以用人单位违法解除劳动合同为由请求用人单位继续履行劳动合同或支付赔偿金的，不予支持。"

以上案例中公司在对杨某做出解除劳动合同决定时，未将相关事由通知工会，也未在仲裁期间予以补正，违反了法定程序。

思考题

第三次易主的中华英才网，因为裁员风波，遭遇全体员工的激烈抗议。2015年5月8日上午10时，公司员工被召集至办公室，中华英才网所属的爱尔兰尚龙集团的外籍高管宣布，中华英才网被58同城合并收购，同时公司的所有员工也都被解雇。

与此同时，全国各地的其他分公司也和他们一样遭遇了相同的情况。"20多个分公司、办公室，3 000多名员工，从基层职员到各公司总经理都被开了。"有员工称。

对于公司方面给出的"N+2"的补偿方式，中华英才网各个分公司的员工均表示难以接受。公司人事部门的员工韩女士表示，像现在这种当天告知同时又大规模裁员的做法，属于违规行为，按照规定公司应给予员工"2N"的赔偿。"举个比较极端的例子，一个10年的老员工，按照'N+2'补偿，能够得到23万元，但如果按照'2N'补偿，金额至少是34万元。"韩女士说。5月9日，中华英才网北京分公司的员工们仍守在公司内与企业高层代表进行谈判，劳动部门已经介入此事。

你如何看待中华英才网的裁员？

三、离职管理操作提示

1. 员工辞职未按规定提前通知，公司不可以扣发工资，但是可以依法向其主张未提前通知而带来的实际损失。

劳动者为用人单位工作一天，用人单位就要依法支付其一天的工资，这是毫无疑问的。即使劳动者违约辞职，用人单位也不能扣发其应得的工资，也不能要求劳动者支付未提前30天书面通知的"代通知金"。原劳动部《工资支付暂行规定》第七条规定:"工资必须在用人单位与劳动者约定的日期支付。"第九条规定:"劳动关系双方依法解除或终止劳动合同时,用人单位应在解除或终止劳动合同时一次付清劳动者工资。"就是说最迟在劳动者解除劳动合同时,公司付清工资。一般来说,劳动者提前解除劳动合同尽管不需要理由,也应当提前30日以书面形式通知用人单位;在试用期内提前解除劳动合同,应当提前3日以书面形式通知用人单位,否则也属违约,用人单位可以依法向其主张未提前通知而带来的实际损失。《劳动合同法》第九十条规定:"劳动者违反本法规定解除劳动合同,或者违反劳动合同中约定的保密义务或者竞业限制,给用人单位造成损失的,应当承担赔偿责任。"

2. 从形式要件上判断,双方协商一致解除以协商解除协议为准;劳动者单方解除以辞职报告为准;用人单位单方解除以离职通知或解除终止劳动关系证明为准。

3. 对于员工辞职报告要注意审查辞职原因、辞职报告的落款日期与提交日期是否一致,并要求辞职人当面签字。

4. 协商解除过程中做好记录,提示解除限制等问题。协商解除协议中应注明谁提出协商一致动议。

5. 选择合适的法定解雇理由,并在解除劳动合同通知书中注明。

第二节　经济补偿的适用和计算

一、经济补偿的适用

案例

田明(化名)于2011年11月进入上海一家机械制造公司,从事装配钳工类工作,书面劳动合同期限至2013年1月31日,每月工资2 600元。今年1月31日,公司没有与田明续签劳动合同,双方劳动关系终止。田明向松江区劳动人事争议仲裁委员会申请仲裁,要求公司支付解除劳动合同的经济补偿金2 600元,仲裁支持了田明的请求。公司不服,诉至法院申请撤销仲裁裁决。

公司认为双方签订的劳动合同中明确约定,申请人如续签劳动合同,需在合同到期一个月前向公司提出,如未提出,视为申请人单方不愿意续签劳动合同。田明未提出续签意向,导致劳动合同终止,因此公司不需要为此支付经济补偿金。上海一中院终审驳回了公司的申请。

【焦点问题】为何明明是职工提出辞职,最后却是单位应支付经济补偿呢?

【分析要点】解除或终止劳动合同的经济补偿,是大家非常关心的问题。职工到底因哪些情形离职，用人单位应支付经济补偿呢？

1. 劳动者被迫离职

一般来说，劳动者主动解除劳动合同是没有经济补偿的，但按《劳动合同法》第三十八条的规定，当用人单位存在某些违法情形时，劳动者可以单方随时解除劳动关系。这种情况下，虽然是劳动者提出解除劳动合同，用人单位仍应向劳动者支付经济补偿。

用人单位的违法情形包括：未按劳动合同约定提供劳动保护或劳动条件；未及时足额支付劳动报酬；未依法为劳动者缴纳社会保险费；用人单位的规章制度违反法律、法规的规定，损害劳动者权益；因用人单位原因致使劳动合同无效；用人单位以暴力、威胁或非法限制人身自由的手段强迫劳动者劳动；用人单位违章指挥、强令冒险作业危及劳动者人身安全等。

需注意，依法向劳动者支付劳动报酬和缴纳社保金，是用人单位的基本义务。但是，劳动报酬和社保金的计算标准，在实际操作中往往较复杂。法律规定的目的，就是促使劳动合同当事人双方都诚信履行，无论用人单位还是劳动者，其行使权利、履行义务都不能违背诚实信用的原则。如果用人单位有悖诚信，拖延或拒绝支付，则属于立法所要规制的对象。因此，用人单位因主观恶意而未"及时、足额"支付劳动报酬或"未缴纳"社保金的，可作为劳动者解除合同的理由。但对确因客观原因导致计算标准不清楚、有争议，导致用人单位未能"及时、足额"支付劳动报酬或"未缴纳"社保金的，不能作为劳动者解除合同的依据。

2. 用人单位提出解约

《劳动合同法》第三十六条规定："用人单位与劳动者协商一致，可以解除劳动合同。"用人单位依照法律规定向劳动者提出解除劳动合同并与劳动者协商一致解除劳动合同的，应当支付经济补偿。由此可见，在协商一致解除劳动合同时，究竟是由哪方提出的解约，是劳动者能否要求单位支付经济补偿金的关键。若解除劳动合同的请求是由用人单位提出的，那么用人单位理应依法支付经济补偿金；若由劳动者提出，则用人单位无须支付经济补偿金。

3. 用人单位非过失性解约

非过失性解除，是指《劳动合同法》第四十条规定的三种情形：（一）劳动者患病或非因工负伤，在规定的医疗期满后不能从事原工作，也不能从事由用人单位另行安排的工作的；（二）劳动者不能胜任工作，经过培训或者调整工作岗位，仍不能胜任工作的；（三）劳动合同订立时所依据的客观情况发生重大变化，致使劳动合同无法履行，经用人单位与劳动者协商，未能就变更劳动合同内容达成协议的。有以上情形之一的，用人单位提前三十日以书面形式通知劳动者本人或者额外支付劳动者一个月工资后，可以解除劳动合同，但需支付经济补偿。

4. 用人单位依法裁员

《劳动合同法》第四十一条规定："有下列情形之一，需要裁减人员二十人以上或者裁减不足二十人但占企业职工总数百分之十以上的，用人单位提前三十日向工会或者全体职工说明情况，听取工会或者职工的意见后，裁减人员方案经向劳动行政部门报告，可以裁减人员：（一）依照企业破产法规定进行重整的；（二）生产经营发生严重困难的；（三）企业转产、重大技术革新或者经营方式调整，经变更劳动合同后，仍需裁减人员；（四）其他因劳动合同订立时所依据的客观经济情况发生重大变化，致使劳动合同无法履行的。"用人单位依照以上规定解除劳动合同的，应当支付经济补偿。

5. 用人单位不续约

根据《劳动合同法》的规定，劳动合同期满终止，除用人单位维持或者提高劳动合同约定条件续订劳动合同，劳动者不同意续订的情形外，用人单位应当向劳动者支付经济补偿。

劳动合同期满终止，可能有以下四种情况：（1）双方都不同意续订劳动合同的；（2）用人单位不同意续订劳动合同，劳动者同意续订劳动合同的；（3）用人单位同意续订合同，但是降低劳动合同约定条件，劳动者不同意续订劳动合同的；（4）用人单位同意续订劳动合同，且维持或者提高劳动合同约定条件，劳动者不同意续订劳动合同的。其中只有第四种情况不需支付经济补偿，其他三种情况都需支付经济补偿。

6. 因用人单位破产等原因解约

根据《劳动合同法》的规定，用人单位被依法宣告破产、吊销营业执照、责令关闭、撤销或提前解散的，劳动合同依法终止，用人单位应向劳动者支付经济补偿。《最高人民法院关于审理劳动争议案件适用法律若干问题的解释（四）》第十三条规定："劳动合同法施行后，因用人单位经营期限届满不再继续经营导致劳动合同不能继续履行，劳动者请求用人单位支付经济补偿的，人民法院应予支持。"

《企业破产法》第一百一十三条规定："破产财产在优先清偿破产费用和共同债务后，依照下列顺序清偿：（一）破产人所欠职工的工资和医疗、伤残补助、抚恤费用，所欠的应当划入职工个人账户的基本养老保险、基本医疗保险费用，以及法律、行政法规规定应当支付给职工的补偿金；（二）破产人欠缴的除前项规定以外的社会保险费用和破产人所欠税款；（三）普通破产债权。"《企业破产法》明确将"应当支付给职工的补偿金"列入第一清偿顺序，充分体现了保护弱势劳动者的合法权益的立法精神。

7. 用人单位解聘拒绝订约劳动者

《劳动合同法实施条例》第五条规定："自用工之日起一个月内，经用人单位书面通知后，劳动者不与用人单位订立书面劳动合同的，用人单位应当书面通知劳动者终止劳动关系，无须向劳动者支付经济补偿，但是应当依法向劳动者支付其实际工作时间的劳动报酬。"第六条规定："用人单位自用工之日起超过一个月不满一年未与劳动者订立书面劳动合同的，应当依照《劳动合同法》第八十二条的规定向劳动者每月支付两倍的工资，并与劳动者补订书面劳动合同；劳动者不与用人单位订立书面劳动合同的，用人单位应当书面通知劳动者终止劳动关系，并依照《劳动合同法》第四十七条的规定支付经济补偿。"

但是，因劳动者拒绝订立书面劳动合同并拒绝继续履行的，根据上海高院《关于〈适用劳动合同法〉若干问题的意见》，视为劳动者单方终止劳动合同。这种情形下，用人单位应当支付劳动者已实际工作期间的相应报酬，但无须支付经济补偿金。

8. 以完成一定工作任务为期限

《劳动合同法》第十五条第二款规定："用人单位与劳动者协商一致，可以订立以完成一定工作任务为期限的劳动合同。"同时《劳动合同法实施条例》第二十二条规定："以完成一定工作任务为期限的劳动合同因任务完成而终止的，用人单位应当依照《劳动合同法》第四十七条的规定向劳动者支付经济补偿。"需注意这与固定期限劳动合同期满终止，是否应当支付经济补偿的规定不同。劳动合同期满终止，除用人单位维持或者提高劳动合同约定条件续订劳动合同，劳动者不同意续订的情形外，用人单位应当向劳动者支付经济补偿。

而以完成一定工作任务为期限的劳动合同因任务完成而终止的，不管双方是否愿意续签，用人单位都应当向劳动者支付经济补偿金。

前面案例中经法院审查，双方签订的劳动合同真实有效，田明没有按照合同约定提出续订的意向这一情况也属实。但法律规定，劳动合同终止，除用人单位维持或提高劳动合同约定条件续订劳动合同而劳动者拒绝的情形外，固定期限劳动合同因期满而终止的，用人单位应当向劳动者支付经济补偿。也就是说，用人单位可免除支付经济补偿的义务前提是劳动者拒绝续订，而不是劳动者没有提出续订。本案中，这家机械制造公司未能证明公司维持或提高了劳动合同的约定条件，而田明拒绝续订劳动合同，因此仲裁委员会裁决公司需支付田明经济补偿金，适用法律法规。

根据《劳动合同法》的规定，劳动合同期满终止，除用人单位维持或者提高劳动合同约定条件续订劳动合同，劳动者不同意续订的情形外，用人单位应当向劳动者支付经济补偿。

劳动合同期满终止，可能有以下四种情况：①双方都不同意续订劳动合同的；②用人单位不同意续订劳动合同，劳动者同意续订劳动合同的；③用人单位同意续订合同，但是降低劳动合同约定条件，劳动者不同意续订劳动合同的；④用人单位同意续订劳动合同，且维持或者提高劳动合同约定条件，劳动者不同意续订劳动合同的。其中只有第四种情况不需支付经济补偿，其他三种情况都需支付经济补偿。

即使能够证明劳动者拒绝续签，也不等于终止劳动合同用人单位可以不支付经济补偿，只有同时证明：第一，用人单位同意续订劳动合同；第二，用人单位维持或者提高劳动合同约定条件；第三，劳动者不同意续订劳动合同，终止劳动合同用人单位才可以免除支付经济补偿的义务。

正确的做法是劳动合同终止前，用人单位发出《劳动合同续签通知书》，写明

"单位与你于____年____月____日签订的劳动合同的期限将于____年____月____日届满,单位决定与你续订劳动合同。如同意续订合同,请于____月____日上/下午____时到_____办理续订劳动合同手续;如不同意续订合同,请于____月____日前以书面形式回复单位。"

思考题

广东省佛山市南海区平洲平东大道有一家鞋厂——强群公司,已经在当地经营了19年,其中一些老员工已经在这里干了17年。一份拆迁通知打破了这家老鞋厂的平静。一名姓林的副总来到工厂,召集全厂两百多名员工开会。林姓副总宣布了工厂对这次搬迁的态度,并且给出了解决员工问题的方案,称鞋厂的员工在拆迁后,可以到两公里以外的永利公司继续上班,并保证"工资不变、福利不变、待遇不变"。

据了解,永利公司是强群公司的子公司,两家公司老板实际为同一人。该处理方案公布后,马上就有员工表示了不满:"永利公司与强群公司根本不是一家公司,既然强群公司搬走了,那么就应该给予我们必要的补偿。"开会时林姓副总大声地说:"不想做就滚,你们的脑子里装的都是大便!"上百名工人停下了手中的工作,坐在厂门口等老板的回应。请问工人是否应得到经济补偿?

二、经济补偿基数的计算

确定解除或终止劳动合同经济补偿的基数,是广大劳动者和用人单位非常关心的问题。总的来说,经济补偿金 = 基数 × 年限。但是其中的基数如何确定?

案例

张某2005年1月1日进入单位,2013年6月30日因医疗期满被依法解除劳动合同,他的前12个月平均工资为15 000元,2012年上海市职工平均工资的三倍为14 076元。

【焦点问题】如何确定解除终止劳动合同经济补偿的基数?

【分析要点】这是广大劳动者和用人单位非常关心的问题。总的来说,经济补偿金 = 基数 × 年限。其中基数如何确定?年限又如何计算呢?

1. 经济补偿的基数为离职前12个月的平均工资

根据《劳动合同法》第四十七条的规定,经济补偿按劳动者在本单位工作的年限,每满一年支付一个月工资的标准向劳动者支付。这里"一个月工资的标准"就是经济补偿的基数。月工资是指劳动者在劳动合同解除或者终止前十二个月的平均工资。劳动者工作不满12个月的,按照实际工作的月数计算平均工资。

《劳动合同法实施条例》第二十七条规定:"经济补偿的月工资按照劳动者应得工资计算,包括计时工资或者计件工资以及奖金、津贴和补贴等货币性收入。"其中计时工资是指按计时工资标准（包括地区生活费补贴）和工作时间支付给个人的劳动报酬。计件工资是指对已做工作按计件单价支付的劳动报酬。奖金是指支付给职工的超额劳动报酬和增收节支的劳动报酬。津贴和补贴是指为了补偿职工特殊或额外的劳动消耗和因其他特殊原因支付给职工的津贴，以及为了保证职工工资水平不受物价影响支付给职工的物价补贴。

2. 经济补偿的基数包括个人缴纳的"三险一金"

《劳动合同法实施条例》第二十七条规定："经济补偿的月工资按照劳动者应得工资计算，包括计时工资或者计件工资以及奖金、津贴和补贴等货币性收入。"需注意，既然是应得工资，也包括社会保险和公积金的个人缴纳部分。

3. 经济补偿的基数可剔除加班工资

对于经济补偿金计算基数是否应将加班工资包括在内，长期以来执法部门存在不同的意见。一种意见认为，经济补偿金计算基数应包括加班工资。国家统计局颁发的《关于工资总额组成的规定》第四条规定："工资总额由下列六个部分组成：（一）计时工资；（二）计件工资；（三）奖金；（四）津贴和补贴；（五）加班加点工资；（六）特殊情况下支付的工资。"既然加班工资也是工资总额的组成部分，确定经济补偿金计算基数就不应将加班工资剔除在外。

另一种意见认为，经济补偿金计算基数不应包括加班工资。《劳动合同法实施条例》第二十七条规定："经济补偿的月工资按照劳动者应得工资计算，包括计时工资或者计件工资以及奖金、津贴和补贴等货币性收入。"即已经将《关于工资总额组成的规定》第（五）项加班加点工资剔除在外。

上海市高院在《民事法律适用问答》（2013年第一期）中明确了执行口径："计算经济补偿金基数时不应将加班工资包含在内。"上海高院认为，经济补偿从性质上看系用人单位与劳动者解除或终止劳动合同后，为弥补劳动者损失或基于用人单位所承担的社会责任而给予劳动者的补偿，故经济补偿金应以劳动者的正常工作时间工资为计算基数。加班工资系劳动者提供额外劳动所获得的报酬，不属于正常工作时间内的劳动报酬。

但是一些用人单位加班已经成为常态，劳动者的劳动报酬一般由最低工资和加班工资组成，如在确定经济补偿金基数时不将加班费计算在内，则可能导致用人单位支付的经济补偿金过低。因而上海高院同时明确：如有证据证明用人单位恶意将本应计入正常工作时间工资的项目计入加班工资，以达到降低正常工作时间工资和经济补偿金计算标准的，则应将该部分"加班工资"计入经济补偿金计算基数。另外，根据本市有关部门的口径，确定经济补偿金计算基数时，女职工生育生活津贴也应当剔除在外。如某职工解除劳动合同前12个月中有4个月是领取生育生活津贴的，经济补偿的基数按另外8个月的平均工资确定。

4. 经济补偿的基数不低于最低工资

《劳动合同法实施条例》第二十七条规定："劳动者在劳动合同解除或者终止前十二

个月的平均工资低于当地最低工资标准的,按照当地最低工资标准计算。"

5. 经济补偿的基数不高于平均工资的三倍

《劳动合同法》第四十七条规定:"劳动者月工资高于用人单位所在直辖市、设区的市级人民政府公布的本地区上年度职工月平均工资三倍的,向其支付经济补偿的标准按职工月平均工资三倍的数额支付,向其支付经济补偿的年限最高不超过十二年。"2013年上海市职工月平均工资为5 036元,三倍的数额即15 108元。

根据《劳动合同法》第九十七条第三款的规定,2008年1月1日以前存续的劳动合同在2008年1月1日以后解除或者终止,依照《劳动合同法》第四十六条规定应当支付经济补偿的,经济补偿年限自2008年1月1日起计算;2008年1月1日以前按照当时有关规定,用人单位应当向劳动者支付经济补偿的,按照当时有关规定执行。

这实际上规定了当劳动者的月平均工资高于上年度本市职工月平均工资三倍时,经济补偿的基数需分段计算。在2008年1月1日之前,经济补偿的基数按照当时有关规定执行;在2008年1月1日之后,经济补偿的基数要受上年度本市职工月平均工资三倍的限制。

2002年5月1日起实施的《上海市劳动合同条例》规定,以下情形支付经济补偿总额一般不超过劳动者十二个月的工资收入,但当事人约定超过的,从其约定:用人单位以暴力、威胁或者非法限制人身自由的手段强迫劳动;或用人单位未按照劳动合同约定支付劳动报酬或者提供劳动条件,劳动者通知用人单位解除劳动合同的。还有劳动者不能胜任工作,经过培训或者调整工作岗位仍不能胜任工作,用人单位解除劳动合同,以及用人单位提出并与劳动者协商一致解除劳动合同。

但是以下情形支付经济补偿总额不封顶:劳动者患病或者非因工负伤,医疗期满后,不能从事原工作也不能从事由用人单位另行安排的工作;或者劳动合同订立时所依据的客观情况发生重大变化,致使原劳动合同无法履行,经当事人协商不能就变更劳动合同达成协议;或者符合裁员条件,被用人单位解除劳动合同的。

以上案例中经济补偿以2008年1月1日为时间节点分段计算,其中2005年1月1日至2007年12月31日经济补偿的基数为15 000元,支付三个月经济补偿;2008年1月1日至2013年6月30日经济补偿的基数为14 076元,支付六个月经济补偿。

即,(15 000×3)+(14 076×6)=129 456元。

三、经济补偿年限的计算

经济补偿年限又如何计算呢?

 **案例**

辛苦干了七八年,一朝被要求离职,老板只答应给4个月工资作为补偿。2011年7月29日,在塘厦金山电池有限公司上班的林女士情急之下喝了半瓶洗洁精以示抗议,

后被送到医院及时救治。林女士于2004年3月进入塘厦金山电池有限公司财务部工作。

次年，林女士的丈夫邓先生入职同属一个老板的银晖电池制品有限公司。"几个月前，老公找到另一份工作想辞职，厂里叫我劝他留下来。"邓先生辞职最终未成。但公司找到林女士说，7月底她的合同到期，要林女士两口子一起离开。

【焦点问题】如何确定解除或终止劳动合同经济补偿的年限？

【分析要点】1. 经济补偿的年限按本单位连续工龄计算

《劳动合同法》第四十七条规定："经济补偿按劳动者在本单位工作的年限，每满一年支付一个月工资的标准向劳动者支付。六个月以上不满一年的，按一年计算；不满六个月的，向劳动者支付半个月工资的经济补偿。"

《劳动合同法》第九十七条第三款规定："本法施行之日存续的劳动合同在本法施行后解除或者终止，依照本法第四十六条规定应当支付经济补偿的，经济补偿年限自本法施行之日起计算；本法施行前按照当时有关规定，用人单位应当向劳动者支付经济补偿的，按照当时有关规定执行。"

由于《劳动合同法》实施前，劳动合同期满终止一般没有经济补偿，所以对跨新法执行期的劳动合同期满终止的经济补偿年限，自《劳动合同法》施行之日即2008年1月1日起计算，而不是从用工之日起计算。

但需注意，《劳动合同法实施条例》明确规定，违法终止劳动合同"赔偿金的计算年限自用工之日起计算"。若构成违法终止劳动合同，劳动者要求继续履行劳动合同的，用人单位应当继续履行；劳动者不要求继续履行劳动合同或劳动合同已不能继续履行的，用人单位应按经济补偿金标准的两倍向劳动者支付赔偿金，赔偿金的计算年限自用工之日起计算，并不受早于2008年1月1日的限制。

前面案例中林女士属于劳动合同期满终止而不是提前解除，尽管在厂里干了七八年，但2008年1月1日至2011年7月底不满4年。根据《劳动合同法》第四十七条的规定，企业向林女士支付4个月工资的经济补偿并未低于法定标准。不过，企业在处理此类事情时应注重公平、合理用工，加强与员工的沟通，维护和谐稳定的劳动关系。

2. "转换身份职工"经济补偿的年限如何计算

首先，要看"转换身份"是否属于"非因本人原因"。根据《最高人民法院关于审理劳动争议案件适用法律若干问题的解释（四）》第五条的规定，劳动者非因本人原因从原用人单位被安排到新用人单位工作，原用人单位未支付经济补偿，劳动者依照《劳动合同法》第三十八条规定与新用人单位解除劳动合同，或者新用人单位向劳动者提出解除、终止劳动合同，在计算支付经济补偿或赔偿金的工作年限时，劳动者请求把在原用人单位的工作年限合并计算为新用人单位工作年限的，人民法院应予支持。

用人单位符合下列情形之一的，应当认定属于"劳动者非因本人原因从原用人单位被安排到新用人单位工作"：（一）劳动者仍在原工作场所、工作岗位工作，劳动合同主体由原用人单位变更为新用人单位；（二）用人单位以组织委派或任命形式对劳动者进行工作调动;(三)因用人单位合并、分立等原因导致劳动者工作调动;(四)用人单位及其关联企业与劳动者轮流订立劳动合同;(五)其他合理情形。

其次,要看"转换身份"时是否享受过经济补偿。根据《劳动合同法实施条例》第十条的相关规定,劳动者非因本人原因,从原用人单位被安排到新用人单位工作的,劳动者在原用人单位的工作年限,合并计算为新用人单位的工作年限。原用人单位已经向劳动者支付经济补偿的,新用人单位在依法解除、终止劳动合同,计算支付经济补偿的工作年限时,不再计算劳动者在原用人单位的工作年限。

3. 跨新法执行期的经济补偿年限

上海高院《关于〈适用劳动合同法〉若干问题的意见》规定,《劳动合同法》规定应当支付经济补偿金的情形,且不属于以前规定中"经济补偿金总额不超过劳动者十二个月的工资收入"情形的,经济补偿年限自用工之日起计算。《劳动合同法》规定应当支付经济补偿金的情形,但属于以前规定中"经济补偿金总额不超过劳动者十二个月的工资收入"情形的,劳动者在《劳动合同法》施行前的经济补偿年限按照以前规定计算;劳动者在《劳动合同法》施行后的工作年限在计算经济补偿年限时并入计算。

根据2002年5月1日起实施的《上海市劳动合同条例》规定,以下情形支付经济补偿总额一般不超过劳动者十二个月的工资收入,但当事人约定超过的,从其约定:用人单位以暴力、威胁或者非法限制人身自由的手段强迫劳动;或用人单位未按照劳动合同约定支付劳动报酬或者提供劳动条件,劳动者通知用人单位解除劳动合同的。还有劳动者不能胜任工作,经过培训或者调整工作岗位仍不能胜任工作,用人单位解除劳动合同,以及用人单位提出并与劳动者协商一致解除劳动合同。

但是以下情形支付经济补偿总额不封顶:劳动者患病或者非因工负伤,医疗期满后,不能从事原工作也不能从事由用人单位另行安排的工作;劳动合同订立时所依据的客观情况发生重大变化,致使原劳动合同无法履行,经当事人协商不能就变更劳动合同达成协议;符合裁员条件,被用人单位解除劳动合同的。

另外,符合《劳动合同法》规定三倍封顶的情形,实施封顶计算经济补偿年限自《劳动合同法》施行之日起计算,《劳动合同法》施行之前的工作年限仍按以前规定的标准计算经济补偿金。

思考题

曹某为某知名房地产经纪公司店面经理,2006年3月起在该公司工作。2012年11月,公司突然封闭了曹某的办公系统,将他辞退。曹某将公司告至劳动人事争议仲裁委员会,要求支付其解除劳动合同经济补偿金。仲裁委未支持曹某的仲裁请求,曹某不服,向通州法院提起诉讼。

庭审中,公司辩称曹某虽然从2006年3月开始在公司工作,但双方的劳动关系后来终止过，2011年7月双方重新签订劳动合同。即使曹某要求支付解除劳动合同经济补偿金，也应从2011年7月起算。

经了解，2008年10月曹某身份发生变化，由正式职工转变为派遣员工，与一劳务派遣公司签订了劳动合同，经纪公司也与该派遣公司签订了派遣协议，对此曹某称自己并不知情。当时经纪公司工作人员拿来一份与劳动派遣公司的劳动合同，强迫曹某在上面签字，否则就得辞职。

法官经了解情况得知，虽然劳务派遣公司与经纪公司签订了劳务派遣协议，但这些劳务派遣人员均由经纪公司提供，均是原工作人员，且签订协议前后曹某的工作岗位、薪酬标准未发生丝毫变化，且劳务派遣公司也未支付曹某经济补偿金。

曹某经济补偿年限应从何时起计算比较合理？

【练习题】

1. 请设计一份协商解除协议书。
2. 你认为当企业破产终止劳动合同时，对"三期"女职工的经济补偿是否应当优待一些？

第十章
商业秘密保护与竞业限制实务

> **学习目标**
> 1. 掌握商业秘密的概念、范围及法律特征。
> 2. 掌握商业秘密保护与竞业限制的关联。
> 3. 掌握竞业限制协议的制定方法。
> 4. 掌握竞业限制履行中常见问题的处理措施。

第一节 商业秘密、竞业限制的概念

一、商业秘密的概念、范围及法律特征

 **案例**

上海申石机器有限公司诉颜某侵犯商业秘密纠纷案

2008年4月,从事矿山开采机械生产和销售的上海申石机器有限公司(以下简称申石公司)与颜某签订劳动合同,约定由申石公司聘请颜某为该公司专门从事国际贸易销售的工作人员。在签订劳动合同当日,双方还签署了《保密协议》,约定颜某有义务保守申石公司相关商业秘密。双方协议将商业秘密定义为所有与申石公司生产经营密切相关的、能为其带来经济利益的,不论以任何形式和载体存在的技术、经营等方面的信息和材料,主要包括技术信息和商业信息两方面的内容。双方约定的保密期限为劳动合同期及颜某离职后五年内。颜某在申石公司工作期间表现不错,业绩不俗,很快打入该公司的核心销售团队。

2010年5月,颜某向申石公司书面提出辞职申请,申石公司再三挽留,颜某不为

所动，无奈之下申石公司最终同意颜某离职。由于矿山机械销售市场技术含金量高，竞争激烈，为了防止技术和客户外流，在颜某离职前，双方又签订了一份《解约协议》，双方约定：颜某从公司离开时不得带走任何影响申石公司行业竞争力的资料、文件和其他形式的信息；颜某承诺将继续遵守双方签订的《保密协议》，如果违反承诺，需向申石公司支付违约金人民币50万元，如因颜某的泄密行为造成申石公司的其他重大损失的，还需另行承担相应法律责任。

2010年5月底，颜某即受聘于申石公司的竞争对手上海力山重型矿山机械有限公司（以下简称力山公司），仍然从事国际贸易销售工作。申石公司经调查认为，颜某在力山公司工作期间，利用其非法保留的申石公司客户名单和客户信息，以力山公司的名义向申石公司的客户发出报价，造成申石公司客户大量流失。申石公司无奈之下与力山公司进行交涉，力山公司迫于申石公司的压力，于2010年8月底向申石公司法定代表人发函，承认向原为申石公司客户的某公司发过附有产品定价单的要约，并称如果此举对申石公司有影响，力山公司深表歉意。同月，申石公司向杨浦区法院提起诉讼，认为颜某违背了双方《解约协议》中的承诺，要求其赔偿。

【焦点问题】何为商业秘密？颜某的行为是否侵害了申石公司的商业秘密？

【分析要点】商业秘密的概念、范围及法律特征。

1. 商业秘密（Trade Secrets/Business Secret）的概念

商业秘密是市场经济发展的产物，是知识产权的重要组成部分，也是企业重要的无形资产，它对企业的生存和发展有重要影响。随着我国社会主义市场经济的发展，商业秘密已经成为企业技术创新的重要内容，是企业形成和保持竞争优势的重要手段。

依据我国现行的《反不正当竞争法》第十条第三款之规定，商业秘密是指不为公众所知悉、能为权利人带来经济利益、具有实用性并经权利人采取保密措施的技术信息和经营信息。

2. 商业秘密的范围

如本章前述概念所示，商业秘密一般包括两大部分：技术信息和经营信息。前者如生产配方、工艺流程、技术诀窍、设计图纸等；后者如管理方法、产销策略、客户名单、货源情报、招投标的标底及标书内容等。

3. 商业秘密的法律特征

充分结合商业秘密的概念及范围，我们可以清楚地得知商业秘密的法律特征：

（1）秘密性：不为公众所知悉。商业秘密首先必须是处于秘密状态的信息，不是特定人不可能通过公开的渠道获悉。不为公众所知悉，是指不为所有者或所有者允许知悉范围以外的其他人所知悉。一般司法认定的标准，是指不为同行业或者该信息应用领域的人所普遍知悉。

（2）价值性：能为权利人带来经济利益。商业秘密的重要性就在于其自身所蕴含的经济价值和竞争价值。这一价值可以是现实的，即已经为权利人所用并为权利人带来了经济效益或竞争优势；也可以是潜在的，即虽然还未被权利人运用于生产和经营之中或者正处于研究试验之中，但一旦应用就可以使权利人获得经济效益或者竞争优势。

（3）实用性：具有使用价值。商业秘密与其他理论成果的根本区别就在于，商业秘密具有现实的或潜在的使用价值。也就是说，商业秘密必须是一种现在或者将来能够应用于生产经营或者对生产经营有用的具体的技术方案和经营策略。不能直接或间接使用于生产经营活动的信息，不属于商业秘密。

（4）主观保密性：经权利人采取保密措施。符合商业秘密客观特征的信息，只有当权利人采取了能够明示其主观保密意图的保密措施，才能成为法律意义上的商业秘密。保密措施一般应符合下列保密常识：限制了接触范围；限制了接触的准许条件或者采取了限制接触的技术手段；对接触人员明确赋予了未经授权不得使用、披露的义务；接触到该商业秘密的人都能明显识别或被告知其为商业秘密。

上述四个法律特征，是商业秘密的构成要件。只有同时具备四个要件的技术信息和经营信息，才属于商业秘密。

二、竞业限制的概念及相关法律规定

 案例

怪哉：这家企业竞业限制期限为 10 年！

小孙提出辞职并办完了全部交接手续后，单位却不给他开具离职证明，说要了解他被哪家公司聘用了。在告知新公司的名字后，单位又让小孙签竞业协议。无奈之下，小孙电话求助 12333 服务热线。昨天，他终于拿到了竞业补助，满意地到新单位入职了。

小孙是一家公司的软件开发工程师，去年 10 月提出辞职。单位领导在他的辞职书上签了字，可办理完全部交接手续后，公司却不给他开离职证明。理由是，小孙参与了公司重要软件的开发，为防止泄密，公司必须知道小孙上班的新单位名称。小孙觉得这很荒唐，但为了尽快离职还是照做了。接着，对方拿出一份竞业协议让小孙签字。协议除了规定小孙不能从事与本公司相同品种软件的开发外，还规定了禁止他 10 年内进行多种软件的开发工作。小孙对人事说："单位限制时间这么长，以后我怎么工作啊？"遂拒绝签字。

不签竞业限制协议，就拿不到离职证明，也就无法到新单位入职，无奈之下小孙拨打了 12333 热线求助。咨询员告诉他，依据《劳动合同法》的规定，竞业限制期限不得超过 2 年，而且签订竞业协议后，单位应按月给予劳动者经济补偿。

听完解释后，小孙再次和单位人事部门交涉。最终，单位修改了竞业协议，约定竞业限制期限为 2 年，在此期间单位每月按原工资的 30% 向小孙支付经济补偿，小孙签字后去新单位上班了。

【焦点问题】用人单位的竞业限制协议内容是否合法？
【分析要点】竞业限制的概念及相关法律规定

1. 起源

竞业限制起源于《公司法》中的董事、经理竞业禁止制度。目的是防止董事、经理等利用其特殊地位损害公司利益，各国《公司法》都规定了董事、经理的竞业禁止义务，尤其是西方国家首先建立了董事、经理竞业禁止制度。

我国亦有此规定。原《公司法》（已废除）第六十一条第一款规定："董事、经理不得自营或者为他人经营与其所任职公司同类的营业或者从事损害本公司利益的活动。从事上述营业或者活动的，所得收入应当归公司所有。"现行《公司法》第一百四十九条第（五）项规定："未经股东会或者股东大会同意，利用职务便利为自己或者他人谋取属于公司的商业机会，自营或者为他人经营与所任职公司同类的业务。"《合伙企业法》第三十二条规定："合伙人不得自营或者同他人合作经营与本合伙企业相竞争的业务。除合伙协议另有约定或者经全体合伙人一致同意外，合伙人不得同本合伙企业进行交易。合伙人不得从事损害合伙企业利益的活动。"《个人独资企业法》第二十条规定："投资人委托或者聘用的管理个人独资企业事务的人员不得有下列行为：……（六）未经投资人同意，从事与本企业相竞争的业务；（七）未经投资人同意，同本企业订立合同或者进行交易；……"《刑法》第一百六十五条规定："国有公司、企业的董事、经理利用职务便利，自己经营或者为他人经营与其所任职公司、企业同类的营业，获取非法利益，数额巨大的，处三年以下有期徒刑或者拘役，并处或者单处罚金；数额特别巨大的，处三年以上七年以下有期徒刑，并处罚金。"

现实生活中，除了《公司法》涉及的"高管"职务，企业的部分员工也有机会对企业的经营和技术情况了如指掌，此类人群在跳槽后也经常选择与其以前形成的业务特长相同或者相近的业务。一旦在跳槽后从事这些职业，不但容易成为原就职企业强劲的竞争对手，而且由于自身的便利和业务的需要，往往会情不自禁地使用原企业的商业秘密。为防止出现这种局面，西方国家率先将公司董事、经理竞业禁止制度移植到商业秘密和其他经营利益的保护中来，从而形成竞业限制。企业开始采取与员工订立竞业限制协议的办法，以保护企业的竞争利益和商业秘密。随着改革开放的不断深入、市场经济体系的不断完善，我国在20世纪末的劳动立法领域也引入了此项制度。

2. 概念

《劳动合同法》第二十三条第二款规定："对负有保密义务的劳动者，用人单位可以在劳动合同或者保密协议中与劳动者约定竞业限制条款，并约定在解除或者终止劳动合同后，在竞业限制期限内按月给予劳动者经济补偿。劳动者违反竞业限制约定的，应当按照约定向用人单位支付违约金。"《劳动合同法》第二十四条规定："竞业限制的人员限于用人单位的高级管理人员、高级技术人员和其他负有保密义务的人员。竞业限制的范围、地域、期限由用人单位与劳动者约定，竞业限制的约定不得违反法律、法规的规定。在解除或者终止劳动合同后，前款规定的人员到与本单位生产或者经营同类产品、从事同类业务的有竞争关系的其他用人单位，或者自己开业生产或者经营同类产品、从事同类业务的竞业限制期限，不得超过二年。"

依据我国上述法律的规定，竞业限制，是指用人单位与劳动者约定在劳动关系解除或终止后一定期限内，劳动者不得在生产同一产品或有竞争关系的其他单位任职，或自己从事同一产品的生产经营。

综合来看，竞业限制是基于契约理念和诚实信用理念而产生的对劳动者的职业道德要求，是实践中广泛采取的一种约定的商业秘密保护措施。劳动者竞业限制的实施依据是劳动者和用人单位签订的竞业限制条款或协议，该条款或协议应当包括竞业限制的人员范围、地域范围、竞业限制期限、竞业限制补偿、违约责任等。竞业限制条款或协议的适用范围限定为负有保守用人单位商业秘密责任的劳动者。由于竞业限制条款在双方劳动关系解除和终止后发生效力，即该条款限制了该劳动者一定时期的自由择业权，因此如果用人单位要求劳动者履行竞业限制义务，就应当给予劳动者相应的竞业限制补偿金。

第二节　实务中应当关注的竞业限制本质特点

设定竞业限制，是为了保护企业的商业利益，但由于竞业限制基于《劳动法》这一社会法的特殊性，其特点也值得我们关注。

1. 商业秘密是一种"财产"权利，而竞业限制是一种基于保护商业秘密而约定的对特定人的"限制"权利。

商业秘密是一种特殊的无形的财产权，也即是知识产权。《反不正当竞争法》将商业秘密的主体称为"权利人"，显然是将商业秘密看作一种权利。《刑法》将侵犯商业秘密犯罪归入"侵犯知识产权罪"的范围，并将侵犯商业秘密与侵犯注册商标权、专利权、著作权并列，无疑是将商业秘密视为知识产权。而且《刑法》将商业秘密的权利人称为"所有人"，表明权利人对商业秘密可以享有所有权。

竞业限制限制了劳动者的合法权利，由于离职员工不得从事与原企业相同或相似的行业，势必会导致员工无法利用这些谋生技能，限制了个人发展。但这并不表明竞业限制是违法的，因为协议约定限制了该员工的一部分就业权，即给员工设定了一项在一定时期内不得在约定的行业范围就业的义务，法律同时要求用人单位给予劳动者一定的经济补偿。

2. 商业秘密的保护可以是无期限的，而竞业限制期限最长不得超过二年。

根据《劳动法》第二十二条的规定，劳动合同当事人可以在劳动合同中约定保守单位商业秘密的有关事项，是劳动者忠实义务的体现，即使在劳动合同终止后，按照《合同法》第九十二条规定的合同义务，原职工有义务遵循诚实信用的原则保密。保密义务是一种不侵犯他人商业秘密的不作为义务。即使保密协议约定的期限届满，只要他人的商业秘密的秘密性尚未丧失，并不影响保密义务的延续；那种将保密义务的期间与保密协议或者主合同的期限画等号的观点是错误的，不利于商业秘密的保护。

竞业限制由于不允许员工离职后使用自己熟悉的经验、技能，会影响员工生活的质量甚至生存。如果禁止期限规定的太长，超过了保护用人单位合法利益的必要限度，势必会侵害劳动者正当的劳动权。《劳动合同法》第二十四条第二款规定："在解除或者终止劳动合同后，前款规定的人员到与本单位生产或者经营同类产品、从事同类业务的有竞争关系的其他用人单位，或者自己开业生产或者经营同类产品、从事同类业务的竞业限制期限，不得超过二年。"

3. 保守商业秘密可以是无条件的，竞业限制需要支付相应的对价。

保守商业秘密是《劳动法》《合同法》规定的劳动者的义务，属于法定义务，这种法定的不作为义务目的是防止侵犯权利人的所有权，不需要支付保密费。即使约定保密费，一方未支付费用时，保密义务人也不能以欠费为由，违反保密协议而泄密。说到底，只要商业秘密处于秘密状态，义务人就要永远履行保密义务。保密协议的作用仅仅在于书面明确商业秘密的范围，同时可以约定违反保密义务的违约金，发生侵权行为后的损失数额的举证责任。

由于竞业限制员工所掌握的赖以谋生的知识、经验和技能不能使用，极有可能不能从事自己擅长的专业或所熟悉的工作，收入或生活质量降低在所难免，因此企业必须给予一定的经济补偿金。《劳动合同法》第二十三条规定："对负有保密义务的劳动者，用人单位可以在劳动合同或者保密协议中与劳动者约定竞业限制条款，并约定在解除或者终止劳动合同后，在竞业限制期限内按月给予劳动者经济补偿。劳动者违反竞业限制约定的，应当按照约定向用人单位支付违约金。"另外，竞业限制必须慎重，约定的范围必须准确，如果任意扩大竞业限制的范围，损害员工的劳动权、择业权，法院可能会以违反《宪法》权利为由，确认竞业限制协议无效。

4. 商业秘密与竞业限制的产生条件和举证责任不同。

商业秘密基于法律直接规定而产生，或者基于劳动合同的附随义务而产生，不管当事人是否有明确的约定，员工在职期间和离职以后，均履行保守企业商业秘密的义务；而员工的离职竞业限制义务，是基于当事人之间的约定而产生的，没有约定则没有义务。

5. 违反保守商业秘密的行为往往是以隐蔽方式进行的，企业不容易举证，诉讼的难度较大；而违反竞业限制的行为，因为就职于竞争企业或从事自营竞争性业务，是外在易见的事实，举证较易。

综上所述，商业秘密权利来自于法律的直接规定，其效力完全取决于商业秘密的保密性，一旦秘密公开即丧失；换言之，只要商业秘密处于秘密状态，义务人就要永远保密。而竞业限制的效力，取决于协议双方约定的时间及地域范围以及支付对价款的情况，法律规定的竞业限制期限最长为两年。义务人违反竞业限制并不必然违反保密条款，而义务人竞业限制期满，也不影响继续履行保守商业秘密的义务。

第三节 竞业限制协议的要点综述

一、竞业限制协议订立的要点

对需要约定竞业限制的人员，用人单位可与其订立单独的"竞业限制协议"，也可以在劳动合同或者保密协议中与劳动者约定竞业限制条款。签订竞业限制合同时，应注意以下事项：

1. 明确竞业限制对象

竞业限制的对象不是全体员工，竞业限制的对象必须是企业中知悉商业秘密的员工。根据《劳动合同法》第二十四条规定，竞业限制的人员限于用人单位的高级管理人员、高级技术人员和其他负有保密义务的人员。竞业限制是对劳动者就业权利的限制，故用人单位在制定规章制度时应当明确内部负有保密义务的人员范围，否则劳动者可能以自己不涉密为由而拒绝签订竞业限制协议，使用人单位处于被动地位。

2. 明确竞业限制的范围

竞业限制的范围是指对劳动者再就业时的择业限制范围。根据我国《劳动合同法》的规定，竞业限制的范围由用人单位与劳动者约定，但约定不得违反法律、法规的规定。

3. 明确竞业限制的地域

竞业限制的地域是指对劳动者再就业时的地域的限制。根据我国《劳动合同法》规定，竞业限制的地域由用人单位与劳动者约定，但约定不得违反法律、法规的规定。

4. 明确竞业限制年限

根据我国《劳动合同法》的规定，竞业限制期限由用人单位与劳动者约定，但不得违反法律、法规的规定。同时《劳动合同法》第二十四条规定："在解除或者终止劳动合同后,前款规定的人员到与本单位生产或者经营同类产品、从事同类业务的有竞争关系的其他用人单位,或者自己开业生产或者经营同类产品、从事同类业务的竞业限制期限,不得超过二年。"这就意味着上述特定的竞业限制协议的年限不得超过两年,否则超过的期限无效。

5. 明确补偿金的支付时间和支付标准

由于竞业限制合同限制了公民劳动的权利,因此,根据公平原则,企业必须给员工相应的经济补偿。《劳动合同法》规定,对负有保密义务的劳动者,用人单位可以在劳动合同或者保密协议中与劳动者约定竞业限制条款,并约定在解除或者终止劳动合同后,在竞业限制期限内按月给予劳动者经济补偿。《劳动合同法》对补偿金的支付时间做了约定,但对补偿金的数额并没有具体规定,由双方当事人约定。

6. 明确违反竞业限制的法律责任

《劳动合同法》第二十三条规定:"用人单位与劳动者可以在劳动合同中约定保守用人单位的商业秘密和与知识产权相关的保密事项。对负有保密义务的劳动者,用人单位可以在劳动合同或者保密协议中与劳动者约定竞业限制条款,并约定在解除或者终止劳动合同后,在竞业限制期限内按月给予劳动者经济补偿。劳动者违反竞业限制约定的,应当按照约定向用人单位支付违约金。"故用人单位当然可以在竞业限制协议中明确违约责任,其中自然应当包括劳动者违反竞业限制而向用人单位支付违约金的具体数额、支付方式及期限。

二、竞业限制协议订立的注意事项

1. 竞业限制可以有效避免高级和核心人才的流失,但是《劳动合同法》规定的竞业限制使用范围缩小,成本增高,代价高昂,企业应谨慎运用,不要轻易与员工约定竞业限制义务,与没有保密义务的普通员工签订限制协议。

2. 约定竞业限制的,企业应按规定在劳动关系结束后、在竞业限制期限内按月支付补偿金。如果企业没有尽到这一义务,就会与员工产生争议。在此情况下,符合一定条件,劳动者有权解除竞业限制协议。

3. 为避免出现纠纷,在签订竞业限制协议时,最好明确本单位的经营范围和业务范围(可以列出竞争单位的名单)。

4. 签订竞业限制协议一定要记得约定违约金。只有约定了违约金,劳动者违约时,即使企业没有损失,也可以依据违约责任要求劳动者支付违约金,如果劳动者给企业造成的损失超过违约金的话,企业还可以要求支付赔偿金。反之,如果事先不约定违约金,如果劳动者违约而没有给企业造成损失的话,企业是无法主张赔偿的,即便造成损害,也要证明损失的存在才可以要求赔偿。

第四节　竞业限制的实操问题概述

 案例

用人单位是否应支付竞业限制补偿金

2008年10月，林某进入一家软件公司，从事软件开发工作，每月工资12 000元。2010年10月，双方签订了无固定期限劳动合同，合同约定："林某在离开公司后两年内不得自营或到与公司有竞争关系的同行业其他公司就职。"但双方在合同中对竞业限制期内的经济补偿数额未进行任何约定。

2011年5月30日，软件公司与林某协商一致解除劳动合同，林某离开公司。2011年10月林某找到公司表示：其离职后，一直未违反双方竞业限制的约定，而公司未支付其竞业限制期内的经济补偿金，故要求公司支付上述经济补偿金。而软件公司表示双方在劳动合同中未对竞业限制补偿金数额进行过任何约定，故合同中有关竞业限制的约定为无效条款，因此拒绝了林某的要求。

2011年11月，林某向区劳动人事争议仲裁委员会申请仲裁，要求公司从2011年6月起按月支付其竞业限制的经济补偿金。

【焦点问题】竞业限制是否无效？未约定数额如何支付经济补偿金？

【分析要点】未约定竞业限制经济补偿的《竞业限制协议》的有效性、未约定竞业限制经济补偿的标准确认。

1. 法律并没有明确规定未约定竞业限制经济补偿的《竞业限制协议》是否有效，故针对此种情况实践中存在不同的看法。

有观点认为，竞业限制作为一种约定义务，用人单位支付竞业限制经济补偿金是劳动者履行竞业限制义务的前提条件，是对劳动者就业权限制所必须支付的对价，在劳动关系履行中劳动者处于弱势地位，故未约定竞业限制经济补偿的《竞业限制协议》显失公平，可要求撤销，同时相关法律也规定竞业限制协议中应当约定经济补偿金的具体内容，故缺乏必备条款的协议亦可确认无效。

而笔者认为，竞业限制协议是双方就保护用人单位商业秘密而限制劳动者就业权的约定，即使未约定经济补偿数额，缔约双方对于保护用人单位商业秘密、设置竞业限制期限与范围并未有争议，故未对经济补偿数额进行约定并不必然导致竞业限制协议无效。

2. 在实践中（尤以上海地区为常见），如企业未与劳动者就竞业限制补偿金的数额进行约定，可以分以下两种情况来处理：一是双方当事人就经济补偿的标准、支付形式等再次进行协商，达成一致的，即为补充约定，该约定对双方当事人均有效，当事人均

应按约定履行;二是当事人协商不成,因竞业限制经济补偿金数额等发生争议的,可按劳动争议处理程序解决。用人单位要求劳动者继续履行竞业限制协议的,应当按劳动争议处理机构确认的公平合理的标准及双方约定的竞业限制期限支付经济补偿金,劳动者应当继续履行竞业限制义务;用人单位放弃对剩余期限竞业限制要求的,应当按劳动争议处理机构确认的标准支付已经履行期间的经济补偿金。

3.《最高人民法院关于审理劳动争议案件适用法律若干问题的解释(四)》规定:"第六条 当事人在劳动合同或者保密协议中约定了竞业限制,但未约定解除或者终止劳动合同后给予劳动者经济补偿,劳动者履行了竞业限制义务,要求用人单位按照劳动者在劳动合同解除或者终止前十二个月平均工资的30%按月支付经济补偿的,人民法院应予支持。前款规定的月平均工资的30%低于劳动合同履行地最低工资标准的,按照劳动合同履行地最低工资标准支付。第七条 当事人在劳动合同或者保密协议中约定了竞业限制和经济补偿,当事人解除劳动合同时,除另有约定外,用人单位要求劳动者履行竞业限制义务,或者劳动者履行了竞业限制义务后要求用人单位支付经济补偿的,人民法院应予支持。"故自2013年2月1日起,未约定的竞业限制经济补偿的标准可依据上述司法解释予以确认,亦即劳动者竞业限制经济补偿标准一般按劳动者在劳动合同解除或者终止前十二个月平均工资的30%计算,但月平均工资的30%低于劳动合同履行地最低工资标准的,按照劳动合同履行地最低工资标准支付。可见,最高人民法院认可了笔者的这一观点,并用司法解释的形式来规范各地存在的不同操作规定。

案例

用人单位未支付竞业限制补偿金,劳动者可否解除竞业限制?

任某2008年1月进入大亚科技公司工作,任产品设计开发工程师。公司与其签订劳动合同的同时,签订了竞业限制协议,约定离职后二年内不得进入与公司有同行业竞争关系的单位工作。

2009年10月,任某辞职,公司按协议向其支付11月份的补偿金1万元,之后的月份再未进行支付。

三个月后,公司发现任某进入竞争对手北京创科公司工作,给本公司市场开发造成严重损失,遂提起劳动仲裁,要求任谋继续履约。任某则认为公司未足额支付补偿金,违约在先,不同意继续履行协议。

【焦点问题】任某可否不再履约?

【分析要点】《竞业限制协议》的解除(劳动者提出)。

1. 法律并未明确规定用人单位未按照约定支付竞业限制经济补偿金时,劳动者可否不再履约,故针对此种情况实践中存在不同的看法。

有观点认为,《竞业限制协议》缔约双方均应充分履行自己的义务。支付经济补偿金属用人单位的主要给付义务，如未履行，属于根本违约。故如用人单位未妥善支付经济补偿金，劳动者自然有权解除《竞业限制协议》而不再履行。

笔者对此亦有不同看法。由于竞业限制基于保护用人单位的商业秘密，而用人单位的商业秘密利益关系到所有与其建立劳动关系或具有业务往来的对象，从一定角度来看具有部分"公共利益"的特征，故对其保护的力度自然不能类同于普通合同，而应当优先保护。且在实际操作中，经济补偿金支付成功与否也不仅取决于用人单位，如一味认同未支付经济补偿金劳动者可随时解除《竞业限制协议》，可能会造成侵害用人单位正当权益的后果，对维护社会的公序良俗起负面作用。

故笔者认为，如用人单位未按约定支付竞业限制经济补偿金，劳动者可要求用人单位支付约定金额，甚至可申请劳动争议仲裁委员会予以处理，不应当允许劳动者即刻解除《竞业限制协议》；只有在能够证明用人单位存在主观恶意、严重侵害劳动者合法权益的情形下，才能允许劳动者行使解除权。

2.《最高人民法院关于审理劳动争议案件适用法律若干问题的解释（四）》第八条规定："当事人在劳动合同或者保密协议中约定了竞业限制和经济补偿，劳动合同解除或者终止后，因用人单位的原因导致三个月未支付经济补偿，劳动者请求解除竞业限制约定的，人民法院应予支持。"《解释（四）》规定了一个合理的期间作为双方履行的缓冲期，既有利于劳动者维权，也有利于用人单位的商业秘密保护。

 案例

用人单位单方解除《竞业限制协议》

姚先生2008年进入甲公司，在新产品研发部门从事民用客机某电子元件的研发工作，并担任该研发小组的副组长。由于该技术与从事同类产品研发企业相比具有极强的竞争力，公司与姚先生签订了《竞业限制协议》，规定姚先生离开甲公司后24个月内不得进入与甲公司有业务竞争关系的单位工作，为此甲公司每月支付姚先生相当于其离职前12个月平均工资的70%作为竞业限制补偿。

2009年12月，姚先生辞职。2010年5月，姚先生收到甲公司的通知，告知其甲公司将于6月份单方解除双方签订的《竞业限制协议》，并将从6月起不再向姚先生支付补偿金，因为国内数家公司均已经引进国外同类技术，甲公司原有技术已毫无保密必要且已向国内高校和科研机构公布此项技术。姚先生要求甲公司继续履行。双方未能协商一致，姚先生遂向当地劳动仲裁委员会提出仲裁。

【焦点问题】甲公司可否单方解除协议？

【分析要点】《竞业限制协议》的解除（用人单位提出）。

1. 如同笔者在之前篇章所介绍的，鉴于竞业限制制度本质上维护的是用人单位的商业秘密保护权，所以决定合同效力的主动权自然应当归属于用人单位，赋予用人单位

对《竞业限制协议》的单方解除权自然是理所当然的。用人单位认为其商业秘密无须再继续予以保密时,竞业限制也就丧失了其所依附的基础。况且人才属于社会稀缺资源,当用人单位商业秘密丧失保护必要时,要求劳动者继续履行竞业限制义务,也是一种对人才资源的极大浪费。

2.《最高人民法院关于审理劳动争议案件适用法律若干问题的解释(四)》第九条规定:"在竞业限制期限内,用人单位请求解除竞业限制协议时,人民法院应予支持。在解除竞业限制协议时,劳动者请求用人单位额外支付劳动者三个月的竞业限制经济补偿的,人民法院应予支持。"由此可见,用人单位在《竞业限制协议》履行期间确实享有单方解除权,只是考虑到妥善保护劳动者的就业权和生存权,最高人民法院要求用人单位在劳动者提出时要额外支付三个月经济补偿金,应当说《解释(四)》很好地平衡了双方利益。

 案例

支付违约金后的竞业限制义务履行

赵相林自 2006 年 7 月 1 日起在耐克中国公司工作。2007 年 3 月 28 日,双方签订《竞业限制协议》,约定竞业限制的期间为在公司工作期间及劳动关系解除或终止后的 12 个月内。同时还对竞业禁止的补偿及违反后的责任承担进行了约定。

2008 年 2 月,时任体育市场部经理的赵相林提出辞职并得到准许,劳动关系于 3 月 4 日解除,耐克公司要求赵相林在离职后 6 个月内履行竞业限制义务,该公司依法向其支付了竞业限制补偿金。自 4 月 1 日起,赵相林到阿迪达斯(中国)有限公司北京分公司工作。

5 月 9 日,耐克中国公司向阿迪达斯(中国)有限公司发出律师函,要求该公司停止接受赵相林为该公司提供服务。5 月 16 日,赵相林与阿迪达斯(中国)有限公司北京分公司解除劳动关系。

耐克中国公司诉至法院,请求判令:①确认被告赵相林的涉案行为构成违反竞业限制义务;②被告赵相林继续履行竞业限制义务;③被告赵相林向原告返还竞业限制补偿金 126 000 元。

【焦点问题】支付违约金后是否仍然需要履行竞业限制?

【分析要点】支付违约金不影响继续履行《竞业限制协议》。

1. 对于劳动者违反《竞业限制协议》支付违约金后是否依然需要继续履行竞业限制义务,《劳动法》《劳动合同法》并未给出明确答案,故实操中也有不同的声音。

有一种观点认为,劳动者按照约定支付了违约金后如再次违反《竞业限制协议》用人单位不得要求劳动者再次支付违约金,因为劳动者处于弱势地位,且"一事不二罚",故由此可推导出劳动者支付违约金后就可以不再履行竞业限制义务。笔者认为此

种观点把行政法律的原则引申适用到民事关系中，显然歪曲了"一事不二罚"的概念，值得商榷。

笔者认为，在《竞业限制协议》的有效期限内，劳动者均应充分履行竞业限制义务，而违约金是基于劳动者违反竞业限制义务行为的法律责任，两者并不是互斥关系；且如劳动者支付违约金后就可以不再履行竞业限制义务，不能排除有部分竞争单位通过为劳动者支付违约金来达到不正当竞争的目的的可能。故只要在法定期限内，劳动者的每一次违约行为均可对应一次违约金的产生，亦即劳动者支付竞业限制违约金后依然需要继续履行竞业限制义务。

2.《最高人民法院关于审理劳动争议案件适用法律若干问题的解释（四）》规定："第十条 劳动者违反竞业限制约定，向用人单位支付违约金后，用人单位要求劳动者按照约定继续履行竞业限制义务的，人民法院应予支持。"《司法解释四》新增了劳动者违反竞业限制约定，在支付违约金之后，仍需按用人单位要求继续履行竞业限制义务的规定。这一规定显然具有合理性，体现了竞业限制保护用人单位商业秘密这一制度设计的初衷，有利于避免劳动者恶意跳出竞业限制的行为。这样的规定同样有利于对用人单位商业秘密的保护。

思考题

1. 《保密协议》和《竞业限制协议》的联系与区别有哪些？订立《保密协议》是否需要支付保密费？
2. 在职人员是否可要求履行《竞业限制协议》，并约定违约金？
3. 员工在职时订立《竞业限制协议》，到龄退休后是否需要履行？

第十一章
劳务派遣和劳务外包管理实务

学习目标

1. 掌握劳务派遣的三方法律关系和适用情形。
2. 掌握劳务派遣所涉及的两份合同分别有什么要点。
3. 掌握劳务派遣的退回制度。
4. 掌握劳务派遣中如何实行试用期、年休假、最低工资等待遇。
5. 掌握劳务外包与劳务派遣的区别与实施要点。

第一节 劳务派遣关系及"三性"定义

一、认清劳务派遣关系

 案例

丁某于2009年10月14日到迪亚尔公司工作,双方签署了劳动合同。正常情况下的工作时间应为早班6:30—14:00,中班14:00—21:30,班次轮换更替,吃饭半小时,做六天休一天。2012年4月9日丁某因为家人生病要请假,但是主管因为工作任务繁忙没有同意,双方发生矛盾。丁某一气之下回家后,再也没有来上班。

同月23日丁某在家烧菜时收到一封信,打开一看,是加力人力资源公司发来的,告知丁某因其旷工被解除双方劳动关系。丁某感到非常奇怪,自己从来没有见过这个什么加力公司。此时,丁某想起自己为迪亚尔公司工作那么久,每周要上六天班,一直没享受过双休日,请假时公司一点情面也不给,便去仲裁机构要求迪亚尔公司支付两年多来的超时加班费和未休年休假补偿。

在仲裁庭上，迪亚尔公司辩称自己并不是丁某的用人单位，不应该单独承担相应的法律责任，并且出示了当时丁某签署的劳动合同，以及加力公司发放劳动报酬的转账凭证。这时丁某才发现原来自己的劳动合同上，甲方是加力人力资源公司，而不是迪亚尔公司。当时签订合同时，自己没有仔细阅读合同，就在后面签字处签了字。而且公司把合同拿去盖章后，自己也没有得到一份。自己一直不知道原来签署劳动合同的公司是加力人力资源公司。

【焦点问题】到底是迪亚尔公司还是加力人力资源公司与丁某存在劳动关系？

【分析要点】劳动合同关系是建立在用人单位和劳动者之间的社会关系。一方提供劳动，一方支付劳动报酬。但是《劳动合同法》专门使用一节，规范劳务派遣的特殊三方关系。劳务派遣单位与劳动者订立劳动合同，支付劳动报酬。用工单位则对劳动者进行管理，安排劳动者生产任务，并对其工作情况予以评估。《劳动合同法》第五十八条强调："劳务派遣单位是本法所称用人单位，应当履行用人单位对劳动者的义务。"所以，落实劳动关系，应该找劳务派遣单位。

劳务派遣并不是2007年颁布的《劳动合同法》新出现的概念。在20世纪八九十年代，派遣随着市场经济的建立，得以蓬勃发展。所以，不能认为2008年1月1日《劳动合同法》实施之前的劳务派遣都是非法的。

丁某的困惑在于迪亚尔公司选择了加力人力资源公司作为自己的劳务派遣单位。从劳动合同中可以很明确地看出，由加力人力资源公司与劳动者建立劳动关系，而迪亚尔公司是派遣关系中的用工单位。丁某一方面没有注意到自己的劳动合同，另一方面也没有注意到自己每月的银行卡中的工资是由谁转入的，没有注意到自己的社会保险由哪家单位缴纳的。对于普通劳动者来说，最直接的管理者，往往是他们自己认为的用人单位。但是这一点却容易被劳务派遣这种用工形式所混淆。

二、劳务派遣的"三性"

 案例

刘某前往著名电视机A公司的下属销售公司应聘，经面试合格后在该公司指定处签订劳动合同，并被派驻上海B电器卖场担任专职销售员，销售A品牌液晶电视机。签订劳动合同的时候，销售公司人事专员告诉刘某，劳动合同系与安德普人力资源公司签订。之所以这样安排，是因为安德普人力资源公司是销售公司的劳务派遣公司。销售员流动性大，而且都外派到各个卖场，所以销售公司通过劳务派遣管理。整个销售公司里，除经理、人事、财务以外，其他人员都是劳务派遣的。

刘某工作一年后，B卖场的柜台因为业务调整被撤销了，销售公司希望刘某到C卖场继续工作。但是刘某觉得C卖场上班不方便，所以拖拖拉拉不去C卖场报到。经销

售公司反复催促后,刘某索性请病假在家休息。四个月后,销售公司把刘某退回了安德普公司,之后刘某就收到了安德普人力资源公司的书面解除通知。

刘某觉得,自己当时明明应聘的是销售公司,却被迫和安德普公司签署了劳动合同,变成了劳务派遣人员。这家销售公司绝大部分员工都是劳务派遣的,这是不合法的。销售公司应该是违法用工,理应受到法律的处罚。

【焦点问题】销售公司是否有权对刘某使用劳务派遣的方式用工?

【分析要点】《劳动合同法》明确:"劳动合同用工是我国的企业基本用工形式。"法律中所规定的劳务派遣用工是基本用工形式之外的补充形式,并不能成为我国劳动用工的主流。实行市场经济近二十年来,我国对于劳务派遣没有采取限制措施,导致劳务派遣用工方式不断壮大,甚至成为某些用工单位的主流用人方式,这种趋势与我国的劳动立法精神背道而驰。

根据2008年《劳动合同法》规定,劳务派遣只能在临时性、辅助性或者替代性的工作岗位上实施。这就是学术界所谓的"三性"。可惜当时的《劳动合同法》并没有明确"三性"的具体定义,导致该条款并没有很好地起到遏制劳务派遣发展的作用。

所幸这一问题很快得到了解决。2012年,全国人大常委会在修订《劳动合同法》时明确:

①临时性工作岗位是指存续时间不超过六个月的岗位。

②辅助性工作岗位是指为主营业务岗位提供服务的非主营业务岗位。

③替代性工作岗位是指用工单位的劳动者因脱产学习、休假等原因无法工作的一定期间内,可以由其他劳动者替代工作的岗位。

通过上述明确的定义,什么样的岗位可以安排劳务派遣劳动者,有了清晰的指导。特别是针对辅助性岗位实践中难以把握的问题,2014年3月1日起实施的《劳务派遣暂行规定》要求用工单位决定使用被派遣劳动者的辅助性岗位,应当经职工代表大会或者全体职工讨论,提出方案和意见,与工会或者职工代表平等协商确定,并在用工单位内公示。

有些人对"三性"岗位的这三个要求是结合关系还是并列关系存在疑问。国家对劳务派遣设立限制,目的在于满足经济中短期用工、灵活用工的需求,避免劳动合同用工过于刚性所带来的缺陷。有些学者提出,即使是辅助性、替代性的岗位,也有不超过六个月的临时性要求,甚至于某些基层行政执法部门,为了方便判断劳务派遣与否,将六个月作为唯一标准来判断,这些做法都偏离了立法本意。因此有必要明确符合"三性"之一即可作为劳务派遣的岗位。

为了从总体上控制劳务派遣的规模,国家对单一用工单位使用的劳务派遣劳动者数量有上限要求。2014年3月1日起实施的《劳务派遣暂行规定》要求,用工单位使用的被派遣劳动者数量不得超过其用工总量的10%,这里说的用工总量等于用工单位订立劳动合同人数与使用的被派遣劳动者人数之和,不包括其他用工形式的人数。

值得注意的是，劳务派遣比例较高的用工单位，在2014年3月1日起可以有两年的缓冲期，可以在2016年3月1日之前将被派遣劳动者数量降低至用工总量的10%或以下。

刘某应聘的销售公司，绝大多数的劳动者都是被派遣来的。而且对于电视机销售公司来说，销售显然属于主营业务。销售公司将销售员这类工作岗位看作派遣岗位，并不符合我国的规定，少数替代性需求除外。因此，销售公司理应受到劳动行政部门的处罚。

三、设立劳务派遣岗位的操作提示

劳务派遣属于间接雇佣的方式，它的产生和发展，有其内在的经济价值。学界普遍认为，实行劳务派遣，有助于部分不适合实行直接雇佣的零散化、弹性化的产业的茁壮成长，推动服务业的发展，为社会增加就业机会[①]，充分填补市场经济的空白。所以，简单地拒绝劳务派遣并不是明智之举，而应在适当的时间、适合的岗位上实行。

1. 充分了解国家关于劳务派遣"三性"的要求，调研单位内部的岗位需求，将可以实行的岗位进行归类。

2. 就劳务派遣的特点针对可能实行劳务派遣的岗位制定有针对性的特定岗位说明书或岗位职责说明书，特别要注意，考虑好如何为临时性岗位、替代性岗位的被派遣劳动者制定合适的退出机制。

3. 与各用人部门就用人方式进行沟通，将劳务派遣的优劣对比落实到负责人的思想之中，不能将劳务派遣作为起死回生的救命稻草，也不能将劳务派遣完全当成纸上谈兵。

4. 通过职工代表大会、职工大会，将辅助性岗位以民主程序确定下来，并履行公示手续。

5. 在单位需要时，适时地推出劳务派遣岗位，作为劳动合同用工的补充。

6. 定期评估被派遣劳动者与劳动合同劳动者在工作上的效率差异，为后续调整做好准备。

7. 随时控制被派遣劳动者的规模，避免超出国家的限制。

---

① 郑尚元. 劳动合同法的制度与理念. 北京：中国政法大学出版社，2008：409~410.

第二节 劳务派遣协议及其配套劳动合同

一、劳务派遣协议

劳务派遣协议是劳务派遣单位与用工单位之间规范双方权利义务的契约。在签订劳务派遣协议之前,有必要对劳务派遣单位的资质进行评估。

2012年《劳动合同法》修订过程中,劳务派遣单位没有实行行政许可成为众矢之的。在这次修订中,明确指出:"经营劳务派遣业务,应当向劳动行政部门依法申请行政许可;经许可的,依法办理相应的公司登记;未经许可,任何单位和个人不得经营劳务派遣业务。"在申请行政许可时,派遣单位必须具备下列条件:

(一)注册资本不得少于人民币二百万元;
(二)有与开展业务相适应的固定的经营场所和设施;
(三)有符合法律、行政法规规定的劳务派遣管理制度;
(四)满足法律、行政法规规定的其他条件。

凡是不符合上述条件、不具备劳务派遣行政许可的单位,不能成为劳务派遣单位。与这样的单位签署劳务派遣协议,用工单位很可能会面临巨大的用工风险。

劳务派遣协议规范了劳务派遣单位和用工单位之间的权利义务分担,是整个劳务派遣实施过程中的重要法律文件。由于在劳务派遣关系中,完整的用人单位职能由两家单位履行,所以要想做好配合,必须在派遣协议中就协议达成一致意见,以免录用劳动者后发生争议,将双方的矛盾波及无辜的第三方劳动者。

一开始,劳务派遣协议完全属于民法的范畴,由劳务派遣单位和用工单位自由协商。但是我国尚处于人力资源市场的初级阶段,所以劳务派遣市场中有许多良莠不齐、大小各异的派遣公司。低水平的派遣公司为了争夺用工单位的生意,容易答应一些不切实际的条件,导致劣币驱逐良币的后果。因此,2014年3月1日起实施的《劳务派遣暂行规定》要求劳务派遣协议必须包含以下内容:

(一)派遣的工作岗位名称和岗位性质;
(二)工作地点;
(三)派遣人员数量和派遣期限;
(四)按照同工同酬原则确定的劳动报酬数额和支付方式;
(五)社会保险费的数额和支付方式;
(六)工作时间和休息休假事项;
(七)被派遣劳动者工伤、生育或者患病期间的相关待遇;
(八)劳动安全卫生以及培训事项;

（九）经济补偿等费用；

（十）劳务派遣协议期限；

（十一）劳务派遣服务费的支付方式和标准；

（十二）违反劳务派遣协议的责任；

（十三）法律、法规、规章规定应当纳入劳务派遣协议的其他事项。

除上述内容以外，劳务派遣单位和用工单位仍然可以约定更多更详尽的内容来明确双方的权利义务。用工单位在拿到劳务派遣单位提供的派遣协议时，有必要对派遣协议的内容进行核对，既维护自身权益，也保护未来劳动者的权益。

思考题

劳务派遣单位该如何在劳务派遣协议中公平地约定，被派遣劳动者长期非工伤患病期间劳务派遣单位和用工单位各自应该履行的义务？如何通过合理的方式判断被派遣劳动者患病期间的休假具有合理性，并且鼓励劳动者及时回到工作岗位？

二、派遣单位的义务

劳务派遣单位作为用人单位，应承担劳动关系中的重要职责。但是在实践操作中，劳务派遣单位往往处于从属的地位。这是因为通常情况下，劳动者在招聘、入职之后，人员管理等直接与劳动者接触的工作都由用工单位处理，劳务派遣单位较少参与。同时，劳务派遣单位是劳务派遣关系中的服务方，用工单位是采购方，用工单位需要根据实际使用被派遣劳动者的情况向劳务派遣单位支付服务费。这种关系使得劳务派遣单位具有较少话语权。

针对这种情况，《劳务派遣暂行规定》明确，劳务派遣单位不能因此放弃对劳动者的必要管理权，至少应当对被派遣劳动者履行如下义务：

（一）如实告知被派遣劳动者工作内容、工作条件、工作地点、职业危害、安全生产状况、劳动报酬，以及劳动者要求了解的其他情况，如实告知劳动者应遵守的规章制度以及劳务派遣协议的内容；

（二）建立培训制度，对被派遣劳动者进行上岗知识、安全教育培训；

（三）按照国家规定和劳务派遣协议约定，依法支付被派遣劳动者的劳动报酬和相关待遇；

（四）按照国家规定和劳务派遣协议约定，依法为被派遣劳动者缴纳社会保险费，并办理社会保险相关手续；

（五）督促用工单位依法为被派遣劳动者提供劳动保护和劳动安全卫生条件；

（六）依法出具解除或者终止劳动合同的证明；

（七）协助处理被派遣劳动者与用工单位的纠纷；

（八）法律、法规和规章规定的其他事项。

三、配套劳动合同

 案例

张之林经过应聘,通过天都劳务派遣公司到紫色物业公司工作,担任保安员,每月工资1 450元。从入职开始,张之林已经与天都劳务派遣公司先后签订了三份固定期限劳动合同,期限均为两年。在第三份劳动合同到期前一个月,张之林向紫色物业公司的主管表示要求签订无固定期限劳动合同。主管当面就拒绝了张之林的要求,并且告诉他,物业公司都不会与被派遣劳动者签订无固定期限劳动合同。张之林去咨询了专业人士,然后通过挂号信的方式,向天都劳务派遣公司表达了自己的续约意向,要求签订无固定期限劳动合同。天都劳务派遣公司收到续约意向后,非常害怕,认为张之林的做法很可能颠覆自己的业务模式,也不好向自己的客户单位交代,于是在征得紫色物业公司同意后向张之林发出书面劳动合同终止通知,表示在本次劳动合同到期后,不再续约。

【焦点问题】被派遣劳动者是否有权要求订立无固定期限劳动合同?

【分析要点】劳务派遣关系中,劳务派遣单位是用人单位。根据《劳动合同法》第五十八条规定,劳务派遣单位是本法所称用人单位,应当与被派遣劳动者订立劳动合同。用工单位不需要与劳动者再重复签订劳动合同。

《劳动合同法》中有一个无固定期限条款,即该法第十四条规定,用人单位与劳动者已经连续订立二次固定期限劳动合同,且劳动者没有本法第三十九条和第四十条第一项、第二项规定的情形,续订劳动合同的,劳动者提出或者同意续订、订立劳动合同的,应当订立无固定期限劳动合同,除劳动者提出订立固定期限劳动合同外。这一条款在很大程度上改变了中国的劳动用工惯例,毫不夸张地说,是《劳动合同法》中的重磅条款之一。

但是,《劳动合同法》第五十八条第二款规定:"劳务派遣单位应当与被派遣劳动者订立二年以上的固定期限劳动合同,……"特别是2014年3月1日起实施的《劳务派遣暂行规定》仍然重申:"劳务派遣单位应当依法与被派遣劳动者订立二年以上的固定期限书面劳动合同。"条款与条款之间带来的冲突,不仅让普通劳动者和单位陷入矛盾纠结的状态,也让很多学者争论不休。

首先,从条款文字表述看,无论是《劳动合同法》还是《劳务派遣暂行规定》都使用了"应当"订立两年以上固定期限劳动合同的说法。"应当"二字表明不容选择,必须做到。产生误解的根源在于,所谓"两年以上",是仅仅指年份的以上,还是指合同条件的优劣。一方面,读者可以理解为必须是固定期限劳动合同,年份在两年以上;另一方面可以将无固定期限作为比两年固定期限劳动合同更优的一种待遇,理解为无固定期限劳动合同属于比两年以上固定期限劳动合同更优的一种合同,这里应当订立两年以

上固定期限劳动合同同样包括订立无固定期限劳动合同。

其次，从章节设置上看，劳务派遣作为《劳动合同法》的特别规定章节而存在。立法一直有"特别法优于普通法"的理论。劳务派遣作为特别条款，是否可以超越第十四条的普通条款，独立存在？参考同样作为特别规定章节而存在的"非全日制劳动合同"，这个问题的答案似乎是肯定的。不过，也有学者提出，所谓两年以上固定期限劳动合同的特别规定，是指劳动合同的最低要求是两年以上，但对上限没有做出规定，所以并不与第十四条无固定期限劳动合同有什么冲突[①]。

最后，从《劳务派遣暂行规定》的修订过程来看，一开始，该规定的几个历史版本中，先后有过"被派遣劳动者与劳务派遣单位签订劳动合同适用劳动合同法第十四条第二款规定"，以及"经双方协商，可以订立无固定期限劳动合同"的表述，但是后来都删除了。主要问题还是在于劳务派遣被定位成临时性、辅助性、替代性岗位的用工，本质属于灵活用工，短期用工。人力资源和社会保障部如果明确规定可以订立无固定期限劳动合同，岂不是违背了全国人大常委会的立法目的？

司法实践中，有些省高院明确规定："被派遣劳动者要求与劳务派遣单位签订无固定期限劳动合同的，不予支持。"但是有些则不然。如重庆市高级人民法院民一庭2014年在沙坪坝区法院劳动争议法律适用问题研讨会上曾表示，虽然劳务派遣的工作岗位具有临时性、辅助性或者替代性的特点，但是劳动者与劳务派遣单位之间的劳动关系并不具有前述特点，应当允许劳动者要求劳务派遣单位依法签订无固定期限劳动合同。人事法务工作者在处理类似案例时，必须结合当地的司法实践，有针对性地处理。

此外，被派遣劳动者与劳务派遣公司的劳动合同中，还应该注意以下几个问题：

（一）被派遣劳动者禁止签订非全日制劳动合同，但不影响派遣公司将劳动者按照非全日制的方式派遣到用工单位工作；

（二）劳务派遣公司和被派遣劳动者签订的劳动合同，应当载明被派遣劳动者的用工单位以及派遣期限、工作岗位等情况；

（三）劳务派遣公司劳动报酬支付方式，应当为按月支付，不得采取其他周期模式支付劳动报酬；

（四）劳务派遣单位和用工单位都不得通过各种名目向被派遣劳动者收取费用。

---

① 王林清. 劳动争议裁诉标准与规范. 北京：人民法院出版社，2014：132~133.

第三节 退回制度

一、用工单位可以将被派遣劳动者退回派遣公司的情形

 **案例**

2008年2月1日，张某与上海人力资源服务有限公司建立劳动关系，同日被派遣至上海某银行网点工作。2011年1月19日，上海人力资源服务有限公司与张某续签为期3年的劳动合同，劳动合同第二条的第三款约定："乙方（劳动者）同意，用工单位或甲方（用人单位）根据其工作表现和能力或经营需要而对其工作内容、工作岗位、工作地点进行调整。"2012年7月8日，该银行网点因为市政工程施工，大楼被拆，网点也被撤销，不再设立。银行以张某的工作岗位不复存在为由将张某退回人力资源服务公司。人力资源服务公司对张某说，他们暂时也没有新单位可以派，只能待岗，待岗期间给他发最低工资。如果张某等不起，可以自己辞职，以免耽误未来发展。张某认为银行单方退回违法，拒绝人力资源服务公司给予的待岗决定。张某将银行和人力资源服务公司告到劳动争议仲裁委员会，提出支付经济补偿金等多项请求。

【焦点问题】银行是否可以将张某退回人力资源服务公司？

【分析要点】退回制度是专门为劳务派遣而制定的制度。常规的直接雇佣型劳动关系中，用人单位是唯一的单位主体，劳动合同关系只能继续履行或者中止、解除、终止，不存在模糊状态。但是劳务派遣关系中，用人单位和用工单位是不同的两家单位，因为某些特殊情形，用工单位无法继续履行自己的职责时，还有劳务派遣单位可以履行用人单位职责。

我国劳务派遣的退回，分为两类。一类是用工单位退回劳务派遣单位后，劳务派遣单位可以解除劳动关系，包括：

（一）被派遣劳动者在试用期间被证明不符合录用条件的；

（二）被派遣劳动者严重违反用人单位或用工单位的规章制度的；

（三）被派遣劳动者严重失职，营私舞弊，给用人单位或用工单位造成重大损害的；

（四）被派遣劳动者同时与其他用人单位建立劳动关系，对完成用工单位的工作任务造成严重影响，或者经劳务派遣单位或用工单位提出，拒不改正的；

（五）因被派遣劳动者以欺诈、胁迫的手段或者乘人之危，使用人单位在违背真实意思的情况下订立或者变更劳动合同致使劳动合同无效的；

（六）因违反法律、行政法规强制性规定致使劳动合同无效的；

（七）被派遣劳动者被依法追究刑事责任的；

（八）被派遣劳动者患病或者非因工负伤，在规定的医疗期满后不能从事原工作，也不能从事由用工单位另行安排的工作的；

（九）被派遣劳动者不能胜任工作，经过培训或者调整工作岗位，仍不能胜任工作的。

上述情形中，第（八）项和第（九）项劳务派遣单位解除劳动合同时，需要提前三十天书面通知或者支付额外一个月的工资，同时必须支付经济补偿金。

另一类是用工单位将劳动者退回劳务派遣单位后，劳务派遣单位不能因此解除劳动关系，包括：

（一）劳动合同订立时所依据的客观情况发生重大变化，致使劳动合同无法履行，经劳务派遣单位和用工单位与劳动者协商，未能就变更劳动合同内容达成协议的；

（二）用工单位依照企业破产法规定进行重整的；

（三）用工单位生产经营发生严重困难的；

（四）用工单位转产、重大技术革新或者经营方式调整，经变更劳动合同后，仍需裁减人员的；

（五）不属于第（二）、（三）、（四）项，但因劳动合同订立时所依据的客观经济情况发生重大变化，致使劳动合同无法履行的；

（六）用工单位被依法宣告破产、吊销营业执照、责令关闭、撤销、决定提前解散或者经营期限届满不再继续经营的；

（七）劳务派遣协议期满终止的。

被派遣劳动者退回后在无工作期间，劳务派遣单位应当按照不低于所在地人民政府规定的最低工资标准，向其按月支付报酬。通常来说，劳务派遣单位不会自行承担最低工资成本，需要向用工单位转嫁。如《前程无忧劳务派遣服务协议》这样约定："除《劳动合同法》第六十五条第二款规定的情形外，甲方（用工单位）可以退回派遣期限尚未届满的被派遣劳动者，甲方将承担乙方（劳务派遣公司）应当且实际向被派遣劳动者支付的经济补偿金、赔偿金及生育月份最低工资标准及应缴社保费用。"但是当用工单位主体存在破产注销等情形时，劳务派遣单位无法实现转嫁的目的时，仍然应当履行自己的用人单位义务，不得拒绝对劳动者承担责任。

张某所在的银行网点已经因客观原因撤销，而且也不存在继续设立的可能，银行将其退回人力资源公司，符合法律规定。需要注意的是，人力资源公司并未解除与张某的劳动合同，张某却向仲裁委提出支付经济补偿金之请求，这超越了法律许可的范畴，不能得到支持。

第十一章 劳务派遣和劳务外包管理实务

思考题

李某是张某所在兄弟网点的同事,该银行网点与人力资源服务公司的劳务派遣协议约定:"被派遣劳动者因非工伤患病超过1个月不能履行劳动义务的,甲方(用工单位)有权将劳动者退回乙方(劳务派遣公司),乙方应当另行安排劳动者接替。"李某因患腰椎间盘突出,经医院证明,将至少有3个月不能正常工作。银行网点根据劳务派遣协议中的条款,将李某退回人力资源服务公司,李某是否有权提出异议?

二、退回被派遣劳动者的操作要点

1. 深入研究退回的理由是否符合法律要求,并且在了解即将发生退回后,前往用人部门获得相关的依据材料,而不要等发生争议纠纷时再去寻找依据材料。

2. 通知劳务派遣单位即将退回的事件,并且获得劳务派遣单位对此事的意见,并慎重考虑该意见。

3. 向被派遣劳动者发出书面的退回通知,告知其权益的变化,注意告知后要取得劳动者的书面回执。

4. 法律允许解除的退回,劳务派遣公司随即做好解除劳动合同的通知工作,同样需要取得劳动者的书面回执。

5. 法律不允许解除的退回,用工单位要继续做好发放最低工资及缴纳社会保险、住房公积金的资金安排。

第四节　劳动派遣履行过程中的劳动待遇

一、跨地区劳务派遣

案例

小王来上海打工,在浦东找到一家装修材料公司的工作。进装修材料公司没多久,小王就在公司的指引下,与外地的一家派遣公司订立了劳动合同。小王虽然有些异议,但是装修材料公司的老板说,这样做可以让小王获得更多的收入,小王也就没啥意见了。做了几个月,由于工作疏忽,小王的手不慎被钉枪打伤,到医院看病花了不少钱。小王找老板报工伤,这时才发现,原来自己的社保费用也交在外地,而且是按照当地外来务工的最低标准缴纳的,比起上海的城镇户籍社保待遇,差了一大截。小王找老板评理,老板说,你是和外地公司签的劳动合同,社保费用当然在外地交。这时小王泄了气,后悔当时不该贪小便宜。

【焦点问题】装修材料公司老板将小王的社保费用交在外地是否合法？

【分析要点】跨地区派遣劳动者，是《劳动合同法》允许的行为。正常的跨地区派遣，一般是因为用工企业因业务发展，需要在外地寻找劳动者。并非所有的具有外地业务的公司都有条件在当地开设分公司。没有分公司，也就无法处理有关人事业务。特别是劳动者无法在自己家所在地缴纳社会保险费用，看病这类基本需求就得不到保障，令不少跨地区公司头疼。寻找劳务派遣公司，帮助用工单位解决劳动者的本地化待遇问题，正好满足了社会发展的需要。同时派遣公司之间建立了同业合作体系，如果一家全国性企业在各地需要找多家派遣公司的话，可以通过这类同业合作，实现只找一家，服务全国的目的。

可是有些劳务派遣单位跨地区派遣劳动者，却反过来操作，明明是当地单位找当地劳动者，却拉一家外地劳务派遣公司做派遣，带来非常多的隐患。像小王遇见的这种情况，曾经"风靡一时"，很多企业利用深圳外来从业人员的社保洼地，降低自己的用人成本。虽然《劳动合同法》第六十一条规定："劳务派遣单位跨地区派遣劳动者的，被派遣劳动者享有的劳动报酬和劳动条件，按照用工单位所在地的标准执行。"这里将最低工资标准等刚性标准与用工单位挂钩，却没有明确社保手续是否也按照这种方式操作，留下一定的空间。

2014年3月1日起实施的《劳务派遣暂行规定》第十八条对此做了弥补："劳务派遣单位跨地区派遣劳动者的，应当在用工单位所在地为被派遣劳动者参加社会保险，按照用工单位所在地的规定缴纳社会保险费，被派遣劳动者按照国家规定享受社会保险待遇。"同时，针对劳务派遣单位在用工单位所在地没有设立分支机构，无法缴纳社保费用的问题，该规定明确："劳务派遣单位在用工单位所在地设立分支机构的，由分支机构为被派遣劳动者办理参保手续，缴纳社会保险费；劳务派遣单位未在用工单位所在地设立分支机构的，由用工单位代劳务派遣单位为被派遣劳动者办理参保手续，缴纳社会保险费。"这样一来，小王完全可以要求装修材料公司在上海为其缴纳社会保险费，以保障其权益不受损害。

二、工伤

针对被派遣劳动者发生工伤后，劳务派遣单位和用工单位谁来承担工伤责任的问题，法律法规做了明确的责任区分。在用工单位因工作遭受事故伤害时，劳务派遣单位应当依法申请工伤认定，用工单位应当协助工伤认定的调查核实工作。劳务派遣单位承担工伤保险责任，但可以与用工单位约定补偿办法。被派遣劳动者在申请进行职业病诊断、鉴定时，用工单位应当负责处理职业病诊断、鉴定事宜，并如实提供职业病诊断、鉴定所需的劳动者职业史和职业危害接触史、工作场所职业病危害因素检测结果等资料，劳务派遣单位应当提供被派遣劳动者职业病诊断、鉴定所需的其他材料。

针对派遣单位在用工单位所在地没有设立分支机构,无法依法申请工伤认定的问题,上海市人力资源社会保障局在 2014 年 6 月 30 日发出的《关于规范劳务派遣用工若干问题的意见》规定:"由上海市的用工单位向注册地区县人力资源社会保障行政部门提出工伤认定申请,并按国家和本市工伤保险规定承担工伤保险责任。"这种责任转移的模式,增加了使用外地派遣单位的用工风险,值得选择外地派遣公司的上海用人单位注意。

三、同工同酬

 **案例**

沈强通过朋友介绍,进入一家国企当销售员,这家国企为沈强办理了劳务派遣的手续,让沈强和人力资源公司签订了劳动合同。过节时,沈强看到自己部门其他同事有人拿到了一张购物卡,但是自己却没有拿到。于是私下问主管,主管说这种卡是发给编制内职工的,沈强是劳务派遣工,所以没有购物卡。这一席话让沈强很郁闷。本想进了国企,可以获得国企的优良福利待遇,结果竟然还是跟外人一样。但是为了购物卡,也没法和单位大吵大闹,毕竟自己未来的工作更重要。沈强下决心,再努把力,争取挤进编制。

【焦点问题】国企在安排福利时,将劳务派遣工与编制内职工分开对待,合法吗?

【分析要点】同工同酬是我国劳动用工的基本原则之一。无论什么样的用人单位,都应该执行同工同酬的原则。但是同工同酬不是指在同一个岗位,就拿一样的工资。这是计划经济时代的错误观点。同工同酬是鼓励用人单位建立同类岗位相同的劳动报酬分配办法,结合学历、工作经验、绩效表现等一系列指标得出的公平的薪酬体系。《劳动合同法》第六十三条规定:"被派遣劳动者享有与用工单位的劳动者同工同酬的权利。用工单位应当按照同工同酬原则,对被派遣劳动者与本单位同类岗位的劳动者实行相同的劳动报酬分配办法。用工单位无同类岗位劳动者的,参照用工单位所在地相同或者相近岗位劳动者的劳动报酬确定。"这一条款将同工同酬的原则落实到被派遣劳动者和劳动合同用工劳动者之间,明确表明劳务派遣不是同工同酬的障碍。

不过,该条款所提到的同工同酬,是否应该包含福利,并不明确。在以往有关同工同酬的法律法规中,也没有明确涉及福利的条款。2014 年 3 月 1 日起实施的《劳务派遣暂行规定》第九条对此表示:"用工单位应当按照劳动合同法第六十二条规定,向被派遣劳动者提供与工作岗位相关的福利待遇,不得歧视被派遣劳动者。"所以沈强所在的单位,不应该对劳务派遣工另眼相待。

第五节　劳务外包与劳务派遣

一、认清劳务外包与劳务派遣的区别

**案例**

周小姐最近有点心烦。三年前，原本供职于某通信企业营业厅的她一夜之间成了劳务派遣制员工，熬过了三年，听说法律修改了，她们这类岗位不能进行劳务派遣。期待转为正式职工的兴奋让周小姐保持了半月的快乐心情。

但是，最后接到的通知却让周小姐高兴不起来，劳务派遣虽然不搞了，却被要求与另一家技术服务公司签订劳动合同。原来该通信企业属下各分公司营业厅客服人员大多数属于劳务派遣制员工，2012年7月1日，《劳动合同法》修改决定实施后，考虑到可能面临的"同工同酬"风险，以及实际上已经不符合"辅助性"岗位要求，通信企业遂将营业厅客服人员劳务派遣关系解除，并与该市一家技术服务公司签订劳务外包合同，将前台业务整体承包给该技术服务公司，由技术服务公司与原客服劳务派遣员工签订劳动合同。但实际上，该技术服务公司根本没有通信行业管理经验，也不会插手营业厅客服人员及业务管理，员工考勤等日常管理依然由通信企业组织完成，业务管理也由通信企业组织实施，除个别员工在解除劳务派遣关系后选择离职外，营业厅客服人员基本维持原班人马。

周小姐感到非常奇怪：法律修改不就是要保护劳务派遣人员的权益吗？结果自己不光与通信企业彻底没了关系，变成了另外一家公司员工，处境待遇也不如以前。

【焦点问题】通信企业将营业厅客服人员全部改为劳务外包的做法是否合法？

【分析要点】《劳动合同法》自2008年1月1日实施，劳务派遣首次得到国家法律的正式认可，这一行业的发展得到了更多的机遇，甚至于出现了劳务派遣成为主流用工模式的趋势。究其原因，除劳务派遣的用工模式具有灵活性，满足了社会服务业等行业对人才的需求外，劳务派遣工同工不同酬，同工不同福利，同工不同保险的现象比较普遍，给用工单位带来了很大的操作空间，但却直接损害了被派遣劳动者的权益。为了改变这样的趋势，2012年12月28日全国人大常务委员会颁布了《关于修改〈中华人民共和国劳动合同法〉的决定》，主要对劳务派遣特别规定进行修改，希望劳务派遣有序发展。修改后的《劳动合同法》第六十六条规定："劳动合同用工是我国的企业基本用工形式。劳务派遣用工是补充形式，只能在临时性、辅助性或者替代性的工作岗位上实施。"特别重要的是，这次修改明确了"三性"的具体定义，指出：临时性工作岗位是指存续时间不超过六个月的岗位；辅助性工作岗位是指为主营业务岗位提供服务的非主营业务岗位；替代性工作岗位是指用工单位的劳动者因脱产学习、休假等原因无法工作

的一定期间内,可以由其他劳动者替代工作的岗位。这样,不符合"三性"的岗位,将不能再使用劳务派遣。同时,法律规定:"被派遣劳动者享有与用工单位的劳动者同工同酬的权利。用工单位应当按照同工同酬原则,对被派遣劳动者与本单位同类岗位的劳动者实行相同的劳动报酬分配办法。用工单位无同类岗位劳动者的,参照用工单位所在地相同或者相近岗位劳动者的劳动报酬确定。"这样一来,劳务派遣势必得到一定的限制,不少劳务派遣单位也准备缩小规模,应对调整。

劳务外包在这样的背景之下逐步进入了大家的视野之中。劳务外包并非法律概念,有时也叫作业务外包。其特点是,发包单位将自己的一部分业务,通过协议的方式,交给其他承包单位完成,承包单位根据发包单位的要求,组织和管理人员完成发包业务。2012年之前,我国的业务外包已经有了一定的发展。比如我国的大连,是非常有名的软件业务外包集聚区。很多单位有软件开发需求,却苦于不具备开发能力,就去找大连的软件外包公司,约定开发任务的需求和完成时间,让专业的开发人员来自己这里完成软件的开发、测试、上线及后期维护。又比如很多单位使用的保洁人员、安保人员,往往是从保洁公司、安保公司购买服务得来的。再比如有些大型企业有自己的员工食堂,企业没有精力经营,发包给外面的第三方餐饮公司来经营。这些都是已有的较为成熟的业务外包的案例。

但是2012年之后出现的一些所谓的"业务外包",却与上面所说的这种情形有区别。有些使用劳务派遣制员工的用工单位,找劳务外包公司,签一份劳务外包协议,约定将自己公司的一部分业务外包给劳务外包公司。与劳务派遣类似,劳动者与外包公司签署劳动合同,工资和社会保险费用由外包公司负责发放和缴纳。但是外包公司基本不参与人员的管理,仍然让用工单位自己派人管理,所用的制度也完全沿袭用工单位的制度。这种模式被称为"假外包,真派遣"。

周小姐所遇见的烦心事,与此相当类似。通信企业营业厅中的客服人员,本身是通信企业业务的重要组成部分,不适合按照"三性"的要求大规模劳务派遣。所以周小姐等人全部改签成技术服务公司后,去营业厅承包客服业务。不过事实上,这家技术服务公司并不精通营业厅业务,其日常业务管理完全由通信企业自己把握,从这点可以看出,这种所谓的外包,完全是劳务派遣的幌子而已。上海市人力资源和社会保障局在《关于规范本市劳务派遣用工若干问题的意见》中指出:"用工单位以承揽、外包等名义,按照劳务派遣用工形式使用劳动者的,按照《派遣规定》处理。"这种观点传播开以后,相信在各个省市里,利用"外包"的名义,掩盖劳务派遣实质的做法,不能得到法律的认可。

二、劳务外包的操作要点

劳务外包已经有非常悠久的发展史,而且在当今轻资产业务、非核心业务剥离的大背景下,劳务外包是未来技术专精发展的趋势。以当今鼎鼎有名的苹果公司为例，其产品 iPhone 手机，只有手机的设计是由苹果公司自己完成的，其生产制作已完全外包，全部由各个代工厂完成。显然，法律不可能将外包模式取消。

在开展劳务外包时，需要注意以下操作要点：

1. 选择合适的劳务外包单位承包本单位的业务。毫无疑问，既然外包单位能够通过采购流程最终成为外包供应商，其本身的能力能够与所外包的业务相适应。食堂外包，承包单位必须有经营餐饮的相关资质，其工作人员必须获得有关的食品工作许可。技术外包，承包单位必须经营有关的技术业务，具有一批专业的技术人员。可以直接看出承包单位是否具备一定能力的材料，就是这家单位的营业执照中的经营范围。选择时，对这方面的考察必不可少。

2. 在劳务外包协议中明确承包的业务内容和完成的标准。无论如何，劳务外包是将本单位的业务外包给其他单位完成。详尽的业务内容和完成标准，有助于两家单位对业务的统一理解，进而核算成本。最终发包单位验收完成的业务时，也可以做到审查标准统一。实现这一点并不容易，需要操作实施人员与相关人员将细节一一落实。

3. 人员直接管理权始终属于承包单位。这是劳务外包区别于劳务派遣的重要标志。人员管理权内涵丰富：

首先，承包单位应当有权决定自己工作人员的招聘录用。虽然发包方有权阻止不合适的工作人员继续参与本单位业务，但是这种阻止仅仅是两家公司业务合作层面上的阻止，不涉及工作人员劳动关系方面的变化。

其次，承包单位应当有权决定自己工作人员的薪资水平，发包方发包业务，承包方派人来完成业务，是否达到最初的验收标准是发包方需要关注的，至于来完成业务的工作人员薪资如何，不属于外包事务的内容，发包方无权决定。发包方可以根据业务的完成情况向承包单位做出绩效建议，但是最终决定权在承包单位。

最后，承包单位应当有权决定自己工作人员的去留。工作人员是否继续留在当前业务单位，是否要转派到其他业务单位，是否辞退该工作人员，这些有关人员安排的问题，由承包单位决定。

至于日常考勤等问题，考虑到劳务外包需要常驻现场，而人事管理人员难以在外单位现场安排考勤，有些劳务外包单位委托发包单位代为管理的情况比较常见。上海市人力资源和社会保障局和上海市高级人民法院2014年12月31日发布的《关于劳务派遣适用法律若干问题的会议纪要》中就指出："发包单位基于消防、安全生产、产品服务质量、工作场所秩序等方面管理需要面对承包单位的劳动者行使部分指挥管理权的，劳动争议处理机构要根据案件事实谨慎处理，不可简单判定法律关系已发生改变。"

4. 选择合适的税收方式处理外包。劳务派遣中所涉及的工资、社会保险费用成本，劳务派遣单位收到后，很快要支付出去，所以性质属于转移支付，不需要产生税费。但是劳务外包按照营业收入收取发包单位钱款，收入全部需要计税，然后再发放给自己的工作人员，整体成本相较于劳务派遣，肯定要高出不少。有些省市税务机关对劳务外包的税收有自己的特别规定，可以按当地的规定执行。

【练习题】

1. 如果你是一家大型工厂的HR，工厂即将寻找劳务派遣公司，将占据工厂人数60%的流水线工人变更为劳务派遣，该如何评估该方案的实施要点？

2. 如果你是一家劳务派遣公司的服务人员，该如何设计一份合适的劳务派遣协议？

3. 如果你是一家全国型企业的HR，在全国各地寻找当地的劳动者以劳务派遣的方式在当地工作，该如何较便利地管理全国各地的劳务派遣单位？

附录：《劳动合同法》劳务派遣章节修订对比

	《劳动合同法》2008版	关于修改《中华人民共和国劳动合同法》的决定，2013年7月1日起实施
第五十七条	劳务派遣单位应当依照《公司法》的有关规定设立，注册资本不得少于五十万元	经营劳务派遣业务应当具备下列条件： （一）注册资本不得少于人民币二百万元 （二）有与开展业务相适应的固定的经营场所和设施 （三）有符合法律、行政法规规定的劳务派遣管理制度 （四）法律、行政法规规定的其他条件 经营劳务派遣业务，应当向劳动行政部门依法申请行政许可；经许可的，依法办理相应的公司登记。未经许可，任何单位和个人不得经营劳务派遣业务
第五十八条	劳务派遣单位是本法所称用人单位，应当履行用人单位对劳动者的义务。劳务派遣单位与被派遣劳动者订立的劳动合同，除应当载明本法第十七条规定的事项外，还应当载明被派遣劳动者的用工单位以及派遣期限、工作岗位等情况 劳务派遣单位应当与被派遣劳动者订立二年以上的固定期限劳动合同，按月支付劳动报酬；被派遣劳动者在无工作期间，劳务派遣单位应当按照所在地人民政府规定的最低工资标准，向其按月支付报酬	

续表

	《劳动合同法》2008 版	关于修改《中华人民共和国劳动合同法》的决定，2013 年 7 月 1 日起实施
第五十九条	劳务派遣单位派遣劳动者应当与接受以劳务派遣形式用工的单位（以下称用工单位）订立劳务派遣协议。劳务派遣协议应当约定派遣岗位和人员数量、派遣期限、劳动报酬和社会保险费的数额与支付方式以及违反协议的责任 用工单位应当根据工作岗位的实际需要与劳务派遣单位确定派遣期限，不得将连续用工期限分割订立数个短期劳务派遣协议	
第六十条	劳务派遣单位应当将劳务派遣协议的内容告知被派遣劳动者 劳务派遣单位不得克扣用工单位按照劳务派遣协议支付给被派遣劳动者的劳动报酬 劳务派遣单位和用工单位不得向被派遣劳动者收取费用	
第六十一条	劳务派遣单位跨地区派遣劳动者的，被派遣劳动者享有的劳动报酬和劳动条件，按照用工单位所在地的标准执行	
第六十二条	用工单位应当履行下列义务 （一）执行国家劳动标准，提供相应的劳动条件和劳动保护 （二）告知被派遣劳动者的工作要求和劳动报酬 （三）支付加班费、绩效奖金，提供与工作岗位相关的福利待遇 （四）对在岗被派遣劳动者进行工作岗位所必需的培训 （五）连续用工的，实行正常的工资调整机制。用工单位不得将被派遣劳动者再派遣到其他用人单位	

续表

	《劳动合同法》2008 版	关于修改《中华人民共和国劳动合同法》的决定，2013 年 7 月 1 日起实施
第六十三条	被派遣劳动者享有与用工单位的劳动者同工同酬的权利。用工单位无同类岗位劳动者的，参照用工单位所在地相同或者相近岗位劳动者的劳动报酬确定	被派遣劳动者享有与用工单位的劳动者同工同酬的权利。用工单位应当按照同工同酬原则，对被派遣劳动者与本单位同类岗位的劳动者实行相同的劳动报酬分配办法。用工单位无同类岗位劳动者的，参照用工单位所在地相同或者相近岗位劳动者的劳动报酬确定 劳务派遣单位与被派遣劳动者订立的劳动合同和与用工单位订立的劳务派遣协议，载明或者约定的向被派遣劳动者支付的劳动报酬应当符合前款规定
第六十四条	被派遣劳动者有权在劳务派遣单位或者用工单位依法参加或者组织工会，维护自身的合法权益	
第六十五条	被派遣劳动者可以依照本法第三十六条、第三十八条的规定与劳务派遣单位解除劳动合同 被派遣劳动者有本法第三十九条和第四十条第一项、第二项规定情形的，用工单位可以将劳动者退回劳务派遣单位，劳务派遣单位依照本法有关规定，可以与劳动者解除劳动合同	
第六十六条	劳务派遣一般在临时性、辅助性或者替代性的工作岗位上实施	劳动合同用工是我国的企业基本用工形式。劳务派遣用工是补充形式，只能在临时性、辅助性或者替代性的工作岗位上实施 前款规定的临时性工作岗位是指存续时间不超过六个月的岗位；辅助性工作岗位是指为主营业务岗位提供服务的非主营业务岗位；替代性工作岗位是指用工单位的劳动者因脱产学习、休假等原因无法工作的一定期间内，可以由其他劳动者替代工作的岗位 用工单位应当严格控制劳务派遣用工数量，不得超过其用工总量的一定比例，具体比例由国务院劳动行政部门规定

续表

	《劳动合同法》2008 版	关于修改《中华人民共和国劳动合同法》的决定，2013 年 7 月 1 日起实施
第六十七条	用人单位不得设立劳务派遣单位向本单位或者所属单位派遣劳动者	
第九十二条	劳务派遣单位违反本法规定的，由劳动行政部门和其他有关主管部门责令改正；情节严重的，以每人一千元以上五千元以下的标准处以罚款，并由工商行政管理部门吊销营业执照；给被派遣劳动者造成损害的，劳务派遣单位与用工单位承担连带赔偿责任	违反本法规定，未经许可，擅自经营劳务派遣业务的，由劳动行政部门责令停止违法行为，没收违法所得，并处违法所得一倍以上五倍以下的罚款；没有违法所得的，可以处五万元以下的罚款 劳务派遣单位、用工单位违反本法有关劳务派遣规定的，由劳动行政部门责令限期改正；逾期不改正的，以每人五千元以上一万元以下的标准处以罚款，对劳务派遣单位，吊销其劳务派遣业务经营许可证。用工单位给被派遣劳动者造成损害的，劳务派遣单位与用工单位承担连带赔偿责任
特别规定		本决定公布前已依法订立的劳动合同和劳务派遣协议继续履行至期限届满，但是劳动合同和劳务派遣协议的内容不符合本决定关于按照同工同酬原则实行相同的劳动报酬分配办法的规定的，应当依照本决定进行调整；本决定施行前经营劳务派遣业务的单位，应当在本决定施行之日起一年内依法取得行政许可并办理公司变更登记，方可经营新的劳务派遣业务。具体办法由国务院劳动行政部门会同国务院有关部门规定

附录：《劳动合同法实施条例》第四章　劳务派遣特别规定

第二十八条　用人单位或者其所属单位出资或者合伙设立的劳务派遣单位，向本单位或者所属单位派遣劳动者的，属于劳动合同法第六十七条规定的不得设立的劳务派遣单位。

第二十九条　用工单位应当履行劳动合同法第六十二条规定的义务，维护被派遣劳动者的合法权益。

第三十条　劳务派遣单位不得以非全日制用工形式招用被派遣劳动者。

第三十一条　劳务派遣单位或者被派遣劳动者依法解除、终止劳动合同的经济补偿，依照劳动合同法第四十六条、第四十七条的规定执行。

第三十二条　劳务派遣单位违法解除或者终止被派遣劳动者的劳动合同的，依照劳动合同法第四十八条的规定执行。

第十二章
集团劳动人事管理实务及纠纷应对

> **学习目标**
>
> 1. 掌握集团关联企业内劳动关系的认定方法。
> 2. 掌握集团关联企业规章制度体系的搭建。
> 3. 掌握集团关联企业人员调整所带来的相应变更。
> 4. 掌握集团关联企业劳动纠纷处理要点。

第一节 集团劳动关系确认

一、关联企业的种类

关联企业,是指与另外一家企业在法律上有直接或者间接控制关系,或者有较大影响关系的企业。企业相互之间存在关联的方式通常有以下几种:

(一)一方企业是另一方企业的控股股东

控股股东有两种:绝对控股股东和相对控股股东。绝对控股股东是出资额或者持有股份的比例占资本总额或股本总额50%以上的股东。相对控股股东虽然出资额或者股份不到50%,但依其出资额或者持有的股份所享有的表决权已足以对从属企业的股东会、股东大会决议产生重大影响。早期各国对控股股东的认定以在公司控股50%以上为绝对形式标准。但是,在现代大规模的股份公司中,由于股权分散,使得控股股东往往以低于50%的表决权就可以行使对公司事务的控制权,即相对的控制权。许多股东并不拥有公司一半以上的股份,却依然可以对公司经营决策产生支配性影响，抑或通过联合而控制公司。可见，判断某个股东或者某些股东是否对公司具有控制权，是否符合公司控股股东的标准，并非完全以其所持股份是否达到某一比例为绝对标准，而是由单个股东或联合股东是否具有对公司实质上的持续性影响力与决定力决定的。

控股关联企业比较典型的就是母公司和子公司。母公司因为对子公司具有控股权，从而使两家公司之间具备了关联。当一家母公司控制多家子公司，且注册资金符合要求后，母公司方可以登记成为集团公司，集团内企业形成联合体。如今，生意场上对集团公司的称谓并不那么严格，只要有一群关联公司为了相同的目的经营相关联的业务，人们往往就称之为集团，而并不完全以法律登记为集团公司为标志。

（二）一方企业是另一方企业的实际控制人

既然称之为实际控制人，其控制公司的手段必然比较隐蔽，不宜被直接察觉。公司的股东或单独或联合起来通过表决权控制公司一般是比较明显的，所以实际控制人不是公司的股东。如果不是通过表决权来控制公司，他人要想控制公司，就必须通过其他手段。实际控制人一般通过投资关系、协议或者其他安排，来实现实际支配公司的目的。通过投资关系控制公司，是指实际控制人通过投资的方式，包括对目标公司采取直接投资方式，或者通过多层的投资方式来直接或者间接地控制目标公司，例如通过控制目标公司的控股股东来控制目标公司。通过协议来控制目标公司，例如目标公司的生产经营活动必须有控制人提供的特许权利（包括工业产权、专业技术等）才能正常进行；目标公司生产经营购进的原材料、零部件等（包括价格及交易条件等）由实际控制人所供应并控制；通过协议取得目标公司的控股股东的表决权等。通过其他方式来控制目标公司的手段比较复杂，如人事关系、亲属关系等。

（三）一方企业与另一方企业有关联关系

这里所说的关联关系，主要是指可能导致公司利益转移的各种关系，包括企业之间有相同的控股股东、实际控制人、董事、监事、高级管理人员与其直接或者间接控制的企业之间的关系，以及可能导致公司利益转移的其他关系。企业之间的关联关系的主要形式有公司控股股东与其直接或者间接控制的企业之间的关系；公司实际控制人与其直接或者间接控制的企业之间的关系；公司董事、监事、高级管理人员与其直接或者间接控制的企业之间的关系；其他可能导致公司利益转移的关系，如同一控股股东或者实际控制人控制下的公司之间的关系、合营企业之间的关系、联营企业之间的关系、主要投资者个人、关键管理人员或与其关系密切的家庭成员和公司之间的关系、受主要投资者个人、关键管理人员或与其关系密切的家庭成员直接控制的其他企业和公司之间的关系等。不过，我国是社会主义国家，有很多国有公司，国家控股的企业之间因同一国家为控股股东而互为关联关系。

(四)可变利益实体(VIE)

可变利益实体是国内十多年前才出现的新概念,英语是 Variable Interest Entities,取其首字母,简称"VIE 结构",也称为"协议控制结构",类似于前面提到的实际控制人的形式。VIE 最早出现,目的是为了规避我国政府对外资在某些领域投资的限制。最典型的应用是在外商投资受中国法律约束的互联网或电子商务领域。百度、新浪、网易等都是知名的 VIE 结构代表。而且随着国内互联网的高速发展,VIE 结构的公司越来越多,人事法务工作者有必要了解这种关联企业的特点。

VIE 结构是一个利益控制的变通结构,由外国投资者和中国创始股东(自然人或法人)成立一个海外离岸公司,到美国、香港等资本市场上市融资,再由上市公司在香港投资一家财务公司(有些 VIE 结构不另行注册香港公司,而是直接投资中国境内),并由香港财务公司在中国境内设立若干家外商独资企业,从事外商投资不受限制的行业,最常见的是技术咨询服务公司。然后技术咨询公司与境内的实际运营的牌照公司提供实际出资,共负盈亏,并通过合同关系拥有控制权,但并不在牌照公司股权上予以体现,以规避中国政府监管,最终实现外国投资者间接投资原本被限制或禁止的领域的目的。境内牌照公司为企业所拥有的实际或潜在的经济来源,但是海外离岸公司对此境内牌照公司并无完全的控制权。

VIE 结构的关键在于通过 VIE 协议下的多个协议而不是通过拥有股权来控制境内牌照公司。通过技术咨询公司和境内牌照公司签订的 VIE 协议,上市公司获得对国内牌照公司的控制权和管理权,从而实现财务报表的合并,这些特点对未来打算在国际市场上市的公司以及为跨境交易优化税务结构的公司至关重要。

二、代表处与办事处

(一)外国企业中国代表处

外国企业中国代表处正式名称是外国企业在华常驻代表机构,是外国企业在中国开展非营利性活动的办事机构,一般不具备法人资格,主要开展与外国企业产品或者服务有关的市场调查、展示、宣传活动,以及与外国企业产品销售、服务提供、境内采购、境内投资有关的联络活动。考虑代表处不能独立承担法律责任,如果需要招聘中国雇员的话,必须委托中国政府许可的外事服务单位办理,不得私自或者委托其他单位、个人招聘中国雇员。由外事服务单位与中国雇员建立劳动关系,履行用人单位义务。

(二)办事处

通常来说,公司开设的分支机构是分公司,需要向工商行政管理部门申请登记。有些公司考虑到自己还没有足够的规模和业务支撑开设分公司,会先设立一个简单的办事机构,俗称办事处。办事处不具备法人资格,不能独立承担法律责任,只能以总公司的名义招聘录用员工,只能以总公司的名义与劳动者订立劳动合同。同时,未经注册登记的办事处不能开设社保账户，如果需要缴纳社会保险费用，要么通过总公司缴纳，要么通过当地人事服务公司代为缴纳。

三、复杂劳动关系的确定

 **案例**

王美丽2001年通过社会招聘进入一家名叫上海新程科技有限公司的互联网企业工作，双方签订了劳动合同，约定一年劳动合同期，工作是电话促销，基本工资2 000元，另按照促销业绩计算奖金。王美丽的学历不高，所以找到这份工作觉得挺满意。2003年王美丽结婚，请同事们参加了婚礼，关系非常融洽。

2006年，该科技公司根据经营情况，撤销了电话促销业务，王美丽这时正值产假，没有赶上公司的分流，等王美丽产假结束回公司时，其他同事一部分已经在新部门工作，一部分没有分到满意的岗位就离职了。经过人事部门的推荐，王美丽同意到另外一个客服部门工作，工资不变，奖金计算方式按照客服部门调整。客服部门不是由新程科技公司，而是由新程信息公司管理。新程信息公司与新程科技公司并没有股权关系，但是却是同一套管理班子，同一套人事系统，同一套管理制度，办公地点也在一起。从2006年9月调整部门开始，王美丽的工资改由新程信息公司发放，个人所得税也由新程信息公司代缴，但是社会保险和住房公积金由于手续麻烦，仍然在新程科技公司办理。去了客服部门后，王美丽并不满意，一方面因为客服工作与之前的电话促销工作有较大的差别，来电的都是投诉客户，自然对王美丽没好脾气，按照王美丽的说法，每天上班就是受气；另一方面王美丽孩子还小，晚上要跟王美丽一起睡，每天晚上的吵闹也使王美丽无法好好投入工作。与部门主管商量后，王美丽索性开始请长病假。

2007年孩子一周岁，王美丽的哺乳期结束了。人事部催促王美丽回去上班。王美丽想自己也休息了那么久了，就硬着头皮回去上班。此时，王美丽原先的电话促销同事已经升为了主管，正好管王美丽所在的小组，这样也就缓解了王美丽的焦虑，王美丽的工作逐步步入正轨。

2008年《劳动合同法》开始实施。新程旗下所有公司开始规范用工。人事部在检查时发现，王美丽除了在入职时签订过劳动合同，之后再也没有签订过劳动合同。于是王美丽于2008年1月与新程信息公司签订了为期3年的劳动合同。此时，王美丽的工资已达6 000余元。

2008年7月，新程的香港公司XC HONGKONG LTD在美国上市，很多新程科技公司和新程信息公司的老员工都分配到了香港公司的股票期权。可是王美丽2001年入职，工作了7年，没有获得股票期权。据公司人事私下说，问题就出在了王美丽请的长病假上。但是表面上，新程信息公司的主管表示，股票期权是由XC HONGKONG LTD与员工签订股票期权协议而分配的，新程信息公司并非股票期权的所有者，没有权利让第三方公司给予王美丽任何权利。王美丽通过同事打听到,新程信息公司是国内民营公司,但是新程科技公司是 XC HONGKONG LTD 在内地的全资子公司。自己在新程科技公司也干了那么久,而且到新程信息公司是根据公司安排调整的,并非完全是自己的意愿,难道就不该获得同等待遇吗?

【焦点问题】新程科技公司与王美丽的劳动关系如何认定?

【分析要点】当今的劳动力市场上,一个成熟的经营体只有一家法人实体的情况已不多见。究其原因,一方面是因为社会经济已经发展到一个新的阶段,产业已经不再是小作坊式的小打小闹,即便是民营经济,很多也已经进入企业联合体的多业务模式。企业在对自己核心业务精耕细作的同时,不断向上下游,甚至于关联行业渗透。以阿里巴巴为例,一开始经营企业间贸易信息,现在却涉足互联网金融、物流等多个上下游行业。原先的公司经营范围不能满足企业发展的需要时,就需要注册新的公司,来满足新业务的发展。另一方面,社会投资也已经到了一个新的高度。很多创业企业在发展过程中获得了外部融资,为了清晰股权,避免投资风险,有些投资商不喜欢在原企业入股,而是偏好采取共同投资新公司的方式,经营新扩张的业务。

当然,我国的招商引资,同样间接地促进了许多企业实体的发展。不少经济园区在招商时为了吸引投资,承诺若干年的税收优惠。然而,任何资本的本性都是逐利的,等税收优惠年限一到,企业家们便去新的园区寻找优惠开设新公司,老公司则被打入冷宫。

在同时管理多家法人的时候,如何确定劳动关系,显然是一件麻烦事。根据原劳动和社会保障部 2005 年发布的《关于确立劳动关系有关事项的通知》规定:用人单位招用劳动者未订立书面劳动合同,但同时具备下列情形的,劳动关系成立:

(一)用人单位和劳动者符合法律、法规规定的主体资格;

(二)用人单位依法制定的各项劳动规章制度适用于劳动者,劳动者受用人单位的劳动管理,从事用人单位安排的有报酬的劳动;

(三)劳动者提供的劳动是用人单位业务的组成部分。

通过这个通知,在确定劳动关系时,首先确认劳动关系双方的主体资格是否符合法律法规规定,之后便可以从劳动者提供的劳动内容入手,分析劳动者从事的劳动属于哪个单位的业务组成部分,劳动者在劳动时接受哪个单位的管理,又是哪个单位为劳动者提供劳动报酬。

在证据上,首先应该以用人单位和劳动者之间签订的劳动合同为依据确定劳动关系。如果不存在劳动合同,认定双方存在劳动关系时可参照下面凭证:

(一)工资支付凭证或记录(职工工资发放花名册)、缴纳各项社会保险费的记录;

(二)用人单位向劳动者发放的工作证、服务证等能够证明身份的证件;

(三)劳动者填写的用人单位招工招聘登记表、报名表等招用记录;

(四)考勤记录;

（五）其他劳动者的证言等。

在集团关联企业用工中，很有可能存在混同用工的情形，即劳动关系确实与这个集团关联企业建立，但是具体是与哪家建立的，由于这些企业一同管理，一时难以区分清楚。通过对案例事件的分析，王美丽2001年到2006年8月期间，只与新程科技公司具有劳动关系。但是在2006年9月到2008年1月期间，王美丽与任何一家公司都没有订立劳动合同，确认劳动关系需要通过更多细节进行判断。王美丽调入客服部门，按照新程信息公司的说法，这是新程信息公司的业务，但是通过信息公司营业执照经营范围却发现，客服不在信息公司的经营范围之内，且客户服务没有业务资金往来，无法通过财务凭证来确定。假设新程信息公司主张该业务属于信息公司经营范畴，王美丽提出异议的话，新程信息公司并不能提供有说服力的证据来证明自己的主张。王美丽拥有一份新程科技公司的劳动合同，如果她坚持认为自己属于新程科技公司，单凭提供的劳动属于哪家业务组成部分的判断方式，显然存在一定的困难。

通过对王美丽人事相关凭证的分析发现，在2006年9月到2008年1月期间，她的劳动报酬由新程信息公司发放，个人所得税由新程信息公司代扣代缴，而社会保险费则在新程科技公司缴纳，工作证、考勤则为两家公司通用。王美丽调入客服部门，并没有经过面试，所以不存在新程信息公司的招用记录。相反，王美丽最初与新程科技公司签订过一份劳动合同，之后没有续约，这种情形在2008年《劳动合同法》实施前较为常见。综合来看，裁判机构更愿意按照最初的劳动合同来作为主义务单位，其他有给付义务的单位对自己的给付内容承担连带责任。当然，2008年1月起，由于王美丽与新程信息公司签订了劳动合同，这之后的劳动关系可以对应到新程信息公司。

王美丽请求的 XC HONGKONG LTD 股票期权，并没有与任何一家公司有过书面的约定，新程科技公司也没有成熟的规定。更重要的是，其主张权利的相对方是香港公司，新程科技公司虽然作为香港公司的全资子公司，仍然属于独立法人，让它对母公司的事务承担责任，则没有依据。

思考题

2011年10月，小张通过社会招聘进入一家公司工作。这家公司在当地并没有设立任何分公司，只有一个办事处。小张与公司总部签订了3年期的劳动合同，但是要去总部盖章，小张并没有得到盖章后的劳动合同。小张的社会保险费用由一家人力资源服务公司在当地缴纳，工资由公司总部通过银行转账发放。在办理社会保险手续时，由于当地社保机构要求人力资源服务公司必须提供劳动合同，所以小张按照人力资源服务公司的模板也签订了一份3年期的劳动合同。

2013年4月，公司总部因经营不善与另一家企业重组，原公司清算注销，新公司并没有与小张签订劳动合同，但是由新公司继续向其转账工资，并向人力资源服务公司支付社会保险费用。此时小张是否已经与新公司建立了劳动关系？

四、关联企业稳定劳动关系的操作要点

1. 劳动合同作为确定劳动关系的重要依据，在《劳动合同法》中已经得到了充分的确认，因此关联企业中的劳动者，务必做好劳动合同签订工作，当关联企业中人员发生调换时，更应当通过书面的形式确定劳动关系的归属。

2. 工资发放、社会保险费缴纳作为判断劳动关系的重要依据，应当与建立劳动关系的单位相一致。如果有特殊情况存在不一致的，一定要与劳动者签订书面协议，以明确缘由，避免对劳动关系的认定产生负面影响。

3. 个人所得税缴纳和社会保险费缴纳是向官方机构付款的行为，其记录不可更改，在全国推行居住证的大环境下，人事法务工作者有必要了解相关的居住证政策，尽量做到同一单位缴纳，以免造成劳动者的重大损失。

4. 涉及单位经营资质或个人职业证件的劳动关系，务必予以优先考虑，如保险代理人需要安排在具有保险代理资质的企业，旅行社导游需要安排在具有旅行社资质的公司等。千万不可为了这些资质或证件，将劳动合同和社会保险分散在不同企业，以免影响资质和证件的办理。

第二节　集团规章制度

一、规章制度实施的必要手续

 案例

陈冬2011年12月进入卓越游戏公司工作，这是一份令人羡慕的工作，因为卓越科技集团是这个新兴城市的支柱企业，很多年轻人都希望在卓越集团内的公司工作。卓越游戏公司是卓越集团的控股子公司，直接持有25%的股份，另有其他37%的股份由卓越集团的其他子公司或关联公司持有。卓越集团的香港母公司在香港当地上市，股价稳健。

陈冬进入卓越游戏公司后，双方签订了劳动合同，约定合同期限三年，试用期六个月，每月工资为人民币25 000元，另外每季度会根据陈冬所在游戏团队开发运营的游戏运营业绩和陈冬的季度表现给予奖金。陈冬非常珍惜这个机会，一开始工作积极主动，获得了提前转正的机会，在入职三个月后，卓越游戏公司将陈冬转为正式员工，工资调整到30 000元一个月。

2013年是陈冬进入公司的第二个年头。陈冬习惯了现有的工作待遇，慢慢滋生了

懈怠情绪，完成工作任务的效率变低。经常在上班期间用QQ聊天，看自己购买股票的行情，最终拖慢了整个团队的进程。团队合作游戏版本大升级原本准备在5月上线，由于陈冬的缘故，被迫拖延至6月底才上线。于是，卓越游戏公司打算解除陈冬的劳动合同。

陈冬的工资待遇不低，自然不乐意放弃这样的工作机会。在人力资源部和他谈话时，陈冬对公司对他处罚的依据表示异议。卓越游戏公司拿出卓越集团的员工手册，向其展示了违纪处罚的条款，上面写道："员工在工作期间消极怠工，经常访问与工作无关的网页，或者经常利用即时聊天工具和他人谈论与工作无关的事务，给工作任务造成重大影响的，公司有权辞退员工。"人力资源部跟陈冬说，你自己不好好工作，造成游戏晚上线一个月，你知道玩家等待得多么辛苦吗？对手游戏公司的游戏在这一个月中抢走了多少玩家吗？公司错过了多少发展机会吗？陈冬表示，之前自己工作态度确实有所懈怠，但是游戏晚上线，也是上级最终决定的，并不完全是自己的责任。更何况，自己与卓越游戏公司签订了劳动合同，现在公司却根据卓越集团公司的员工手册对自己进行处罚，根本没有依据。

【焦点问题】卓越游戏公司是否可以根据集团总公司的员工手册对员工进行处罚？

【分析要点】在市场经济体制下，企业横向经济联合、资本运作层出不穷，具有独立法人资格的集团公司、总公司、母公司、控股公司等通过投资、参股或者托管的方式设立全资、控股、参股或者附属子公司的情况屡见不鲜。从法律角度看，母公司和子公司、集团公司和下属公司、上级单位和下级单位依法均具有独立法人资格，独立承担民事责任。彼此都是独立的个体，相互之间不能替代。规章制度是用人单位的内部管理法规，制定者是实施规章制度的法人。母公司、集团公司、上级单位希望将自己的规章制度在子公司、下属公司、下级单位中实施，实施前必须得到这些独立法人的认可，并且依法履行民主制定程序。

《劳动合同法》第四条第二款规定："用人单位在制定、修改或者决定有关劳动报酬、工作时间、休息休假、劳动安全卫生、保险福利、职工培训、劳动纪律以及劳动定额管理等直接涉及劳动者切身利益的规章制度或者重大事项时，应当经职工代表大会或者全体职工讨论，提出方案和意见，与工会或者职工代表平等协商确定。"这是规章制度必须经过民主制定程序的要求，也是劳动者作为企业成员的成员权利内容之一。有关用人单位与劳动者切身利益的规章制度，其预期适用的职工范围必须与制定过程中民主参与的职工范围相一致。以分公司为例，分公司并非独立法人，但是如果用人单位希望自己的规章制度在分公司内实施，在制定过程中就必须尊重分公司劳动者表达意见的权利，让他们一同参与民主协商。否则直接将总部协商通过的制度用于根本没有发言权的分公司是不公平的。当然，所谓"平等协商确定"，并不是指凡事以投票来确定。平等协商更加关注职工与制度制定者在平等的基础上充分表达自己的意见和看法，能够在规章制度中做到公平合理，适合企业的实际情况。

陈冬所在的卓越游戏公司是卓越集团的控股子公司，可以看出，卓越集团在股份结构上对卓越游戏公司的事务，有充分的话语权。但是卓越游戏公司毕竟是独立法人，其中仍然有38%的股份不是卓越游戏公司所有。卓越游戏公司具有自己制定内部管理制度的权利。从法律要求上看，卓越游戏公司也有通过民主程序制定规章制度的必要。简单地将卓越集团公司的员工手册拿到卓越游戏公司来用，不符合我国对企业规章制度的要求。

陈冬在工作中存在消极情绪，此事不假。为了促进企业的健康发展，卓越游戏公司应当对其进行相应的处理。但是处理的依据和严重程度，还需要再行斟酌。

二、集团规章制度的操作要点

1. 确定需要纳入规章制度规范的劳动者群体范围，特别是与职工切身利益相关的制度，如劳动报酬、工作时间、休息休假、劳动安全卫生、保险福利、职工培训、劳动纪律以及劳动定额管理等。

2. 对于上级单位、平级单位下发或借鉴的制度，需要通过平等协商的方式，民主确定。

3. 职工代表大会或者全体职工讨论时，务必做好会务的签到工作，会后及时撰写会议纪要，并经职工代表大会或者工会认可。

4. 即使是上级单位、平级单位的制度，经过平等协商的方式，民主确定后，在本单位实施时，也需要在单位内部做好公示工作，公示的方法以书面签字确认为最佳。

第三节　集团内跨公司人员调整

一、无固定期限劳动合同的认定

案例

老王是公司的老员工，1998年就到这家公司工作。公司在2005年时，因为开展新兴的物流业务，将老王调至新成立的物流公司担任主管。2006年12月31日，老王在原公司的劳动合同到期，便与新的物流公司签订了新的劳动合同。2009年，老王寻思自己工作已经满10年了，应该可以签订无固定期限劳动合同了。于是便向公司上级领导询问此事，上级领导找人事咨询后，告诉老王，物流公司是2005年才成立的，所以老王在物流公司的工作年限只能从2005年开始算起，工作满10年要到2015年。老王不能理解，原来的公司和物流公司不是一家人吗？怎么还分开计算呢？

【焦点问题】老王之前公司的工作年限是否应该计算到物流公司的总工作年限之中？

【分析要点】根据《劳动合同法》第十四条的规定，劳动者在该用人单位连续工作满10年，劳动者提出或者同意续订、订立劳动合同的，除劳动者提出订立固定期限劳动合同外，应当订立无固定期限劳动合同。该条规定中，如何理解"该用人单位"成为争议的焦点。

按照一般的理解，"该用人单位"就是同一用人单位的意思。如果这家用人单位名称、法定代表人、主要负责人或者投资人发生变更，不影响"同一用人单位"的理解。但是事物是不断变化的，企业可能发生资产重组，合并分立。根据民法的理论和《劳动合同法》第三十三条的规定，如果用人单位发生合并或者分立的情况，原劳动合同继续有效，此时，仍然属于"同一用人单位"。

对于老王这样在两个独立的、有关联性的企业之间调动，有些学者认为，不同的关联企业之间具有独立的用工主体资格，基于合同相对性的考虑，不应该将其认定为"同一用人单位"。《劳动合同法实施条例》第十条规定："劳动者非因本人原因从原用人单位被安排到新用人单位工作的，劳动者在原用人单位的工作年限合并计算为新用人单位的工作年限。"这一条款对于劳动者非因本人原因在两家用人单位之间调整的问题有了初步的规定。有些学者认为该条规定仅仅针对计算经济补偿金的工作年限，与"同一用人单位"的理解无关。但是考虑到劳动者根据用人单位的需要，调整到新单位工作，已经对用人单位有利。如果拒绝认可其属于无固定期限劳动合同中的"同一用人单位"，对于劳动者的权益保护，就会产生不利影响。

在2005年，老王根据公司新业务发展的需要到物流公司担任主管，虽然双方之间对于工作年限没有约定延续或者中断，但是在计算经济补偿金的工作年限时，应该将老公司的工作年限计算入内。

思考题

胡小姐在一家外资企业工作，2012年受到领导青睐，被外派到海外总公司工作一年，期间胡小姐办理了劳动合同中止的手续，并获得了该国的工作许可和签证，工资由总公司发放。2013年胡小姐回国，继续在这家外资企业工作。2014年年底，由于外资企业业绩不佳，胡小姐劳动合同到期，在计算经济补偿金时，是否应该将总公司的工作年限计算入内，双方发生了争议。请思考，胡小姐在海外总公司工作期间的工作年限，是否应该计入中国国内企业的工作年限？

二、劳动合同权利义务的转移

案例

劳先生是杭州某机械公司的卡车司机，2009年与机械公司签订了为期3年的劳动合同。2011年，机械公司的投资方在成都也开设了同商号机械公司，并在杭州设立了分公司。出于成都工业园区对于企业规模的考核，机械公司让原先杭州的一半员工，与成都机械公司杭州分公司签订劳动合同。为了打消员工的顾虑，机械公司保持原先的劳动合同内容不变，办公地点不变，工资待遇不变，规章制度不变，由杭州机械公司、成都机械公司杭州分公司与员工签订了一份劳动合同主体变更协议。将原有的劳动合同甲方自2011年7月1日起变更为成都机械公司杭州分公司，之后的权利义务由杭州分公司承担，之前杭州机械公司的工作年限由成都机械公司杭州分公司认可后累加在本单位年限中。劳先生在协议上签了字。但是一段时间后，机械公司的生意受到行业竞争者的冲击，公司内部传言四起。有些传言称，公司之所以让大家和成都的公司签订劳动合同，就是因为想通过这种方式逃避裁员。劳先生听后心中惴惴不安，想要撤销三方的协议。劳先生在法律援助的地方遇见了一个律师，律师跟他说，劳动合同不能做主体变更，他可以去确认三方协议无效。

【焦点问题】劳动合同的主体是否可以进行变更？

【分析要点】《劳动合同法》中并没有提到劳动合同主体是否可以转让。根据《合同法》第八十八条的规定，当事人一方经对方同意，可以将自己在合同中的权利义务一并转让给第三人。但是劳动合同具有相当强的人身属性，签订劳动合同时的情况与受让企业的情况可能差距非常大，诸如工作地点、劳动条件、劳动纪律、休假福利等都不一定一致。所以，通常认为，如果劳动合同主体需要改变，推荐采取解除原先的劳动合同，由新的企业与劳动者订立劳动合同的方式。

不过，杭州机械公司与成都机械公司杭州分公司的主体变更中，存在一些特殊情况。这两家企业都是同一投资人开办，办公地点、管理方式等均不发生改变，其实就是一套班子两块牌子。主体变更后，劳动者的劳动合同履行方式均与之前一致。成都机械公司杭州分公司完全继承了原杭州机械公司的权利义务以及工作年限。劳动者原先的权利完全可以得到保障。在这样的前提下，劳动者签字同意原劳动合同的主体变更为新公司，协议应当有效。

三、操作要点

1. 劳动者在集团关联企业之间调动，必须安排好之前的工作年限。如果原公司出资支付经济补偿金，买断原来的工作年限，新公司可以从头开始计算劳动者的工作年限。但如果原公司不出资支付经济补偿金，新公司应当连续计算工作年限。这种安排，应当通过书面的方式予以确认。

2. 劳动者离开原先的公司后，公司应当按照离职的方式为劳动者做好社会保险的停缴工作，并办理离职手续，到了集团关联新公司后，新公司应当及时开通社会保险，办理入职手续。注意工资的发放和社会保险的缴纳，公司必须一致。

3. 劳动者在原公司参加过出资专项培训，与原公司签订过包含违约金的培训协议的，原公司在办理离职时，应当对培训协议做好安排，如果需要新公司继承这一权利的，有必要让劳动者和新公司重新签订培训协议。

4. 劳动者在原公司签订过竞业限制条款的，原公司在办理离职时，需要解除双方的竞业限制条款，否则会产生竞业限制经济补偿。因为劳动者是去关联企业工作，所以对原公司而言，支付竞业限制经济补偿毫无意义。

5. 劳动者在原公司发生过工伤，被劳动能力鉴定委员会确定有级别的，在办理离职手续时，务必去工伤保险基金申请相关的一次性离职补助，否则可能会损害劳动者的权益，造成新的矛盾。

【练习题】

1. 如果你是一家集团公司的HR，如何通过有效的措施，安排好集团内跨公司人员调整？

2. 如果你所在的公司，管理者三家企业法人，作为HR，你应该如何在这三家企业中推行一套新的规章制度？

3. 劳动者发现自己的个人所得税和社会保险没有缴纳在一个公司，在上海市办理居住证积分时，工作年限不能得到认定，此时你该如何应对这样的问题？

第十三章
劳动争议处理

> **学习目标**
>
> 1. 掌握劳动争议案件的特殊性。
> 2. 掌握起诉（申请仲裁）的相关知识。
> 3. 掌握应诉和答辩的相关知识。
> 4. 掌握法庭上的进攻与防御。
> 5. 掌握法官审理案件的相关知识。

 案件事实

（一）事出有因

"给您当秘书的半年只专注做一件事——绞尽脑汁躲避你的性骚扰。曾经胡润百富榜第二的大佬居然专挑员工下手，高层公公嬷嬷都舔着脸给您选妃，工作室成了口口相传的后宫。说出这些我会害怕，但暴力和报复不能改变事实。还有两段录音怎么发上微博？"

一段微博把富人王不和推上了风头浪口。秘书小鱼儿发出这段微博之后，向公司提交了一个医院开具的时间为两个月的病假单之后，躲回家优哉游哉去了。

王不和大怒，命令人力资源部想尽一切办法，让小鱼儿回公司。

（二）三道金牌

1. 第一道金牌，要求提供医疗资料，遭到拒绝

2014 年 5 月 23 日，M 公司发函通知小鱼儿，由于 M 公司正处于每年年度审计最繁忙的阶段，希望小鱼儿尽快返回工作岗位，若近期返岗工作有困难，希望提供病假期间所有的医疗诊断报告、相关医药费开支情况以及医生对后续医疗的诊断说明。

2014 年 5 月 24 日，小鱼儿通过电子邮件对 M 公司的通知函作出回复，表示：针对公司要求本人提供病假期间所有的医疗诊断报告及相关的医药费开支情况，回复如下：

医疗诊断报告复印件已在提交病假申请时一起悉数提交,其中包括病假单原件、就医记录册相关诊疗页复印件、医药费专用收据复印件等。就医记录册相关诊疗页复印件、医药费专用收据原件在病假结束后可一并提供,抱歉目前不能提供。

2. 第二道金牌,要求陪同就诊,遭到拒绝

2014年6月4日,M公司通知小鱼儿,鉴于病例复印件字迹模糊,医生字迹潦草,无法对小鱼儿的病情做出准确的判断,请在下次就诊日之前三天告知M公司人事专员,以便统一安排健康咨询顾问陪同前往医院就诊。

2014年6月5日,小鱼儿回复表示:①公司可与本人就诊的医院取得联系,获取公司所需要的信息。②本人查阅了相关的国家法律法规及公司的各项规章制度,包括公司与本人签订的劳动合同书的各项条款,均未提及公司有权委派任何人陪同员工就诊,或员工具有遵守被陪同就诊的义务。如公司单方面认为本人的病情有虚假伪造成分,并因此作出违法处理,本人将保留法律追究的权利。

3. 第三道金牌,医疗期满要求上班,遭到拒绝

2014年6月18日,M公司又发函通知小鱼儿,表示小鱼儿所休病假已超过法律法规所规定的医疗期,安排小鱼儿至审计资料科。请小鱼儿于2014年×月×日到公司资料科上班。

小鱼儿6月19日回复:对M公司作出的换岗决定没有异议,接受M公司的换岗安排,但因本人的身体欠佳,遵医嘱暂时无法上班,并已将×月×日至×日期间休病假的申请资料按照M公司以往的要求以邮件形式提前提出了病休申请,本人将积极配合医生治疗疾病,以期早日恢复健康,回岗上班。

(三)水落石出

2014年6月25日,M公司代理人所在的律师事务所向上海市东方公证处申请对"石某"的新浪微博网页办理保全证据公证。同日,该公证处出具(2014)沪东证经字第461号公证书,附件第6页至第18页是链接并浏览"石某"新浪微博相关页面的打印结果,有小鱼儿的照片、小鱼儿与其女儿的照片以及小鱼儿全家福照片,微博内容和博主回复的内容载明"2014年6月小跳香港游""HK回来这几天小跳的湿疹严重的不行""10—15日去的"。

随即,M公司向小鱼儿发出解除劳动合同通知,决定以旷工为由,自2014年6月30日起解除与小鱼儿的劳动合同。

思考题

1. 如果小鱼儿决定打官司,是直接到法院吗?
2. 如果小鱼儿是苏州人,M公司在上海,是在上海还是苏州打官司呢?
3. 小鱼儿最迟应在什么时候打官司呢?

第一节 劳动争议案件的特殊性

一、如何认定劳动争议案件

劳动关系当事人之间因劳动的权利与义务发生分歧而引起的争议,又称劳动纠纷。

根据《劳动争议调解仲裁法》的规定,下列案件属于劳动争议:(1)因确认劳动关系发生的争议;(2)因订立、履行、变更、解除和终止劳动合同发生的争议;(3)因除名、辞退和辞职、离职发生的争议;(4)因工作时间、休息休假、社会保险、福利、培训以及劳动保护发生的争议;(5)因劳动报酬、工伤医疗费、经济补偿或者赔偿金等发生的争议;(6)法律、法规规定的其他劳动争议。

劳动争议的特点如下:

1. 劳动争议当事人一方为劳动者,另一方为用人单位

劳动者主要是指与在中国境内的企业、个体经济组织建立劳动合同关系的职工和与国家机关、事业组织、社会团体建立劳动合同关系的职工。用人单位是指在中国境内的企业、个体经济组织以及国家机关、事业组织、社会团体等与劳动者订立了劳动合同的单位。

2. 当事人具有劳动关系是认定劳动争议的前提

劳动关系是指用人单位招用劳动者为其成员,劳动者在用人单位的管理下提供有报酬的劳动而产生的权利义务关系。劳动法律关系的一方(劳动者)必须加入某一个用人单位,成为该单位的一员,并参加单位的生产劳动,遵守单位内部的劳动规则;而另一方(用人单位)则必须按照劳动者的劳动数量或质量给付其报酬,提供工作条件,并不断改进劳动者的物质文化生活。

在本章小鱼儿与M公司的争议中,小鱼儿与M公司签订劳动合同,小鱼儿系M公司的内部员工,M公司向小鱼儿支付工资;双方因解除劳动合同发生纠纷,因此案件性质是劳动争议。

二、劳动争议案件特殊性之一:仲裁前置

对于劳动争议案件,仲裁程序是法定的必经程序,即劳动争议仲裁程序是人民法院受理的前置程序,当事人必须先向劳动争议仲裁委员会申请仲裁,对仲裁裁决不服的,才可以向人民法院起诉,否则,人民法院不予受理。

劳动争议纠纷最终得到解决可能要经过三个法律程序,即劳动争议仲裁程序、诉讼一审程序、诉讼二审程序。

当事人申请劳动仲裁，应向用人单位所在地的劳动争议仲裁委员会提出申请；劳动合同履行地与用人单位所在地不一致的，也可以由劳动合同履行地的劳动争议仲裁委员会管辖。

对劳动争议仲裁委员会的裁决，在法定期限内不向法院起诉，仲裁裁决发生法律效力。如一方不履行仲裁裁决的内容，当事人一方可以向法院申请执行。

所以，如果小鱼儿决定打官司，不能直接到人民法院，而只能到劳动争议仲裁委员会申请劳动仲裁；任何一方对仲裁结果不服的，或者仲裁不受理的，才可以到人民法院起诉。

三、劳动争议案件特殊性之二：仲裁时效

仲裁时效是指在劳动争议发生后，权利人于一定期限内不向劳动争议仲裁机构提出保护其民事权利的请求，就丧失胜诉权的法律制度。法律规定仲裁时效的目的，一是为了更有效查清事实，二是避免当事人躺在权利上睡觉。

劳动争议申请仲裁的时效期间为一年。仲裁时效期间从当事人知道或者应当知道其权利被侵害之日起计算。劳动关系存续期间因拖欠劳动报酬发生争议的，劳动者申请仲裁不受本条第一款规定的仲裁时效期间的限制；但是，劳动关系终止的，应当自劳动关系终止之日起一年内提出。

仲裁时效特别规定：

1. 时效中断：因当事人一方向对方当事人主张权利，或者向有关部门请求权利救济，或者对方当事人同意履行义务而中断。从中断时起，仲裁时效期间重新计算。

发生仲裁时效中断时，已经发生的仲裁时效期间统归无效，重新开始计算时效期间。"从中断时起"，是指从仲裁时效中断的法定事由消除之日起。

2. 时效中止：因不可抗力或者其他正当理由，当事人不能在规定的仲裁时效期间申请仲裁的，仲裁时效中止。从中止时效的原因消除之日起，仲裁时效期间继续计算。

其他正当理由主要是以下两种情形：

（1）因当事人自身因素造成的法定允许中止的障碍，如被侵害权利的劳动者丧失或者部分丧失民事行为能力、法定代理人丧失或者部分丧失民事行为能力而失去代理资格；当事人患病确实未能参加活动的；

（2）仲裁机构本身的原因，如本案必须以另一案的审理结果作为依据而另一案又尚未审理终结的。

发生仲裁时效中止时，已经发生的仲裁时效期间仍然有效，而仅是将时效中止的时间不计入仲裁时效期间，也就是将时效中止前后时效进行的时间合并计算仲裁时效期间。

小鱼儿如向劳动争议仲裁委员会申请劳动仲裁，应在接到 M 公司解除劳动合同

通知书之日起一年之内申请劳动仲裁，逾期则失去胜诉权。

四、劳动争议案件特殊性之三：诉裁衔接

根据《劳动争议仲裁调解法》规定，对劳动争议仲裁裁决不服的，应在接到仲裁裁决后十五日内，向有管辖权的人民法院提出。有管辖权的人民法院，包括用人单位所在地的人民法院；劳动合同履行地与用人单位所在地不一致的，也可以由劳动合同履行地的人民法院管辖。

1. 对仲裁不予受理的司法救济

根据最高人民法院《关于审理劳动争议案件适用法律若干问题的解释》规定，当事人不服劳动争议仲裁委员会以当事人申请仲裁的事项不属于劳动争议、申请超过仲裁时效、主体不适合三种理由做出的不予受理的书面裁决、决定或通知而提起诉讼的，人民法院应当视情况作出处理。经审查属于劳动争议案件的，法院应当受理。

劳动仲裁受理后，但未在合理期限内作出裁决的，当事人也可以向法院提出诉讼，法院应当受理。

2. 在诉讼中增加或减少请求的处理

最高人民法院司法解释规定，法院受理劳动争议案件后，当事人增加诉讼请求的，如果该诉讼请求诉争的劳动争议有不可分性，应当合并审理，如属独立的劳动争议，应当告知当事人向劳动争议仲裁委员会申请仲裁。

对于在诉讼中减少诉讼请求的处理，最高人民法院司法解释规定，劳动争议仲裁委员会作出裁决后，当事人对裁决中的部分事实不服，依法向人民法院起诉的，该裁决不发生法律效力。

3. 可以终局裁决的情形

根据《劳动争议仲裁调解法》的规定，劳动者追索劳动报酬、工伤医疗费、经济补偿或者赔偿金，如果仲裁裁决涉及数项，每项确定的数额均不超过当地月最低工资标准十二个月金额的，应当按照终局裁决处理。裁决书自作出之日起发生法律效力。

对终局仲裁裁决，劳动者不服的，可以自收到仲裁裁决书之日起十五日内向基层人民法院提起诉讼；用人单位不服的，有证据证明仲裁终局裁决确有错误的，可以自收到仲裁裁决书之日起三十日内向劳动争议仲裁委员会所在地的中级人民法院申请撤销裁决。

第二节 起诉（申请仲裁）

一、起诉状和仲裁申请书

劳动争议当事人认为自己的权利受到侵害，需要向仲裁机关提出申诉，要求劳动仲裁机关予以维护时，就应提供劳动仲裁申请书。

劳动仲裁申请书是劳动争议一方或双方当事人向劳动仲裁机关，就劳动争议事项提出仲裁请求的法律文书，是劳动仲裁机关立案的依据和凭证。

劳动仲裁委员会做出裁决后，当事人不服劳动仲裁裁决的，可以在接到劳动仲裁裁决书十五日内向有管辖权的人民法院提出诉讼。民事起诉状是指公民、法人或其他组织，在认为自己的合法权益受到侵害或者与他人发生争议时或者需要确权时，向人民法院提交的请求人民法院依法裁判的法律文书，是人民法院受理民事案件，予以立案、受理的凭证。

民事起诉状和仲裁申请书在目的、制作方式和内容结构上并无根本不同，所以在本章不再区分民事起诉状和仲裁申请书，本章民事起诉状的制作过程对仲裁申请书同样适用。

二、小鱼儿诉 M 公司原始事实与证据

小鱼儿与 M 公司劳动争议案件原始事件和证据包括如下方面：

1. 劳动合同；
2. 关于性骚扰的微博；
3. 病假单；
4. M 公司给小鱼儿的函件 1；
5. 小鱼儿回复 M 公司的邮件 1；
6. M 公司给小鱼儿的函件 2；
7. 小鱼儿回复 M 公司的邮件 2；
8. M 公司给小鱼儿的函件 3；
9. 小鱼儿回复 M 公司的邮件 3；
10. 小鱼儿老公石某的微博及公证，微博上有小鱼儿与老公、女儿在香港的全家福照片、关于香港旅游的微博内容与回复；
11. M 公司员工手册，其中包括旷工三天开除的内容；
12. 小鱼儿签收员工手册的回执；
13. 小鱼儿在香港某医院的就诊病例；

14. 小鱼儿的工资条，工资条上小鱼儿的工资是人民币1.2万元；

15. M公司的《解除劳动合同通知书》，以旷工为由，按照严重违纪解除与小鱼儿的劳动关系。

三、起诉状对原始事件的呈现和删减

起诉状的案件叙事一般都指向"过去"，"回忆"是它的一个基本性质。为了某种目的，原告对过去有意"遮蔽"或"放大"，必然出现法律虚构。

原始事件是真实发生的事件。但在法律处理过程中，很多事实没有法律意义，不会也没有必要纳入法官的视野。起诉前原告在选择事件呈现时，不可能把已经发生的所有事实都呈现出来。原告会根据自己的需要有选择性地呈现事件。

在选择事件呈现时，原告会考虑如下事项：

1. 在构建故事的过程中，如何构建事件与事件之间的逻辑，形成事件（或故事）的链条？

2. 在构建故事的过程中，一些事件需要纳入进来，另外一些事件则需要过滤出去——那么选择的原则是什么？被选择的事件如何被编织到事件链条之中？

3. 在选择事件的过程中既要尽量保持客观（有证据证明），又要归咎被告的责任。那么，这一目的如何实现？

四、为达到目的，原告构建事实的方法是：

1. 事件链条

原告首先选择一个初始事件A，然后从事件A开始逐渐推进情节，直到终局事件Z，事件与事件之间具有关联性。原告在叙事中以"情节化解释"的过程，事件链条在情节化的组织下成为因果链条，事实因此被建构。根据原告构建的事实，被告应受到谴责，承担法律责任，从而使原告的诉求得到满足。

2. 事件的删减

事件的删减也是事实建构的主要手段之一，在原始事件中出现的一些对被告有利或者对原告不利的事件，原告在叙事中会有意删减。由于原告的事件删减，从而导致在起诉中出现的所有事件均把被告推向不利地位。

3. 动作情态

叙事在很大程度上是对行为和动作的记述，动词和施受关系能够反映主体的意志取向，同时也是推测可能后果的媒介。对动词的选择和对施受关系的选择在一定程度上重新建构了事实。

在本案的起诉状中，小鱼儿这样对一系列事件进行呈现和删减：

小鱼儿认为，关于性骚扰的微博，一是没有证据证明，二是与严重违纪无关，因此在起诉状中不予呈现；小鱼儿与M公司之间的其他邮件、函件，与严重违纪无

关,因此也不予以呈现;到香港旅游的事情,对小鱼儿不利,因此不予呈现,将来在需要的时候,针对该事件进行解释和抗辩。

基于此,小鱼儿决定在起诉状中只呈现三件事情:第一,小鱼儿与公司之间存在劳动合同,劳动合同期限是 2012 年 6 月 1 日至 2015 年 5 月 31 日;第二,2014 年 5 月 15 日到 7 月 15 日上海某医院开具的病假条;第三,M 公司 2014 年 6 月 30 日做出《解除劳动合同通知书》,以旷工为由,自 2014 年 6 月 30 日起解除与小鱼儿的劳动关系。

小鱼儿在起诉状中提出:M 公司将正在休病假的员工以旷工为由解除劳动关系,违反了《劳动合同法》的有关规定,系非法解雇。根据《劳动合同法》的规定,应承担法律责任。

因此,在诉讼请求中,小鱼儿提出:M 公司应支付其违法解除劳动合同赔偿金 8.4 万元。

五、起诉状中"事实与理由"部分的逻辑结构

通常民事起诉状先写明事实依据。事实部分写明当事人之间的基本法律关系,然后被告的行为破坏了这种基本法律关系,从而给原告造成损害,并在原被告之间产生纠纷。事实陈述的主要目的是提供关于案件的信息,要求还原整个案子的起因、经过、结果等。

在事实基础上原告阐明理由,理由包括认定事实的理由和适用法律的理由。

最后得出结论,被告应承担法律责任,原告的诉讼请求应得到支持。

起诉状中的事实和理由部分是一个由论证概念组成的结构,各个部分之间的关系在性质上是逻辑的三段论。

思考题

小鱼儿掌握的证据,哪些应提交给法院,哪些不应该提交给法院?一份起诉状中,蕴含哪些逻辑关系?

第三节 应诉和答辩

一、应诉中的事实构建

原告起诉中的事实是已经删减和情节化之后所构建出来的事实,因此在应诉中,主要是把删减的事件增补进来,以及对情节化的事实进行客观重建。

原告对原始事件的改变通常是不完善的,在叙事过程中,即使原告精明地掩饰

自己对原始事件的改变，经历同样原始事件的被告也能看出其中的痕迹。原告所使用的试图影响法官判断的语言手段，例如对动机、赞扬、责任的说明和观点，在答辩中，被告需要恢复原始事件的本来含义，重新构建事实。

在原告讲述的事件中，事件之前存在一系列先在事件，被告可以用这些先在事件来解释原告所讲述的事件是如何发生的。另外还有一些事件，被告用来降低原告讲述事件的可信度。

因此，被告在应诉中，从自己的角度，提出一些原告消减的事件；针对原告事件描述中使用的动机、赞扬、责任等语言手段，被告也可以从自己的角度，使用另外一套语言手段，对被告行为的合理性进行辩解。

由于添加了新的事件，因此，原告事件与事件之间的因果链条在被告这里得到重建。

总之，对原被告之间发生的同一事实，被告从另外一个角度进行了重新构建。这个事实，与原告讲述的事实有相同的地方，也有不同的地方。但正是这些不同的事件，产生了新的事实理由和法律理由，这些理由充分证明了被告行为的合法性。

在本案中，M公司的应诉事实重点是强调小鱼儿在病假期间到香港旅游，结合小鱼儿的病情，可知小鱼儿的病假为虚假病假。

二、应诉中对抗方向选择

针对原告的起诉，被告一般从如下角度进行抗辩：

1. 针对原告在起诉状中提出的原被告之间的基本法律关系，被告进行的抗辩：

（1）基本法律关系不存在，例如原被告之间不存在劳动关系。

（2）原告对原被告之间的基本法律关系定性错误，例如原告认为原被告之间是劳动关系，但实际上原被告之间是平等主体的承揽合同关系，或者原被告之间是特殊的劳动关系等。

（3）原被告之间的基本法律关系已经解除或者变更。

2. 针对原告提出的被告破坏基本法律关系的行为，被告进行的抗辩：

（1）原告主张的被告行为不存在，例如原告主张被告单方解除劳动合同，被告认为，被告并没有单方解除劳动合同，劳动关系之所以解除，是因为原告向被告提出辞职。

（2）原告主张的被告行为是合法行为，例如原告主张被告拖欠工资，被告认为，由于原告旷工和请事假，因此在此期间原告不应获得工资。

3. 针对原告提出的要求被告承担赔偿责任的损害事实，被告进行的抗辩：

（1）损益相抵。例如原告因为工伤，要求被告赔偿医疗费，被告认为，原告的医疗费已经第三人赔偿或者医疗保险已经报销，对已经赔偿或者报销部分，被告不应承担。

（2）损失并不存在或者没有证据证明。

4. 针对原告的诉讼请求，被告进行的抗辩：

（1）例如原告认为被告非法解除劳动合同，要求恢复劳动关系，被告抗辩认为，恢复劳动关系已经没有必要或者没有恢复的可能。

（2）仲裁时效。例如原告认为在建立劳动关系后双方未签订书面劳动合同，因此对未签订书面劳动合同期间要求双倍工资赔偿，被告认为，原告主张的未签订书面劳动合同期间距原告起诉已超过一年，根据仲裁时效的法律规定，依法不予接受。

5. 针对原告起诉的诉讼程序，被告进行的抗辩：

（1）管辖权。针对申请人在上海市××区人事与劳动争议仲裁委员会提起的劳动仲裁，被申请人认为，上海市××区既非用人单位所在地，也不是劳动合同履行地，因此上海市××区人事与劳动争议仲裁委员会对本案无管辖权。

（2）诉权。针对原告在上海市××区人民法院直接提起的诉讼，被告认为，本案的性质是劳动争议，根据《劳动争议仲裁与调解法》，应先经过劳动仲裁处理。原告在起诉之前未申请劳动仲裁，因此对本案不具有诉权。

在本案中，M公司针对小鱼儿的虚假病假，性质认定为旷工，因此M公司根据规章制度对小鱼儿旷工的事实进行处罚并无不当，系合法解雇。

三、M公司针对小鱼儿的起诉答辩

针对小鱼儿的起诉，M公司选择对解除劳动合同行为的合法性进行答辩。

M公司认为：小鱼儿依据不真实的病情申请病假，应按照旷工处理。在小鱼儿病假期间，M公司多次要求小鱼儿提供详细的病情资料原件，以供用人单位核实，包括要求派人陪同小鱼儿就医，小鱼儿均予以拒绝；在小鱼儿医疗期满后，给小鱼儿调换力所能及的工作，但小鱼儿仍然拒绝上班；然而在病假期间，小鱼儿却到香港游玩。既然小鱼儿能够乘坐飞机到香港游玩，说明小鱼儿也可以到单位上班。小鱼儿能够上班却拒绝上班的事实，应按旷工处理。根据M公司病假制度规定，旷工超过三天即被认为是严重违纪。M公司按照严重违纪解除与小鱼儿的劳动合同，系合法解除。

思考题

1. 针对小鱼儿的起诉，M公司是否应提交书面答辩状？提交书面答辩状的利弊是什么？

2. 如果你是代表M公司应诉的HR，请起草一份书面的答辩状。

第四节 法庭上的进攻与防御

根据小鱼儿的起诉以及 M 公司的抗辩，可以看出，本案的关键是事实争议：小鱼儿在病假期间到香港游玩，那么小鱼儿的病假是真还是假？在医疗期满之后，小鱼儿能够从事单位安排的工作却拒绝上班，小鱼儿的行为能不能认定为旷工？

解决事实争议的切入点，是对证据的认定与适用。

一、小鱼儿的举证有没有超过举证时限？

《最高人民法院关于民事诉讼证据的若干规定》第三十三条规定，人民法院在送达案件受理通知书和应诉通知书的同时向当事人送达举证通知书。举证通知书应当载明指定的举证期限以及逾期提供证据的法律后果。

《民事诉讼法》第六十五条规定，在举证期限内，当事人应当向人民法院提交证据材料；对于当事人逾期提交的证据材料，人民法院应当责令其说明理由，拒不说明理由或理由不成立的，人民法院审理时不组织质证或者虽采纳证据但要予以训诫或罚款。

在小鱼儿诉 M 公司劳动争议纠纷案件中，小鱼儿在起诉时并未提交在香港的就医记录。M 公司应诉后，提供了石某的微博，微博内容证明小鱼儿在病假期间到香港游玩。在此情况下，小鱼儿才提交了到香港某医院的就诊记录。但小鱼儿提交证据的时间，已经超过了《受理通知书》要求的举证期限。对此应如何处理？

这种情况不能认为已经超过举证期限：因为在小鱼儿起诉之时，举证期限只能适用于当时的争点主张进行举证，小鱼儿到香港的行为在起诉时并未成为一种争点，因此不能苛求小鱼儿对当时未形成的争点进行举证。只有当被告在应诉时提出了小鱼儿到香港游玩的证据，小鱼儿在接到被告的应诉证据之后，举证期限才开始计算。

二、举证责任

针对被告提出的石某微博，小鱼儿认为，其与石某并非夫妻关系；单位认为，根据石某微博上与小鱼儿之间的亲密用语，显示小鱼儿与石某系夫妻关系。那么，对于小鱼儿与石某是否为夫妻关系，应该由小鱼儿还是 M 公司承担举证责任？

举证责任，是指当事人对诉讼中所主张的案件事实，应当承担提供证据加以证明的责任；在诉讼结束之时，如果案件事实仍处于真伪不明状态，应当由该当事人承担败诉或不利的诉讼后果的责任。

举证责任具有双重含义：

行为意义的举证责任是指当事人对其主张的事实所应承担的提供证据加以证明的责任。行为意义的举证责任强调的是当事人举证的行为。

结果意义的举证责任是指待证事实处于真伪不明状态时，主张该事实的当事人所应承担的不利后果。结果意义的举证责任强调的是在作为裁判基础的事实处于真伪不明状态时，法院如何裁判的问题。

在小鱼儿诉 M 公司劳动纠纷案件中，被告提出小鱼儿与石某之间系夫妻关系的主张，因此按"谁主张、谁举证"的原则，应由被告提供小鱼儿与石某之间系夫妻关系的证据。

但是，在本案中，由于待证内容的特殊性，除微博记录之外，被告很难通过其他方式证明小鱼儿与石某之间的夫妻关系；但是，小鱼儿与石某的夫妻关系存在与否，对小鱼儿而言，证明难度却易如拾芥。这时，人民法院一般根据公平原则和诚实信用原则，综合当事人举证能力等因素确定举证责任由谁承担。

三、证据与事实

针对被告提出的石某微博上的照片，小鱼儿认为，这些照片都是去年到香港游玩时拍的，而不是微博发布时拍摄的照片。被告认为，到香港游玩的照片既然是微博的一部分，而微博内容又是到香港游玩的记录，因此，照片是这次到香港游玩期间拍摄的。照片证明小鱼儿在香港游玩的事实。

那么，案件的客观事实到底是什么呢？如何认定照片是今年拍摄还是去年拍摄的？

在劳动争议案件处理中，人们试图追求案件的客观事实，即完全还原案件的事实真相。客观事实，就是原本发生的，在意识之外，不依赖人们的主观意识而存在的现实事实。案件的发生通常是在若干时间以前，法官、仲裁员不可能在场。因此在诉讼中，法官和仲裁员都不可能找出案件的客观事实，并根据案件的客观事实进行裁判。法官只能通过法定程序，按照证据规则，根据当事人提交的证据材料，经过质证采信后，对案件事实做出合理推断与认定。

法律事实只能接近客观事实，永远不能达到客观事实。因此就出现了必须要解决的问题：证据对案件要证明到什么程度，才能认为证明任务已经完成，从而根据证据确定案件的事实。证据标准是证据学的基本问题。

证明标准是指证明主体对案件事实及其他待证事实的证明所应达到的程度。在劳动争议案件审理中，证明标准是判断证明目标是否已经完成的标准，线上为已完成证明目标，负有举证责任当事人的证明任务完成；线下则被认为证明任务没有完成，因而其证明责任不能免除。

刑事案件要求排除一切合理怀疑，证据标准必须达到"证据确凿、充分，事实清楚"的程度。而劳动争议案件只要求达到"高度盖然性"标准即可。高度盖然性是指证明虽然没有达到使法官确信待证事实绝对真实的程度，但已经达到相信存在极大可能或非常可能真实的程度。

在民事诉讼证据无法达到确实充分，所证明的事实不能达到完全排除其他可能性的情况下，根据民事证据规则，案件的同一事实，除举证责任倒置外，由提出主张的一方当事人首先举证，然后由另一方当事人举证。另一方当事人不能提出足以推翻前一事实的证据的，对这一事实可以认定；提出足以推翻前一事实的证据的，再转由提出主张的当事人继续举证。

如果双方当事人对同一事实分别举出相反的证据，但没有足够的依据否定对方证据的，人民法院应当结合案件情况，判断一方提供证据的证明力是否明显大于另一方提供证据的证明力，并对证明力较大的证据予以确认。因证据的证明力无法判断导致争议事实难以认定的，人民法院应当按照证明责任分配的规则和辩论原则，要求当事人为自己的主张或自己的反驳意见提供证据，如果双方当事人对同一事实分别举出相反的证据，但没有足够的依据否定对方证据，那么，如果一方提供证据的证明力明显大于另一方提供证据的证明力，则认为达到了高度盖然性的证明标准。

在小鱼儿诉 M 公司劳动纠纷案件中，到香港游玩的照片作为微博的一部分，与微博的文字记录构成一个整体。因此，微博的文字记录构成照片拍摄时间的有力解释。照片在本次香港游玩期间拍摄的可能性远远大于去年拍摄的可能性，根据证据的高度盖然性标准，可以认定香港游玩期间的照片在今年拍摄。

四、举证方式

针对小鱼儿到香港就医的病例，M 公司答辩认为，该证据在香港形成，无法核实和判断真伪。

M 公司的答辩，直接指向了小鱼儿的举证方式。

根据《民事诉讼法》的规定，当事人向人民法院提供的证据系在中华人民共和国领域外形成的，该证据应当经所在国公证机关予以证明，并经中华人民共和国驻该国使领馆予以认证，或者履行中华人民共和国与该所在国订立的有关条约中规定的证明手续。当事人向人民法院提供的证据是在香港、澳门、台湾地区形成的，应当履行相关的证明手续。

域外证据，是指形成于一国法域外的证据。这里所指的"域"是"法域"而非"地域"；形成于我国香港、澳门、台湾地区的证据也属于域外证据，亦应履行相关的证明手续。

域外形成的证据首先必须经过所在国公证机关予以证明。其次，还必须履行认证手续。这里的认证，指的是外交认证。公证文书一经他国外交认证，在他国就具有法律效力。根据司法解释，域外形成的证据经所在国公证机关证明后，其公证文书还必须经我国驻该国使领馆认证。

在香港、澳门、台湾地区形成的证据，如何履行相关的证明手续，主要由司法部以通知的形式予以规定。对于在香港地区形成的证据的公证证明问题，主要通过委托公证人制度解决。为解决香港居民回内地处理民事、经济法律事务所需的公证证明问题，从1981年开始，司法部经商中央有关主管部门同意，建立了委托公证人制度，即由司法部考核后委托部分香港律师作为委托公证人，负责出具有关公证文书，经司法部在香港设立的中国法律服务（香港）有限公司审核并加章转递后，送回内地使用。

最高人民法院在其与司法部联合下发的《关于涉港公证文书效力问题的通知》中明确指出，在办理涉港案件中，对于发生在香港地区的有法律意义的事件和文书，均应要求当事人提交委托公证人出具并经司法部中国法律服务（香港）有限公司审核并加章转递的公证证明；对委托公证人以外的其他机构、人员出具的或未经审核加章转递程序的证明文书，应视为不具有民事诉讼法中规定的公证文书的证明效力和执行效力。

对于在澳门地区形成的证据，由于司法部没有在澳门建立委托公证人制度，只要经中国法律服务（澳门）有限公司或者澳门司法事务室下属的民事登记局出具公证证明，就可以直接向人民法院提交。对于在台湾地区形成的证据，首先应当经台湾地区的公证机关予以公证，并由台湾海基会根据《海峡两岸公证书使用查证协议》，提供有关证明材料。

 **思考题**

1. 假如你是小鱼儿的律师，你还可以从哪些方面收集证据，主张对小鱼儿有利的事实？

2. 假如你是M公司的律师，你还可以从哪些方面收集证据，主张对M公司有利的事实？

第五节　法官如何审理案件

法院审理案件的方式是法律风险管理的指向标，不仅对原告、被告参加诉讼活动具有决定性的指向作用，而且对人力资源管理本身也具有重要的指向作用。

那么，法官接到一个案件，该如何审理与思考呢？

一、固定权利请求

权利请求是当事人诉权的核心，是法官审理案件的起点，也是所有诉讼行为展开的基本依据。

法官审理案件，必须弄明白当事人想达到什么目的，诉讼请求就是当事人参与诉讼的目的。对于原告来说，希望法院支持他的诉讼请求；对于被告来说，希望法院驳回原告的诉讼请求。因此，诉讼请求无论对原告来说还是对被告来说，都是其参与诉讼的目的。

只有弄清当事人的目的，才能据此寻找支持当事人目的或者反对当事人目的的事实依据和法律规范，然后在此基础上开展审理活动。诉讼中的一切活动，都以固定权利请求为基本出发点和前提。

当事人在起诉时，可能提出不止一个诉讼请求。固定权利请求，首先需要分析各个诉讼请求之间的关系。需要注意的是，诉讼请求之间可能存在对抗关系，也可能存在补充关系。

对抗关系，是指两个诉讼请求只能有一个成立，另外一个不能成立。例如小鱼儿诉 M 公司劳动纠纷案件中，小鱼儿认为 M 公司违法解除劳动关系，那么其诉讼请求要么是恢复劳动关系，要么是支付双倍赔偿金，两个诉讼请求只能成立一个，不可能两个全部成立。恢复劳动关系与支付双倍赔偿金就是一种对抗关系。

补充关系，是指一个诉讼请求的成立，必须以另一个诉讼请求的成立为前提。在后的诉讼请求与在前的诉讼请求是一种补充关系。小鱼儿诉 M 公司劳动纠纷案件中，小鱼儿要求单位支付双倍赔偿金的诉讼请求，其实隐含着另外一个诉讼请求：确认 M 公司单方解除劳动关系的行为违法。支付双倍赔偿金的请求与确认解除劳动关系行为违法的请求，是一种补充关系。

法院在固定当事人请求的时候，如果发现当事人的不同请求之间存在对抗关系，应向当事人释明，在对抗的诉讼请求中只能择其一；如果发现具有补充关系的诉讼请求，而当事人只提出一个，另外一个未提出，例如只提出确认解除劳动关系违法，而没有进一步提出恢复劳动关系或者支付双倍赔偿金的请求，那么为减少诉累，法院应释明，要求原告补充诉讼请求。

固定权利请求，还涉及另外一个问题，即当事人未提出的诉讼请求，法院不能审理，法院只能就当事人已提出的诉讼请求进行审理，而不能超越当事人的诉讼请求。这就是所谓的"不告不理原则"。

二、识别权利请求基础

诉讼请求固定后，即应确定其所依据的法律条文，即"法官找法"。法官弄清诉讼请求对应的请求权性质后，根据当事人依据的事实和理由，进而确定法律条文，明确法律关系。

权利请求基础，是指当事人提出的权利主张所依据的法律基础规范。例如，小鱼儿诉 M 公司劳动纠纷案件中，小鱼儿要求 M 公司支付双倍工资的依据是《劳动合同法》的下列规定：

第四十八条 用人单位违反本法规定解除或者终止劳动合同，劳动者要求继续履行劳动合同的，用人单位应当继续履行；劳动者不要求继续履行劳动合同或者劳动合同已经不能继续履行的，用人单位应当依照本法第八十七条规定支付赔偿金。

第八十七条 用人单位违反本法规定解除或者终止劳动合同的，应当依照本法第四十七条规定的经济补偿标准的二倍向劳动者支付赔偿金。

《劳动合同法》第四十八条和第八十七条之规定构成小鱼儿双倍赔偿请求权的法律基础。

及时识别权利基础规范，有利于法院及时审查，确定审理思路的基本出发点。如果当事人主张的权利是单一且明确的，能够指向某一具体法律规定，则审理自然可以顺利开展；但如果当事人可能指向若干个请求权，如果不予具体明确，就无法指向具体的请求权，审判活动就无法开展。

法院识别权利基础规范，可以在原告诉讼请求或诉讼理由中寻找。原告可能会在诉讼请求或诉讼理由中直接声明权利基础。如当事人没有明确，法院应及早审查固定，以便及时进行后面的审理活动。

在识别权利基础规范时，有时，原告主张的法律关系性质不明确或者前后不一致，或者其主张的法律关系性质与法院认定不一致，甚至还会发生请求权竞合，这些情况需要法院谨慎处理。通常做法是做出必要释明，然后根据不同情况作出处理。

经释明后原告明确的，按其明确的请求权基础继续审理。如法官释明后原告仍不能明确的，法院可以根据原告提出的诉讼请求、事实和理由，认定原告主张的法律关系，并询问原告对法院认定结果的意见。释明后既不明确，又拒绝确认法院认定结果可能导致的后果、原告确认法院认定结果的，法院按该法律关系进行审理；原告拒绝确认法院认定结果又不予明确的，裁定驳回原告起诉。

三、识别抗辩权基础

在识别出原告的权利请求基础后，法官开始审查被告的答辩。审查的第一步就是判断被告是否提出抗辩。如提出抗辩，需要识别其性质，如是权利消灭抗辩、时效抗辩、履行抗辩，还是其他类型的抗辩。然后根据抗辩所依据的权利性质，寻找其所依据的法律规范基础。

通常情况下，被告对原告的起诉通常会有如下几种反应：

种类	方式		答辩内容举例
第一种	沉默		……
第二种	否认	单纯否认	和原告之间不存在劳动关系
		积极否认	被告没有解雇原告,是原告主动辞职
第三种	不知		我不知道有这么回事
第四种	抗辩	权利消灭抗辩	原被告之间的劳动关系已经结束
		权利妨碍抗辩	原告的请求已经超过了仲裁时效
第五种	自认		同意原告所说

否认与抗辩之区别:

所谓否认,是指对对方当事人所提出的主张予以否认的陈述,具有消极性的特点,一般针对对方请求权基础构成要件所提出的要件事实做出;抗辩则是依据法律规定所提出的抵消、阻止或延缓对方权利的对立性权利主张及新的独立主张,具有积极性的特点,必须指向对立性的法律规范。

例如,小鱼儿诉 M 公司劳动纠纷案件中,M 公司抗辩主张,M 公司之所以解除与小鱼儿的劳动关系,是因为小鱼儿在病假期间出去旅游,可以从事单位安排的工作而拒绝上班,因此小鱼儿的行为已经构成旷工。根据单位规章制度,小鱼儿的旷工属严重违纪。根据《劳动合同法》第三十九条的规定,单位可以解除与小鱼儿的劳动合同。M 公司的抗辩指向《劳动合同法》第三十九条。《劳动合同法》第三十九条与第四十八条系对立性法律规范。

区别否认与抗辩的法律意义在于,否认不改变证明责任分配现状,抗辩则产生证明责任问题。通常,提出抗辩的一方应当对抗辩所包含的构成要件事实承担证明责任。

四、基础规范构成要件分析

找到权利请求基础规范和对立规范后,要对基础规范构成要件进行分析,对法律条文所包含的事实要件进行分解。

完全性法条包括构成要件和法律效果两个组成部分。例如,《劳动合同法》第四十八条规定:"用人单位违反本法规定解除或者终止劳动合同,劳动者要求继续履行劳动合同的,用人单位应当继续履行;劳动者不要求继续履行劳动合同或者劳动合同已经不能继续履行的,用人单位应当依照本法第八十七条规定支付赔偿金。"其中,"用人单位违反本法规定解除或者终止劳动合同"为构成要件,"劳动者要求继续履行劳动合同的,用人单位应当继续履行;劳动者不要求继续履行劳动合同或者劳动合同已经不能继续履行的,用人单位应当依照本法第八十七条规定支付赔偿金"为该法条所规定的法律效果。这一条文即属于完全性法条。一般说来,完全性法条可作为权利请求基础规范,成为法院做出裁判的依据。

法律条文中的假设,通常有其构成要素,其构成要素即为构成要件。构成要件有两种基本结构形式:

结构一:M1+M2+M3+…=R

上述 M1、M2、M3……分别代表着不同的构成要件,R 代表法律效果。

例如,《劳动合同法》第三十七条规定:"劳动者提前三十日以书面形式通知用人单位,可以解除劳动合同。"

M1:劳动者与用人单位之间存在劳动合同;

M2:提前三十日通知;

M3:以书面形式通知;

R:劳动者可以解除劳动合同。

结构二:M1 或 M2 或 M3……=R

例如,《劳动合同法》第三十条第二款规定,"用人单位拖欠或者未足额支付劳动报酬的,劳动者可以依法向当地人民法院申请支付令,人民法院应当依法发出支付令"。

基础规范构成要件分析,就是把上述要件分析出来的过程。法官只有把所有要件都审理清楚,才能准确适用法律条文作出裁判。

不完全性法条则要通过法律解释或者法律补充的方法,把隐含的要件找出来,以获得完全性法条。在很多情况下,不完全性法条或完全性法条往往是基础性规范的补充规范。补充性规范的构成要件经常成为案件审理的核心争点,其所有构成要件可能成为关键要件。

但是,由于法律概念的多层次性,许多权利仅靠一个层次的法条还不能完成法律推理的任务,有的法条包含的要件有多个,无论是完全性法条还是不完全性法条,均可能需要其他层次的辅助性条文的支持。在这种情况下,要准确适用法律条文,就必须把所有相关法律条文所包含的构成要件都分析出来。只有这样,才有可能在进一步的审判中将案件事实与法律条件中的事实要件进行对照,从而完成法条涵摄的任务。

下面仍然以《劳动合同法》第四十八条规定为例进行剖析:第一层次,该条构成要件为:用人单位违反本法规定解除或者终止劳动合同;第二层次,员工与用人单位是否具有劳动关系,用人单位的规章制度员工是否知悉,员工旷工是否构成严重违纪;第三层次,员工病假期间到香港旅游是否构成虚假病历;员工能够上班却未上班,这一行为是否构成旷工。

以上述案例为例,如当事人对劳动合同以及员工手册的规定并无异议,则该要件仍可以默示的形式存在，但无须对之进行分析。

五、诉讼主张的检索

明确基础规范后，法官即审查当事人是否就基础规范所包含的每个要件都提出了主张，或者当事人提出的主张与其依据的基础是否矛盾。

当事人提出请求权或者抗辩，就必须对这个请求权或抗辩的所有构成要件提出主张。没有主张或缺少的，应让其补充出来，错误的让其更正，并依据构成要件提出请求权或抗辩。

例如小鱼儿诉 M 公司劳动纠纷案件中，小鱼儿应提出如下主张：第一，小鱼儿与 M 公司存在劳动关系；第二，在劳动合同期间，M 公司解除与小鱼儿的劳动合同。M 公司针对小鱼儿的起诉进行抗辩，应提出如下主张：第一，小鱼儿的行为已构成旷工；第二，根据员工手册，小鱼儿的旷工行为已构成严重违纪；第三，M 公司根据小鱼儿的严重违纪行为解除与小鱼儿的劳动合同；第四，在解除劳动合同之前，已通知工会。

审查诉讼主张，最重要的方法就是依照法律规范构成要件进行审查。在确定法律规范构成要件后，将当事人已经提出的诉讼主张与规范要件逐一进行对照。所谓检索，就是按照要件清单逐一进行对照或核对。

六、争点整理

争点整理即法官根据当事人的诉辩主张归纳案件争议焦点的过程。争点整理是案件审理中的一项非常重要的工作。争点被认为是法官审判的指挥棒。法官基于当事人争议的法律关系，从当事人诉辩主张所依据的法律规范出发，发现、固定直接影响法律规范各项要件成立或满足的事实争点，以及法律规范能否适用的法律争点，并及时组织当事人确认，记录在案。

争点整理应当首先明确基本元素，把案件中纷繁复杂的内容归化为基本元素。在争点整理中，其基本元素就是基础规范的构成要件。

例如小鱼儿诉 M 公司劳动纠纷案件中，小鱼儿认为 M 公司违法解除劳动合同，M 公司认为其系合法解除劳动合同。M 公司解除小鱼儿的劳动合同，其行为违法还是合法，就是双方的争点。

由于基础规范的多层次性，争点也具有多层次的特点。小鱼儿诉 M 公司劳动纠纷案件中，第一层次，M 公司解除小鱼儿的劳动合同是合法解除还是违法解除；第二层次，小鱼儿的行为是否构成旷工；第三层次，小鱼儿病假期间到香港旅游是否构成虚假病历。

及时整理争点，明确审理重点，使当事人能够将自己的诉辩内容集中于争点范围，避免遗漏争点，更加清晰地表达自己的诉辩理由。

争点包括事实争点和法律争点。应注意,事实争点在事实调查阶段解决,法律争点在法庭辩论阶段解决。

七、要件事实证明

法官组织各方当事人围绕争点进行举证、质证,理清举证、质证的基本任务和要求。

证据,是指民事诉讼当事人向法院提供的或者法院依职权收集的用以证明案件事实的各种材料。

证据材料是证据的来源和初始表现形式,证据材料是证明待证事实的各种材料,这些材料中只有符合证据条件的,才能作为证据。只有符合证据的客观性、关联性和合法性三个标准,才能够被法院采纳,成为证据。

1. 证据的客观性是指证据应该是客观存在的东西,必须来源于客观实际。

首先,证据的内容必须具有客观性,必须是对客观事物的反映。虽然这种反映可能会有错误和偏差,但是它必须以客观事物为基础。纯粹的主观臆断,毫无根据的猜测,即使被当事人提供为证据,也不具有可采性。

其次,证据必须具备客观存在的形式,必须是人们可以以某种方式感知的东西。无论是物证、书证,还是证人证言、鉴定结论,都必须有其客观的外在表现形式,都必须是看得见摸得着的东西。

2. 证据的关联性是指证据必须与需要证明的案件事实或其他争议事实具有一定的联系,即证据的使用必须对证明案件事实或其他争议事实有帮助。

在具体的司法实践中,可以把证据的关联性标准分解为以下三个问题:第一,这个证据能够证明什么事实;第二,这个事实对解决案件中的争议问题有没有实质性帮助;第三,法律对这种关联性有没有具体的要求。

3. 证据的合法性标准包括以下内容:第一,证据的主体必须符合有关法律的规定,如不具备鉴定人资格的人做出的鉴定结论不符合证据的合法性标准;第二,证据的形式必须符合有关法律的规定,例如,鉴定结论和勘验检查笔录上必须有鉴定人员或勘验检查人员的签名盖章,如果没有上述人员签名盖章的鉴定结论和勘验检查笔录,就属于形式不合法的证据,不能采用;第三,证据的收集程序或提取方法必须符合法律的有关规定,如侵犯他人权利取得的证据就不能被使用。

法官应尽早把举证责任分配及证据提交义务告知当事人,并提前将心证结论告诉当事人,以便当事人寻找证明方法和证明资源,让当事人把证据都拿出来,避免当事人有证据却失权,以使事实认定最大限度地接近客观。

如证明方法不能用尽,法官要注意说明和指导。尤其是应当就调查取证问题做出说明和提示。

根据《民事诉讼法》的规定,当事人及其诉讼代理人因客观原因不能自行收集的证据，或者人民法院认为审理案件需要的证据，人民法院应当调查收集。符合下列条件之一的，当事人及其诉讼代理人可以申请人民法院调查收集证据：

（1）申请调查收集的证据属于国家有关部门保存并须人民法院依职权调取的档案材料；

（2）涉及国家秘密、商业秘密、个人隐私的材料；

（3）当事人及其诉讼代理人确因客观原因不能自行收集的其他材料。

当事人及其诉讼代理人申请人民法院调查收集证据，应当提交书面申请。申请书应当载明被调查人的姓名或者单位名称、住所地等基本情况、所要调查收集的证据的内容、需要由人民法院调查收集证据的原因及其要证明的事实。

心证结论公开。心证结论公开是促使当事人用尽证明资源、用尽证明方法的有效手段。当事人作为非法律职业人士，基本上无法判断自己所举证据的充分性。心证结论公开的主要目的就在于促使双方当事人用尽证据资源，给当事人根据法官心证结论（虽然只是初步结论）补充证据的机会。

小鱼儿诉M公司劳动纠纷案件中，法官应把如下心证结论告知小鱼儿：小鱼儿提供的香港某医院的病历，系在域外形成，故应经我国司法部委托的公证人认证；要求小鱼儿在30天之内提交司法部委托的公证人对香港某医院病历的认证结果。

八、事实认定

事实认定一方面依据构成要件对当事人提供的证据进行"过滤"，排除缺乏关联性的证据事实；另一方面对证据内容、证明力大小等做出判断，并据此确认要件事实。

1. 单个证据的事实认定

一方当事人提出的下列证据，对方当事人认可或提出异议但没有足以反驳的相反证据，人民法院可以根据证据内容确认事实：

（1）书证原件或者与书证原件核对无误的复印件、照片、副本、节录本；

（2）物证原物或者与物证原物核对无误的复制件、照片、录像资料等；

（3）有其他证据佐证并以合法手段取得的、无疑点的视听资料或者与视听资料核对无误的复制件；

（4）一方当事人申请人民法院依照法定程序制作的物证或者现场的勘验笔录；

（5）人民法院委托鉴定部门作出的鉴定结论，当事人没有足以反驳的相反证据和理由；

（6）有证据证明一方当事人持有证据无正当理由拒不提供，如果对方当事人主张该证据的内容不利于证据持有人，可以推定该主张成立。

2. 多个证据的事实认定

（1）一方当事人提出的证据，另一方当事人提出的相反证据不足以反驳的，人民法院可以根据证据内容确认事实。

（2）一方当事人提出的证据，另一方当事人有异议并提出反驳证据，对方当事人对反驳证据认可的，人民法院可以根据反驳证据的内容确认事实。

（3）双方当事人对同一事实分别举出相反的证据，但都没有足够的依据否定对方证据的，人民法院一般结合案件情况，判断一方提供证据的证明力是否明显大于另一方提供证据的证明力，并对证明力较大的证据予以确认。

（4）人民法院就数个证据对同一事实的证明力，一般依照下列原则认定：

国家机关、社会团体依职权制作的公文书证的证明力一般大于其他书证。

物证、档案、鉴定结论、勘验笔录或者经公证、登记的书证，其证明力一般大于其他书证、视听资料和证人证言。

原始证据的证明力一般大于传来证据。

直接证据的证明力一般大于间接证据。

证人提供的对与其有亲属或者其他密切关系的当事人有利的证言，其证明力一般小于其他证人证言。

3. 真伪不明的事实认定

竭尽证明资源并用尽证明方法后，证据不够充分，仍然不能证明各自的事实主张，案件事实仍然处于真伪不明状态的，应当适用证明责任分配规则来解决真伪不明的问题。

例如小鱼儿诉 M 公司劳动纠纷案件中，下列证据证明的事实可以认定：

（1）小鱼儿与 M 公司之间存在劳动关系，劳动合同期限为 2012 年 6 月 1 日至 2015 年 5 月 30 日。

（2）小鱼儿多次向 M 公司提交了香港某医院开具的从 2014 年 5 月 15 日到 7 月 15 日期间的病假单。

（3）在病假期间，M 公司督促小鱼儿提供病历资料原件，要求陪同小鱼儿就医，医疗期满后调小鱼儿担任资料管理员，并限期要求小鱼儿上班，但均遭到小鱼儿拒绝。

（4）小鱼儿 2014 年 6 月 10 日至 15 日在香港旅游。

（5）M 公司的规章制度有关于病假、旷工以及严重违纪的规定，对此小鱼儿已知晓。

（6）2014 年 6 月 30 日，M 公司以旷工为由，解除与小鱼儿的劳动合同。

九、要件归入并做出裁判

归入或涵摄归入是指将案件事实与分析出来的法律规范构成要件进行对应。法院将查明的案件事实与原被告主张所对应的法律规范的各项构成要件，逐一进行比对、归入，并根据归入的结果作出适用或不适用该法律条文的裁判。

要完成归入必须满足三个要求：第一，案件事实必须是经过法律认定的事实，即案件事实与构成要件的基本要素的要求相一致；第二，与构成要件的事实要素相一致的事实，不仅单个的法律构成要件事实能够得到满足，而且所有的要件都能得到满足；第三，对方的抗辩不成立。

法律归入首先要看法条的要件能否全部得到满足。只要有一个要件不能被归入，则法条即不应用来支持权利请求或抗辩请求。

小鱼儿诉 M 公司劳动纠纷案件中，小鱼儿可以乘坐飞机到香港旅游，这一事实说明小鱼儿可以从事 M 公司资料管理员的工作。小鱼儿在 M 公司再三督促下，仍然拒绝上班，小鱼儿的行为已经构成旷工。根据 M 公司的规章制度，小鱼儿的行为属严重违反 M 公司规章制度。根据《劳动合同法》第三十九条的规定，M 公司解除小鱼儿的劳动合同并无不当，系合法解除。故应驳回小鱼儿要求 M 公司支付双倍赔偿的诉讼请求。

思考题

1. 小鱼儿在病假期间到香港旅游，法官据此认定为旷工。法官做出这个结论的思维过程是什么？
2. 请说出法官判决小鱼儿败诉的推理方式。

【练习题】

1. 根据本案，请说明用人单位如何管理员工病假？
2. 世界杯期间，有员工在网上购买"病假单"，然后请病假在家看球，对此，你认为 HR 应采取哪些有效的管理措施？
3. 你认为用人单位与员工发生劳动争议的根本原因是什么？有哪些办法可以避免员工与用人单位发生劳动争议？
4. 发生劳动争议是人力资源管理的一次重大危机，你认为这个观点对吗？

附 录

中华人民共和国劳动合同法

（2007年6月29日第十届全国人民代表大会常务委员会第二十八次会议通过）

第一章 总 则

第一条 为了完善劳动合同制度，明确劳动合同双方当事人的权利和义务，保护劳动者的合法权益，构建和发展和谐稳定的劳动关系，制定本法。

第二条 中华人民共和国境内的企业、个体经济组织、民办非企业单位等组织（以下称用人单位）与劳动者建立劳动关系，订立、履行、变更、解除或者终止劳动合同，适用本法。

国家机关、事业单位、社会团体和与其建立劳动关系的劳动者，订立、履行、变更、解除或者终止劳动合同，依照本法执行。

第三条 订立劳动合同，应当遵循合法、公平、平等自愿、协商一致、诚实信用的原则。

依法订立的劳动合同具有约束力，用人单位与劳动者应当履行劳动合同约定的义务。

第四条 用人单位应当依法建立和完善劳动规章制度，保障劳动者享有劳动权利、履行劳动义务。

用人单位在制定、修改或者决定有关劳动报酬、工作时间、休息休假、劳动安全卫生、保险福利、职工培训、劳动纪律以及劳动定额管理等直接涉及劳动者切身利益的规章制度或者重大事项时，应当经职工代表大会或者全体职工讨论，提出方案和意见，与工会或者职工代表平等协商确定。

在规章制度和重大事项决定实施过程中，工会或者职工认为不适当的，有权向用人单位提出，通过协商予以修改完善。

用人单位应当将直接涉及劳动者切身利益的规章制度和重大事项决定公示，或者告知劳动者。

第五条　县级以上人民政府劳动行政部门会同工会和企业方面代表，建立健全协调劳动关系三方机制，共同研究解决有关劳动关系的重大问题。

第六条　工会应当帮助、指导劳动者与用人单位依法订立和履行劳动合同，并与用人单位建立集体协商机制，维护劳动者的合法权益。

第二章　劳动合同的订立

第七条　用人单位自用工之日起即与劳动者建立劳动关系。用人单位应当建立职工名册备查。

第八条　用人单位招用劳动者时，应当如实告知劳动者工作内容、工作条件、工作地点、职业危害、安全生产状况、劳动报酬，以及劳动者要求了解的其他情况；用人单位有权了解劳动者与劳动合同直接相关的基本情况，劳动者应当如实说明。

第九条　用人单位招用劳动者，不得扣押劳动者的居民身份证和其他证件，不得要求劳动者提供担保或者以其他名义向劳动者收取财物。

第十条　建立劳动关系，应当订立书面劳动合同。

已建立劳动关系，未同时订立书面劳动合同的，应当自用工之日起一个月内订立书面劳动合同。

用人单位与劳动者在用工前订立劳动合同的，劳动关系自用工之日起建立。

第十一条　用人单位未在用工的同时订立书面劳动合同，与劳动者约定的劳动报酬不明确的，新招用的劳动者的劳动报酬按照集体合同规定的标准执行；没有集体合同或者集体合同未规定的，实行同工同酬。

第十二条　劳动合同分为固定期限劳动合同、无固定期限劳动合同和以完成一定工作任务为期限的劳动合同。

第十三条　固定期限劳动合同，是指用人单位与劳动者约定合同终止时间的劳动合同。

用人单位与劳动者协商一致，可以订立固定期限劳动合同。

第十四条　无固定期限劳动合同，是指用人单位与劳动者约定无确定终止时间的劳动合同。

用人单位与劳动者协商一致，可以订立无固定期限劳动合同。有下列情形之一，劳动者提出或者同意续订、订立劳动合同的，除劳动者提出订立固定期限劳动合同外，应当订立无固定期限劳动合同：

（一）劳动者在该用人单位连续工作满十年的；

（二）用人单位初次实行劳动合同制度或者国有企业改制重新订立劳动合同时，劳动者在该用人单位连续工作满十年且距法定退休年龄不足十年的；

（三）连续订立二次固定期限劳动合同，且劳动者没有本法第三十九条和第四十条第一项、第二项规定的情形，续订劳动合同的。

用人单位自用工之日起满一年不与劳动者订立书面劳动合同的，视为用人单位与劳动者已订立无固定期限劳动合同。

第十五条 以完成一定工作任务为期限的劳动合同，是指用人单位与劳动者约定以某项工作的完成为合同期限的劳动合同。

用人单位与劳动者协商一致，可以订立以完成一定工作任务为期限的劳动合同。

第十六条 劳动合同由用人单位与劳动者协商一致，并经用人单位与劳动者在劳动合同文本上签字或者盖章生效。

劳动合同文本由用人单位和劳动者各执一份。

第十七条 劳动合同应当具备以下条款：

（一）用人单位的名称、住所和法定代表人或者主要负责人；

（二）劳动者的姓名、住址和居民身份证或者其他有效身份证件号码；

（三）劳动合同期限；

（四）工作内容和工作地点；

（五）工作时间和休息休假；

（六）劳动报酬；

（七）社会保险；

（八）劳动保护、劳动条件和职业危害防护；

（九）法律、法规规定应当纳入劳动合同的其他事项。

劳动合同除前款规定的必备条款外，用人单位与劳动者可以约定试用期、培训、保守秘密、补充保险和福利待遇等其他事项。

第十八条 劳动合同对劳动报酬和劳动条件等标准约定不明确，引发争议的，用人单位与劳动者可以重新协商；协商不成的，适用集体合同规定；没有集体合同或者集体合同未规定劳动报酬的，实行同工同酬；没有集体合同或者集体合同未规定劳动条件等标准的，适用国家有关规定。

第十九条 劳动合同期限三个月以上不满一年的，试用期不得超过一个月；劳动合同期限一年以上不满三年的，试用期不得超过二个月；三年以上固定期限和无固定期限的劳动合同，试用期不得超过六个月。

同一用人单位与同一劳动者只能约定一次试用期。

以完成一定工作任务为期限的劳动合同或者劳动合同期限不满三个月的，不得约定试用期。

试用期包含在劳动合同期限内。劳动合同仅约定试用期的，试用期不成立，该期限为劳动合同期限。

第二十条 劳动者在试用期的工资不得低于本单位相同岗位最低档工资或者劳动合同约定工资的百分之八十，并不得低于用人单位所在地的最低工资标准。

第二十一条 在试用期中，除劳动者有本法第三十九条和第四十条第一项、第二项规定的情形外，用人单位不得解除劳动合同。用人单位在试用期解除劳动合同的，应当向劳动者说明理由。

第二十二条　用人单位为劳动者提供专项培训费用，对其进行专业技术培训的，可以与该劳动者订立协议，约定服务期。

劳动者违反法服务期约定的，应当按照约定向用人单位支付违约金。违约金的数额不得超过用人单位提供的培训费用。用人单位要求劳动者支付的违约金不得超过服务期尚未履行部分所应分摊的培训费用。

用人单位与劳动者约定服务期的，不影响按照正常的工资调整机制提高劳动者在服务期期间的劳动报酬。

第二十三条　用人单位与劳动者可以在劳动合同中约定保守用人单位的商业秘密和与知识产权相关的保密事项。

对负有保密义务的劳动者，用人单位可以在劳动合同或者保密协议中与劳动者约定竞业限制条款，并约定在解除或者终止劳动合同后，在竞业限制期限内按月给予劳动者经济补偿。劳动者违反竞业限制约定的，应当按照约定向用人单位支付违约金。

第二十四条　竞业限制的人员限于用人单位的高级管理人员、高级技术人员和其他负有保密义务的人员。竞业限制的范围、地域、期限由用人单位与劳动者约定，竞业限制的约定不得违反法律、法规的规定。

在解除或者终止劳动合同后，前款规定的人员到与本单位生产或者经营同类产品、从事同类业务的有竞争关系的其他用人单位，或者自己开业生产或者经营同类产品、从事同类业务的竞业限制期限，不得超过二年。

第二十五条　除本法第二十二条和第二十三条规定的情形外，用人单位不得与劳动者约定由劳动者承担违约金。

第二十六条　下列劳动合同无效或者部分无效：

（一）以欺诈、胁迫的手段或者乘人之危，使对方在违背真实意思的情况下订立或者变更劳动合同的；

（二）用人单位免除自己的法定责任、排除劳动者权利的；

（三）违反法律、行政法规强制性规定的。

对劳动合同的无效或者部分无效有争议的，由劳动争议仲裁机构或者人民法院确认。

第二十七条　劳动合同部分无效，不影响其他部分效力的，其他部分仍然有效。

第二十八条　劳动合同被确认无效，劳动者已付出劳动的，用人单位应当向劳动者支付劳动报酬。劳动报酬的数额，参照本单位相同或者相近岗位劳动者的劳动报酬确定。

第三章　劳动合同的履行和变更

第二十九条　用人单位与劳动者应当按照劳动合同的约定，全面履行各自的义务。

第三十条　用人单位应当按照劳动合同约定和国家规定，向劳动者及时足额支付劳动报酬。

用人单位拖欠或者未足额支付劳动报酬的，劳动者可以依法向当地人民法院申请支付令，人民法院应当依法发出支付令。

第三十一条　用人单位应当严格执行劳动定额标准，不得强迫或者变相强迫劳动者加班。用人单位安排加班的，应当按照国家有关规定向劳动者支付加班费。

第三十二条　劳动者拒绝用人单位管理人员违章指挥、强令冒险作业的，不视为违反劳动合同。

劳动者对危害生命安全和身体健康的劳动条件，有权对用人单位提出批评、检举和控告。

第三十三条　用人单位变更名称、法定代表人、主要负责人或者投资人等事项，不影响劳动合同的履行。

第三十四条　用人单位发生合并或者分立等情况，原劳动合同继续有效，劳动合同由承继其权利和义务的用人单位继续履行。

第三十五条　用人单位与劳动者协商一致，可以变更劳动合同约定的内容。变更劳动合同，应当采用书面形式。

变更后的劳动合同文本由用人单位和劳动者各执一份。

第四章　劳动合同的解除和终止

第三十六条　用人单位与劳动者协商一致，可以解除劳动合同。

第三十七条　劳动者提前三十日以书面形式通知用人单位，可以解除劳动合同。劳动者在试用期内提前三日通知用人单位，可以解除劳动合同。

第三十八条　用人单位有下列情形之一的，劳动者可以解除劳动合同：

（一）未按照劳动合同约定提供劳动保护或者劳动条件的；

（二）未及时足额支付劳动报酬的；

（三）未依法为劳动者缴纳社会保险费的；

（四）用人单位的规章制度违反法律、法规的规定，损害劳动者权益的；

（五）因本法第二十六条第一款规定的情形致使劳动合同无效的；

（六）法律、行政法规规定劳动者可以解除劳动合同的其他情形。

用人单位以暴力、威胁或者非法限制人身自由的手段强迫劳动者劳动的，或者用人单位违章指挥、强令冒险作业危及劳动者人身安全的，劳动者可以立即解除劳动合同，不需事先告知用人单位。

第三十九条　劳动者有下列情形之一的，用人单位可以解除劳动合同：

（一）在试用期间被证明不符合录用条件的；

（二）严重违反用人单位的规章制度的；

（三）严重失职，营私舞弊，给用人单位造成重大损害的；

（四）劳动者同时与其他用人单位建立劳动关系，对完成本单位的工作任务造成严重影响，或者经用人单位提出，拒不改正的；

（五）因本法第二十六条第一款第一项规定的情形致使劳动合同无效的；

（六）被依法追究刑事责任的。

第四十条 有下列情形之一的，用人单位提前三十日以书面形式通知劳动者本人或者额外支付劳动者一个月工资后，可以解除劳动合同：

（一）劳动者患病或者非因工负伤，在规定的医疗期满后不能从事原工作，也不能从事由用人单位另行安排的工作的；

（二）劳动者不能胜任工作，经过培训或者调整工作岗位，仍不能胜任工作的；

（三）劳动合同订立时所依据的客观情况发生重大变化，致使劳动合同无法履行，经用人单位与劳动者协商，未能就变更劳动合同内容达成协议的。

第四十一条 有下列情形之一，需要裁减人员二十人以上或者裁减不足二十人但占企业职工总数百分之十以上的，用人单位提前三十日向工会或者全体职工说明情况，听取工会或者职工的意见后，裁减人员方案经向劳动行政部门报告，可以裁减人员：

（一）依照企业破产法规定进行重整的；

（二）生产经营发生严重困难的；

（三）企业转产、重大技术革新或者经营方式调整，经变更劳动合同后，仍需裁减人员的；

（四）其他因劳动合同订立时所依据的客观经济情况发生重大变化，致使劳动合同无法履行的。

裁减人员时，应当优先留用下列人员：

（一）与本单位订立较长期限的固定期限劳动合同的；

（二）与本单位订立无固定期限劳动合同的；

（三）家庭无其他就业人员，有需要扶养的老人或者未成年人的。

用人单位依照本条第一款规定裁减人员，在六个月内重新招用人员的，应当通知被裁减的人员，并在同等条件下优先招用被裁减的人员。

第四十二条 劳动者有下列情形之一的，用人单位不得依照本法第四十条、第四十一条的规定解除劳动合同：

（一）从事接触职业病危害作业的劳动者未进行离岗前职业健康检查，或者疑似职业病病人在诊断或者医学观察期间的；

（二）在本单位患职业病或者因工负伤并被确认丧失或者部分丧失劳动能力的；

（三）患病或者非因工负伤，在规定的医疗期内的；

（四）女职工在孕期、产期、哺乳期的；

（五）在本单位连续工作满十五年，且距法定退休年龄不足五年的；

（六）法律、行政法规规定的其他情形。

第四十三条 用人单位单方解除劳动合同，应当事先将理由通知工会。用人单位违反法律、行政法规规定或者劳动合同约定的，工会有权要求用人单位纠正。用人单位应当研究工会的意见，并将处理结果书面通知工会。

第四十四条 有下列情形之一的，劳动合同终止：

（一）劳动合同期满的；

（二）劳动者开始依法享受基本养老保险待遇的；

（三）劳动者死亡，或者被人民法院宣告死亡或者宣告失踪的；

（四）用人单位被依法宣告破产的；

（五）用人单位被吊销营业执照、责令关闭、撤销或者用人单位决定提前解散的；

（六）法律、行政法规规定的其他情形。

第四十五条 劳动合同期满，有本法第四十二条规定情形之一的，劳动合同应当续延至相应的情形消失时终止。但是，本法第四十二条第二项规定丧失或者部分丧失劳动能力劳动者的劳动合同的终止，按照国家有关工伤保险的规定执行。

第四十六条 有下列情形之一的，用人单位应当向劳动者支付经济补偿：

（一）劳动者依照本法第三十八条规定解除劳动合同的；

（二）用人单位依照本法第三十六条规定向劳动者提出解除劳动合同并与劳动者协商一致解除劳动合同的；

（三）用人单位依照本法第四十条规定解除劳动合同的；

（四）用人单位依照本法第四十一条第一款规定解除劳动合同的；

（五）除用人单位维持或者提高劳动合同约定条件续订劳动合同，劳动者不同意续订的情形外，依照本法第四十四条第一项规定终止固定期限劳动合同的；

（六）依照本法第四十四条第四项、第五项规定终止劳动合同的；

（七）法律、行政法规规定的其他情形。

第四十七条 经济补偿按劳动者在本单位工作的年限，每满一年支付一个月工资的标准向劳动者支付。六个月以上不满一年的，按一年计算；不满六个月的，向劳动者支付半个月工资的经济补偿。

劳动者月工资高于用人单位所在直辖市、设区的市级人民政府公布的本地区上年度职工月平均工资三倍的，向其支付经济补偿的标准按职工月平均工资三倍的数额支付，向其支付经济补偿的年限最高不超过十二年。

本条所称月工资是指劳动者在劳动合同解除或者终止前十二个月的平均工资。

第四十八条 用人单位违反本法规定解除或者终止劳动合同，劳动者要求继续履行劳动合同的，用人单位应当继续履行；劳动者不要求继续履行劳动合同或者劳动合同已经不能继续履行的，用人单位应当依照本法第八十七条规定支付赔偿金。

第四十九条 国家采取措施，建立健全劳动者社会保险关系跨地区转移接续制度。

第五十条　用人单位应当在解除或者终止劳动合同时出具解除或者终止劳动合同的证明，并在十五日内为劳动者办理档案和社会保险关系转移手续。

劳动者应当按照双方约定，办理工作交接。用人单位依照本法有关规定应当向劳动者支付经济补偿的，在办结工作交接时支付。

用人单位对已经解除或者终止的劳动合同的文本，至少保存二年备查。

第五章　特别规定

第一节　集体合同

第五十一条　企业职工一方与用人单位通过平等协商，可以就劳动报酬、工作时间、休息休假、劳动安全卫生、保险福利等事项订立集体合同。集体合同草案应当提交职工代表大会或者全体职工讨论通过。

集体合同由工会代表企业职工一方与用人单位订立；尚未建立工会的用人单位，由上级工会指导劳动者推举的代表与用人单位订立。

第五十二条　企业职工一方与用人单位可以订立劳动安全卫生、女职工权益保护、工资调整机制等专项集体合同。

第五十三条　在县级以下区域内，建筑业、采矿业、餐饮服务业等行业可以由工会与企业方面代表订立行业性集体合同，或者订立区域性集体合同。

第五十四条　集体合同订立后，应当报送劳动行政部门；劳动行政部门自收到集体合同文本之日起十五日内未提出异议的，集体合同即行生效。

依法订立的集体合同对用人单位和劳动者具有约束力。行业性、区域性集体合同对当地本行业、本区域的用人单位和劳动者具有约束力。

第五十五条　集体合同中劳动报酬和劳动条件等标准不得低于当地人民政府规定的最低标准；用人单位与劳动者订立的劳动合同中劳动报酬和劳动条件等标准不得低于集体合同规定的标准。

第五十六条　用人单位违反集体合同，侵犯职工劳动权益的，工会可以依法要求用人单位承担责任；因履行集体合同发生争议，经协商解决不成的，工会可以依法申请仲裁、提起诉讼。

第二节　劳务派遣

第五十七条　劳务派遣单位应当依照公司法的有关规定设立，注册资本不得少于五十万元。

第五十八条　劳务派遣单位是本法所称用人单位，应当履行用人单位对劳动者的义务。劳务派遣单位与被派遣劳动者订立的劳动合同，除应当载明本法第十七条规定的事项外，还应当载明被派遣劳动者的用工单位以及派遣期限、工作岗位等情况。

劳务派遣单位应当与被派遣劳动者订立二年以上的固定期限劳动合同，按月支付劳动报酬；被派遣劳动者在无工作期间，劳务派遣单位应当按照所在地人民政府规定的最低工资标准，向其按月支付报酬。

第五十九条　劳务派遣单位派遣劳动者应当与接受以劳务派遣形式用工的单位（以下称用工单位）订立劳务派遣协议。劳务派遣协议应当约定派遣岗位和人员数量、派遣期限、劳动报酬和社会保险费的数额与支付方式以及违反协议的责任。

用工单位应当根据工作岗位的实际需要与劳务派遣单位确定派遣期限，不得将连续用工期限分割订立数个短期劳务派遣协议。

第六十条　劳务派遣单位应当将劳务派遣协议的内容告知被派遣劳动者。

劳务派遣单位不得克扣用工单位按照劳务派遣协议支付给被派遣劳动者的劳动报酬。

劳务派遣单位和用工单位不得向被派遣劳动者收取费用。

第六十一条　劳务派遣单位跨地区派遣劳动者的，被派遣劳动者享有的劳动报酬和劳动条件，按照用工单位所在地的标准执行。

第六十二条　用工单位应当履行下列义务：

（一）执行国家劳动标准，提供相应的劳动条件和劳动保护；

（二）告知被派遣劳动者的工作要求和劳动报酬；

（三）支付加班费、绩效奖金，提供与工作岗位相关的福利待遇；

（四）对在岗被派遣劳动者进行工作岗位所必需的培训；

（五）连续用工的，实行正常的工资调整机制。

用工单位不得将被派遣劳动者再派遣到其他用人单位。

第六十三条　被派遣劳动者享有与用工单位的劳动者同工同酬的权利。用工单位无同类岗位劳动者的，参照用工单位所在地相同或者相近岗位劳动者的劳动报酬确定。

第六十四条　被派遣劳动者有权在劳务派遣单位或者用工单位依法参加或者组织工会，维护自身的合法权益。

第六十五条　被派遣劳动者可以依照本法第三十六条、第三十八条的规定与劳务派遣单位解除劳动合同。

被派遣劳动者有本法第三十九条和第四十条第一项、第二项规定情形的，用工单位可以将劳动者退回劳务派遣单位，劳务派遣单位依照本法有关规定，可以与劳动者解除劳动合同。

第六十六条　劳务派遣一般在临时性、辅助性或者替代性的工作岗位上实施。

第六十七条　用人单位不得设立劳务派遣单位向本单位或者所属单位派遣劳动者。

第三节　非全日制用工

第六十八条　非全日制用工，是指以小时计酬为主，劳动者在同一用人单位一般平均每日工作时间不超过四小时，每周工作时间累计不超过二十四小时的用工形式。

第六十九条　非全日制用工双方当事人可以订立口头协议。

从事非全日制用工的劳动者可以与一个或者一个以上用人单位订立劳动合同；

但是，后订立的劳动合同不得影响先订立的劳动合同的履行。

第七十条 非全日制用工双方当事人不得约定试用期。

第七十一条 非全日制用工双方当事人任何一方都可以随时通知对方终止用工。终止用工，用人单位不向劳动者支付经济补偿。

第七十二条 非全日制用工小时计酬标准不得低于用人单位所在地人民政府规定的最低小时工资标准。

非全日制用工劳动报酬结算支付周期最长不得超过十五日。

第六章 监督检查

第七十三条 国务院劳动行政部门负责全国劳动合同制度实施的监督管理。

县级以上地方人民政府劳动行政部门负责本行政区域内劳动合同制度实施的监督管理。

县级以上各级人民政府劳动行政部门在劳动合同制度实施的监督管理工作中，应当听取工会、企业方面代表以及有关行业主管部门的意见。

第七十四条 县级以上地方人民政府劳动行政部门依法对下列实施劳动合同制度的情况进行监督检查：

（一）用人单位制定直接涉及劳动者切身利益的规章制度及其执行的情况；

（二）用人单位与劳动者订立和解除劳动合同的情况；

（三）劳务派遣单位和用工单位遵守劳务派遣有关规定的情况；

（四）用人单位遵守国家关于劳动者工作时间和休息休假规定的情况；

（五）用人单位支付劳动合同约定的劳动报酬和执行最低工资标准的情况；

（六）用人单位参加各项社会保险和缴纳社会保险费的情况；

（七）法律、法规规定的其他劳动监察事项。

第七十五条 县级以上地方人民政府劳动行政部门实施监督检查时，有权查阅与劳动合同、集体合同有关的材料，有权对劳动场所进行实地检查，用人单位和劳动者都应当如实提供有关情况和材料。

劳动行政部门的工作人员进行监督检查，应当出示证件，依法行使职权，文明执法。

第七十六条 县级以上人民政府建设、卫生、安全生产监督管理等有关主管部门在各自职责范围内，对用人单位执行劳动合同制度的情况进行监督管理。

第七十七条 劳动者合法权益受到侵害的，有权要求有关部门依法处理，或者依法申请仲裁、提起诉讼。

第七十八条 工会依法维护劳动者的合法权益，对用人单位履行劳动合同、集体合同的情况进行监督。用人单位违反劳动法律、法规和劳动合同、集体合同的，工会有权提出意见或者要求纠正；劳动者申请仲裁、提起诉讼的，工会依法给予支持和帮助。

第七十九条　任何组织或者个人对违反本法的行为都有权举报，县级以上人民政府劳动行政部门应当及时核实、处理，并对举报有功人员给予奖励。

第七章　法律责任

第八十条　用人单位直接涉及劳动者切身利益的规章制度违反法律、法规规定的，由劳动行政部门责令改正，给予警告；给劳动者造成损害的，应当承担赔偿责任。

第八十一条　用人单位提供的劳动合同文本未载明本法规定的劳动合同必备条款或者用人单位未将劳动合同文本交付劳动者的，由劳动行政部门责令改正；给劳动者造成损害的，应当承担赔偿责任。

第八十二条　用人单位自用工之日起超过一个月不满一年未与劳动者订立书面劳动合同的，应当向劳动者每月支付二倍的工资。

用人单位违反本法规定不与劳动者订立无固定期限劳动合同的，自应当订立无固定期限劳动合同之日起向劳动者每月支付二倍的工资。

第八十三条　用人单位违反本法规定与劳动者约定试用期的，由劳动行政部门责令改正；违法约定的试用期已经履行的，由用人单位以劳动者试用期满月工资为标准，按已经履行的超过法定试用期的期间向劳动者支付赔偿金。

第八十四条　用人单位违反本法规定，扣押劳动者居民身份证等证件的，由劳动行政部门责令限期退还劳动者本人，并依照有关法律规定给予处罚。

用人单位违反本法规定，以担保或者其他名义向劳动者收取财物的，由劳动行政部门责令限期退还劳动者本人，并以每人五百元以上二千元以下的标准处以罚款；给劳动者造成损害的，应当承担赔偿责任。

劳动者依法解除或者终止劳动合同，用人单位扣押劳动者档案或者其他物品的，依照前款规定处罚。

第八十五条　用人单位有下列情形之一的，由劳动行政部门责令限期支付劳动报酬、加班费或者经济补偿；劳动报酬低于当地最低工资标准的，应当支付其差额部分；逾期不支付的，责令用人单位按应付金额百分之五十以上百分之一百以下的标准向劳动者加付赔偿金：

（一）未按照劳动合同的约定或者国家规定及时足额支付劳动者劳动报酬的；

（二）低于当地最低工资标准支付劳动者工资的；

（三）安排加班不支付加班费的；

（四）解除或者终止劳动合同，未依照本法规定向劳动者支付经济补偿的。

第八十六条　劳动合同依照本法第二十六条规定被确认无效，给对方造成损害的，有过错的一方应当承担赔偿责任。

第八十七条　用人单位违反本法规定解除或者终止劳动合同的，应当依照本法第四十七条规定的经济补偿标准的二倍向劳动者支付赔偿金。

第八十八条　用人单位有下列情形之一的，依法给予行政处罚；构成犯罪的，依法追究刑事责任；给劳动者造成损害的，应当承担赔偿责任：

（一）以暴力、威胁或者非法限制人身自由的手段强迫劳动的；

（二）违章指挥或者强令冒险作业危及劳动者人身安全的；

（三）侮辱、体罚、殴打、非法搜查或者拘禁劳动者的；

（四）劳动条件恶劣、环境污染严重，给劳动者身心健康造成严重损害的。

第八十九条　用人单位违反本法规定未向劳动者出具解除或者终止劳动合同的书面证明，由劳动行政部门责令改正；给劳动者造成损害的，应当承担赔偿责任。

第九十条　劳动者违反本法规定解除劳动合同，或者违反劳动合同中约定的保密义务或者竞业限制，给用人单位造成损失的，应当承担赔偿责任。

第九十一条　用人单位招用与其他用人单位尚未解除或者终止劳动合同的劳动者，给其他用人单位造成损失的，应当承担连带赔偿责任。

第九十二条　劳务派遣单位违反本法规定的，由劳动行政部门和其他有关主管部门责令改正；情节严重的，以每人一千元以上五千元以下的标准处以罚款，并由工商行政管理部门吊销营业执照；给被派遣劳动者造成损害的，劳务派遣单位与用工单位承担连带赔偿责任。

第九十三条　对不具备合法经营资格的用人单位的违法犯罪行为，依法追究法律责任；劳动者已经付出劳动的，该单位或者其出资人应当依照本法有关规定向劳动者支付劳动报酬、经济补偿、赔偿金；给劳动者造成损害的，应当承担赔偿责任。

第九十四条　个人承包经营违反本法规定招用劳动者，给劳动者造成损害的，发包的组织与个人承包经营者承担连带赔偿责任。

第九十五条　劳动行政部门和其他有关主管部门及其工作人员玩忽职守、不履行法定职责，或者违法行使职权，给劳动者或者用人单位造成损害的，应当承担赔偿责任；对直接负责的主管人员和其他直接责任人员，依法给予行政处分；构成犯罪的，依法追究刑事责任。

第八章　附　则

第九十六条　事业单位与实行聘用制的工作人员订立、履行、变更、解除或者终止劳动合同，法律、行政法规或者国务院另有规定的，依照其规定；未作规定的，依照本法有关规定执行。

第九十七条　本法施行前已依法订立且在本法施行之日存续的劳动合同，继续履行；本法第十四条第二款第三项规定连续订立固定期限劳动合同的次数，自本法施行后续订固定期限劳动合同时开始计算。

本法施行前已建立劳动关系，尚未订立书面劳动合同的，应当自本法施行之日起一个月内订立。

本法施行之日存续的劳动合同在本法施行后解除或者终止，依照本法第四十六条规定应当支付经济补偿的，经济补偿年限自本法施行之日起计算；本法施行前按照当时有关规定，用人单位应当向劳动者支付经济补偿的，按照当时有关规定执行。

第九十八条　本法自2008年1月1日起施行。

全国人大常委会关于修改《中华人民共和国劳动合同法》的决定

中华人民共和国主席令第七十三号

《全国人民代表大会常务委员会关于修改〈中华人民共和国劳动合同法〉的决定》已由中华人民共和国第十一届全国人民代表大会常务委员会第三十次会议于2012年12月28日通过，现予公布，自2013年7月1日起施行。

中华人民共和国主席　胡锦涛
2012年12月28日

全国人民代表大会常务委员会关于修改《中华人民共和国劳动合同法》的决定
（2012年12月28日第十一届全国人民代表大会常务委员会第三十次会议通过）

第十一届全国人民代表大会常务委员会第三十次会议决定对《中华人民共和国劳动合同法》作如下修改：

一、将第五十七条修改为："经营劳务派遣业务应当具备下列条件：

"（一）注册资本不得少于人民币二百万元；

"（二）有与开展业务相适应的固定的经营场所和设施；

"（三）有符合法律、行政法规规定的劳务派遣管理制度；

"（四）法律、行政法规规定的其他条件。

"经营劳务派遣业务，应当向劳动行政部门依法申请行政许可；经许可的，依法办理相应的公司登记。未经许可，任何单位和个人不得经营劳务派遣业务。"

二、将第六十三条修改为："被派遣劳动者享有与用工单位的劳动者同工同酬的权利。用工单位应当按照同工同酬原则，对被派遣劳动者与本单位同类岗位的劳动者实行相同的劳动报酬分配办法。用工单位无同类岗位劳动者的，参照用工单位所在地相同或者相近岗位劳动者的劳动报酬确定。

"劳务派遣单位与被派遣劳动者订立的劳动合同和与用工单位订立的劳务派遣协议，载明或者约定的向被派遣劳动者支付的劳动报酬应当符合前款规定。"

三、将第六十六条修改为："劳动合同用工是我国的企业基本用工形式。劳务派遣用工是补充形式，只能在临时性、辅助性或者替代性的工作岗位上实施。

"前款规定的临时性工作岗位是指存续时间不超过六个月的岗位；辅助性工作岗位是指为主营业务岗位提供服务的非主营业务岗位；替代性工作岗位是指用工单位的劳动者因脱产学习、休假等原因无法工作的一定期间内，可以由其他劳动者替代工作的岗位。

"用工单位应当严格控制劳务派遣用工数量,不得超过其用工总量的一定比例,具体比例由国务院劳动行政部门规定。"

四、将第九十二条修改为:"违反本法规定,未经许可,擅自经营劳务派遣业务的,由劳动行政部门责令停止违法行为,没收违法所得,并处违法所得一倍以上五倍以下的罚款;没有违法所得的,可以处五万元以下的罚款。

"劳务派遣单位、用工单位违反本法有关劳务派遣规定的,由劳动行政部门责令限期改正;逾期不改正的,以每人五千元以上一万元以下的标准处以罚款,对劳务派遣单位,吊销其劳务派遣业务经营许可证。用工单位给被派遣劳动者造成损害的,劳务派遣单位与用工单位承担连带赔偿责任。"

本决定自 2013 年 7 月 1 日起施行。

本决定公布前已依法订立的劳动合同和劳务派遣协议继续履行至期限届满,但是劳动合同和劳务派遣协议的内容不符合本决定关于按照同工同酬原则实行相同的劳动报酬分配办法的规定的,应当依照本决定进行调整;本决定施行前经营劳务派遣业务的单位,应当在本决定施行之日起一年内依法取得行政许可并办理公司变更登记,方可经营新的劳务派遣业务。具体办法由国务院劳动行政部门会同国务院有关部门规定。

《中华人民共和国劳动合同法》根据本决定作相应修改,重新公布。

中华人民共和国劳动合同法实施条例

(发布日期:2008.09.18 实施日期:2008.09.18 发文字号:国务院令第 535 号)

第一章 总 则

第一条 为了贯彻实施《中华人民共和国劳动合同法》(以下简称劳动合同法),制定本条例。

第二条 各级人民政府和县级以上人民政府劳动行政等有关部门以及工会等组织,应当采取措施,推动劳动合同法的贯彻实施,促进劳动关系的和谐。

第三条 依法成立的会计师事务所、律师事务所等合伙组织和基金会,属于劳动合同法规定的用人单位。

第二章 劳动合同的订立

第四条 劳动合同法规定的用人单位设立的分支机构,依法取得营业执照或者登记证书的,可以作为用人单位与劳动者订立劳动合同;未依法取得营业执照或者登记证书的,受用人单位委托可以与劳动者订立劳动合同。

第五条 自用工之日起一个月内,经用人单位书面通知后,劳动者不与用人单位订立书面劳动合同的,用人单位应当书面通知劳动者终止劳动关系,无须向劳动者支付经济补偿，但是应当依法向劳动者支付其实际工作时间的劳动报酬。

第六条 用人单位自用工之日起超过一个月不满一年未与劳动者订立书面劳动合同的，应当依照劳动合同法第八十二条的规定向劳动者每月支付两倍的工资，并与劳动者补订书面劳动合同；劳动者不与用人单位订立书面劳动合同的，用人单位应当书面通知劳动者终止劳动关系，并依照劳动合同法第四十七条的规定支付经济补偿。

前款规定的用人单位向劳动者每月支付两倍工资的起算时间为用工之日起满一个月的次日，截止时间为补订书面劳动合同的前一日。

第七条 用人单位自用工之日起满一年未与劳动者订立书面劳动合同的，自用工之日起满一个月的次日至满一年的前一日应当依照劳动合同法第八十二条的规定向劳动者每月支付两倍的工资，并视为自用工之日起满一年的当日已经与劳动者订立无固定期限劳动合同，应当立即与劳动者补订书面劳动合同。

第八条 劳动合同法第七条规定的职工名册，应当包括劳动者姓名、性别、公民身份号码、户籍地址及现住址、联系方式、用工形式、用工起始时间、劳动合同期限等内容。

第九条 劳动合同法第十四条第二款规定的连续工作满十年的起始时间，应当自用人单位用工之日起计算，包括劳动合同法施行前的工作年限。

第十条 劳动者非因本人原因从原用人单位被安排到新用人单位工作的，劳动者在原用人单位的工作年限合并计算为新用人单位的工作年限。原用人单位已经向劳动者支付经济补偿的，新用人单位在依法解除、终止劳动合同计算支付经济补偿的工作年限时，不再计算劳动者在原用人单位的工作年限。

第十一条 除劳动者与用人单位协商一致的情形外，劳动者依照劳动合同法第十四条第二款的规定，提出订立无固定期限劳动合同的，用人单位应当与其订立无固定期限劳动合同。对劳动合同的内容，双方应当按照合法、公平、平等自愿、协商一致、诚实信用的原则协商确定；对协商不一致的内容，依照劳动合同法第十八条的规定执行。

第十二条 地方各级人民政府及县级以上地方人民政府有关部门为安置就业困难人员提供的给予岗位补贴和社会保险补贴的公益性岗位，其劳动合同不适用劳动合同法有关无固定期限劳动合同的规定以及支付经济补偿的规定。

第十三条 用人单位与劳动者不得在劳动合同法第四十四条规定的劳动合同终止情形之外约定其他的劳动合同终止条件。

第十四条 劳动合同履行地与用人单位注册地不一致的，有关劳动者的最低工资标准、劳动保护、劳动条件、职业危害防护和本地区上年度职工月平均工资标准等事项，按照劳动合同履行地的有关规定执行；用人单位注册地的有关标准高于劳动合同履行地的有关标准，且用人单位与劳动者约定按照用人单位注册地的有关规定执行的，从其约定。

第十五条　劳动者在试用期的工资不得低于本单位相同岗位最低档工资的 80% 或者不得低于劳动合同约定工资的 80%，并不得低于用人单位所在地的最低工资标准。

第十六条　劳动合同法第二十二条第二款规定的培训费用，包括用人单位为了对劳动者进行专业技术培训而支付的有凭证的培训费用、培训期间的差旅费用以及因培训产生的用于该劳动者的其他直接费用。

第十七条　劳动合同期满，但是用人单位与劳动者依照劳动合同法第二十二条的规定约定的服务期尚未到期的，劳动合同应当续延至服务期满；双方另有约定的，从其约定。

第三章　劳动合同的解除和终止

第十八条　有下列情形之一的，依照劳动合同法规定的条件、程序，劳动者可以与用人单位解除固定期限劳动合同、无固定期限劳动合同或者以完成一定工作任务为期限的劳动合同：

（一）劳动者与用人单位协商一致的；

（二）劳动者提前 30 日以书面形式通知用人单位的；

（三）劳动者在试用期内提前 3 日通知用人单位的；

（四）用人单位未按照劳动合同约定提供劳动保护或者劳动条件的；

（五）用人单位未及时足额支付劳动报酬的；

（六）用人单位未依法为劳动者缴纳社会保险费的；

（七）用人单位的规章制度违反法律、法规的规定，损害劳动者权益的；

（八）用人单位以欺诈、胁迫的手段或者乘人之危，使劳动者在违背真实意思的情况下订立或者变更劳动合同的；

（九）用人单位在劳动合同中免除自己的法定责任、排除劳动者权利的；

（十）用人单位违反法律、行政法规强制性规定的；

（十一）用人单位以暴力、威胁或者非法限制人身自由的手段强迫劳动者劳动的；

（十二）用人单位违章指挥、强令冒险作业危及劳动者人身安全的；

（十三）法律、行政法规规定劳动者可以解除劳动合同的其他情形。

第十九条　有下列情形之一的，依照劳动合同法规定的条件、程序，用人单位可以与劳动者解除固定期限劳动合同、无固定期限劳动合同或者以完成一定工作任务为期限的劳动合同：

（一）用人单位与劳动者协商一致的；

（二）劳动者在试用期间被证明不符合录用条件的；

（三）劳动者严重违反用人单位的规章制度的；

（四）劳动者严重失职，营私舞弊，给用人单位造成重大损害的；

（五）劳动者同时与其他用人单位建立劳动关系，对完成本单位的工作任务造成严重影响，或者经用人单位提出，拒不改正的；

（六）劳动者以欺诈、胁迫的手段或者乘人之危，使用人单位在违背真实意思的情况下订立或者变更劳动合同的；

（七）劳动者被依法追究刑事责任的；

（八）劳动者患病或者非因工负伤，在规定的医疗期满后不能从事原工作，也不能从事由用人单位另行安排的工作的；

（九）劳动者不能胜任工作，经过培训或者调整工作岗位，仍不能胜任工作的；

（十）劳动合同订立时所依据的客观情况发生重大变化，致使劳动合同无法履行，经用人单位与劳动者协商，未能就变更劳动合同内容达成协议的；

（十一）用人单位依照企业破产法规定进行重整的；

（十二）用人单位生产经营发生严重困难的；

（十三）企业转产、重大技术革新或者经营方式调整，经变更劳动合同后，仍需裁减人员的；

（十四）其他因劳动合同订立时所依据的客观经济情况发生重大变化，致使劳动合同无法履行的。

第二十条 用人单位依照劳动合同法第四十条的规定，选择额外支付劳动者一个月工资解除劳动合同的，其额外支付的工资应当按照该劳动者上一个月的工资标准确定。

第二十一条 劳动者达到法定退休年龄的，劳动合同终止。

第二十二条 以完成一定工作任务为期限的劳动合同因任务完成而终止的，用人单位应当依照劳动合同法第四十七条的规定向劳动者支付经济补偿。

第二十三条 用人单位依法终止工伤职工的劳动合同的，除依照劳动合同法第四十七条的规定支付经济补偿外，还应当依照国家有关工伤保险的规定支付一次性工伤医疗补助金和伤残就业补助金。

第二十四条 用人单位出具的解除、终止劳动合同的证明，应当写明劳动合同期限、解除或者终止劳动合同的日期、工作岗位、在本单位的工作年限。

第二十五条 用人单位违反劳动合同法的规定解除或者终止劳动合同，依照劳动合同法第八十七条的规定支付了赔偿金的，不再支付经济补偿。赔偿金的计算年限自用工之日起计算。

第二十六条 用人单位与劳动者约定了服务期，劳动者依照劳动合同法第三十八条的规定解除劳动合同的，不属于违反服务期的约定，用人单位不得要求劳动者支付违约金。

有下列情形之一，用人单位与劳动者解除约定服务期的劳动合同的，劳动者应当按照劳动合同的约定向用人单位支付违约金：

（一）劳动者严重违反用人单位的规章制度的；

（二）劳动者严重失职，营私舞弊，给用人单位造成重大损害的；

（三）劳动者同时与其他用人单位建立劳动关系，对完成本单位的工作任务造成严重影响，或者经用人单位提出，拒不改正的；

（四）劳动者以欺诈、胁迫的手段或者乘人之危，使用人单位在违背真实意思的情况下订立或者变更劳动合同的；

（五）劳动者被依法追究刑事责任的。

第二十七条　劳动合同法第四十七条规定的经济补偿的月工资按照劳动者应得工资计算，包括计时工资或者计件工资以及奖金、津贴和补贴等货币性收入。劳动者在劳动合同解除或者终止前12个月的平均工资低于当地最低工资标准的，按照当地最低工资标准计算。劳动者工作不满12个月的，按照实际工作的月数计算平均工资。

第四章　劳务派遣特别规定

第二十八条　用人单位或者其所属单位出资或者合伙设立的劳务派遣单位，向本单位或者所属单位派遣劳动者的，属于劳动合同法第六十七条规定的不得设立的劳务派遣单位。

第二十九条　用工单位应当履行劳动合同法第六十二条规定的义务，维护被派遣劳动者的合法权益。

第三十条　劳务派遣单位不得以非全日制用工形式招用被派遣劳动者。

第三十一条　劳务派遣单位或者被派遣劳动者依法解除、终止劳动合同的经济补偿，依照劳动合同法第四十六条、第四十七条的规定执行。

第三十二条　劳务派遣单位违法解除或者终止被派遣劳动者的劳动合同的，依照劳动合同法第四十八条的规定执行。

第五章　法律责任

第三十三条　用人单位违反劳动合同法有关建立职工名册规定的，由劳动行政部门责令限期改正；逾期不改正的，由劳动行政部门处2 000元以上2万元以下的罚款。

第三十四条　用人单位依照劳动合同法的规定应当向劳动者每月支付两倍的工资或者应当向劳动者支付赔偿金而未支付的，劳动行政部门应当责令用人单位支付。

第三十五条　用工单位违反劳动合同法和本条例有关劳务派遣规定的，由劳动行政部门和其他有关主管部门责令改正；情节严重的，以每位被派遣劳动者1 000元以上5 000元以下的标准处以罚款；给被派遣劳动者造成损害的，劳务派遣单位和用工单位承担连带赔偿责任。

第六章　附　则

第三十六条　对违反劳动合同法和本条例的行为的投诉、举报，县级以上地方人民政府劳动行政部门依照《劳动保障监察条例》的规定处理。

第三十七条　劳动者与用人单位因订立、履行、变更、解除或者终止劳动合同发生争议的，依照《中华人民共和国劳动争议调解仲裁法》的规定处理。

第三十八条　本条例自公布之日起施行。